电网企业资产管理系列书

资产管理
常态工作实施导引

国网浙江省电力有限公司培训中心
国网浙江省电力有限公司湖州供电公司 **组编**

中国电力出版社
CHINA ELECTRIC POWER PRESS

内 容 提 要

为规范资产管理工作的开展，指导资产管理实践应用，本书在资产管理常用要素详解的基础上，侧重介绍资产管理体系各要素的常态化工作内容。通过介绍各要素的工作内容，明确工作要求，总结研究工作方法，同时辅以各单位工作中的具体案例，生动形象地呈现出各管理要素的常态化工作内容，为解决资产管理体系中各要素"做什么"以及"如何做好"的问题提供指导与帮助。

本书主要针对国家电网公司企业内部资产管理人员及从事资产管理的企业员工，通过理论与案例、方法与实践的深度融合，将资产管理体系落实到常态化工作中，为资产管理日常工作提供具体的、可执行的工作指引。

图书在版编目（CIP）数据

资产管理常态工作实施导引 / 国网浙江省电力有限公司组编 . —北京：中国电力出版社，2019.1
（电网企业资产管理系列书）
ISBN 978-7-5198-2600-0

Ⅰ.①资…　Ⅱ.①国…　Ⅲ.①电力工业—工业企业—资产管理—中国　Ⅳ.① F426.61

中国版本图书馆 CIP 数据核字（2018）第 249304 号

出版发行：中国电力出版社
地　　址：北京市东城区北京站西街 19 号（邮政编码 100005）
网　　址：http://www.cepp.sgcc.com.cn
责任编辑：孙　芳（010-63412381）
责任校对：黄　蓓　朱丽芳
装帧设计：赵姗姗　王英磊
责任印制：吴　迪

印　　刷：北京天宇星印刷厂
版　　次：2019 年 1 月第一版
印　　次：2019 年 1 月北京第一次印刷
开　　本：787 毫米 ×1092 毫米　16 开本
印　　张：12.5
字　　数：298 千字
印　　数：0001—1500 册
定　　价：88.00 元

编委会

前 言 >>>

随着先进管理理念的不断发展，企业资产管理的重要性日益提升，尤其在"重资产"类型的企业中，资产管理水平已成为决定企业运营绩效的核心因素。我国电网企业在迅速发展的过程中，其资产呈现出以下特点：电网规模和设备数量持续扩大、电网资产净额规模庞大、电网资产年轻化程度较高。作为典型的"重资产"型企业，电网企业同时面临着电网资产运行维护、更新改造任务越来越繁重等挑战。在此背景下，传统的粗放型电力资产管理模式呈现出诸多不足，而覆盖业务全过程和资产全类型的资产管理理念和方法开始得到重视，并逐渐运用到企业日常资产管理中。

国家电网公司从 2008 年起开始探索资产全寿命周期管理体系，2013 年借鉴 PAS 55 体系在上海、福建等地开展体系建设试点，2014 年进一步融入 ISO 55000 的标准要求，在全公司系统开展推广此项工作，至 2015 年成功完成体系建设任务。在此期间，覆盖业务全过程的资产管理理念和方法逐步在国家电网各层级单位落地应用和推广，并取得了显著成效。

为了固化在资产管理方面取得的成果，浙江省电力公司全面总结资产管理研究与实践经验，编制了电网企业资产管理系列书。本系列书作为浙江省电力公司资产管理体系的理论支撑和实践指导，能够为长期开展资产管理体系深化应用提供参考。本系列丛书共包含三册，分别为《资产管理常用要素详解》《资产管理常态工作实施导引》《资产管理方法实践案例汇编》和《资产管理知识题库》。

本书为系列丛书《资产管理常态工作实施导引》，是对资产管理常用要素的进一步介绍，侧重于各要素的常态化工作内容，旨在为资产管理日常工作提供具体的、可执行的工作指引。第一章介绍了资产管理体系常态化工作的内涵及开展背景。第二至八章对资产管理体系中各要素工作的开展进行了详细介绍，每个要素均按照"工作内容—工作要求及评价标准—工作开展—案例分享"的框架展开。本书通过介绍各要素的工作内容，明确工作要求，总结研究工作方法，同时辅以各单位工作中的具体案例，生动形象地呈现出各管理要素的常态化工作内容，为解决资产管理体系中各要素"做什么"以及"如何做好"的问题提供指导与帮助。

本书在编写过程中查阅了大量文献，并在电力企业中进行了走访调研，深入总结了资产管理常态化工作中的方法及模板，对各单位资产管理常态化工作中的实际案例进行了筛选和汇编。本书的完稿必须感谢浙江省电力企业从事资产管理工作的广大干部员工，同时感谢在编写过程中给予帮助的各位专家、领导。希望关心、致力于资产管理的各位读者能够从本书中吸取有益部分，共同推进资产管理理论及实践的发展、创新，切实提高资产管理水平。

受各种客观原因的影响，书中的错误在所难免，恳请广大读者指正。此外，写作中我们参考了大量的文献，未能一一列出，在此也向原作者表示歉意。

编者

2019 年 1 月

目 录 〉〉

第一章
概　述

　　目前，在资产全寿命周期管理已有良好基础的情况下，常态化是当前电力企业资产管理工作的重中之重。本章主要对资产全寿命周期管理常态化工作进行简单的介绍，介绍何为"常态化"及常态化开展的工作背景。第二节简单介绍了资产全寿命周期管理常态化工作开展的流程和二十四节气表，清晰阐明了每一个阶段、每一个部门应该进行的活动，为其他章节各要素的详述做了铺垫。

第一节　常态化工作开展背景

一、常态化工作的内涵

常态化，就是日常工作的标准要求，是管理的过程和措施。常态化工作要求把资产全寿命周期管理纳入日常工作范围，这是企业追求完美和实现卓越的有效措施，是企业实现持续和谐发展的重要管理理论，是企业适应激烈竞争环境的必然选择，也是提高企业经济效益、永葆企业生命力的必然要求。

（一）"常"字要求

"常"是经常，是习惯和要求。这就对有效的常态化运行机制提出了迫切需求，从人员管理方面入手，以"凡事有章可循、凡事有人负责、凡事有人检查、凡事违章必究"为原则，资产管理相关员工应当确立资产管理危机意识，深刻理解到"不进则退，慢进也是退"。同时，以规章制度为抓手，对资产管理活动加以引导和规范，确保资产日常管理工作落入实处，梳理整合所有的规章制度，协调每项管理活动所涉及的机构、岗位，明确承办、协办的关系和管理者介入的环节和程度，明确规定有关职、责、权、考核内容与方式，实行业务操作流程和工作流程的闭环管理，加大对企业安全、成本、效益和各项指标的监控力度，将各项指标落到实处，使整个工作流程常态化。

（二）"态"字功夫

"态"是态度和状态。态度要求资产管理工作坚持"以人为本"，并对员工素质提出了较高要求。"以人为本"已成为现代企业的中心思想，良好的员工素质是企业生存与发展的不竭动力。为了不断提高人员素质水平和资产管理能力，必须使每一位职工深入了解资产管理理念，学习资产管理方法、模型，应用资产管理体系建设所取得的成果，指导其做好本职工作，进一步提高"服务于社会、服务于公司、服务于生产"的意识，更好地为企业资产管理水平的提升做出贡献。

（三）"化"字文章

"化"是资产全寿命周期常态化管理的过程控制，也是衡量该项工作的重要标准，要求资产管理目标具体化、责任明确化和资料规范化。要实现这"三化"，就要创造科学的管理环境和平台，明确规定要达到的目标及相应的评价标准、运行程序和人员绩效考核等，建立贯穿安全、生产、经营、服务、计划、组织、监控等一系列管理活动全过程的管理程序和规范制度，将责任落到岗位，使每个人的行为、每项工作都有据可循、有法可依。

总之，资产全寿命周期常态化管理只有始终坚持以人为本，用科学的规章制度加以规范管理，提升工作人员素质，明确目标，责任到人，设立过程监督机制，才能发挥出企业最大的效益，才能起到推动经济社会发展的先行作用，真正达到"不待扬鞭自奋蹄"的效果。

二、常态化工作开展背景

电力企业属于资产密集型产业，随着我国经济的快速增长，电网资产的运行维护、更新、改造任务越来越繁重，电力企业面临的经济压力也不断加重，因此，电力企业引入资产全寿命周期管理理念，优化管理策略，转变资产管理理念，改善过去粗犷、浪费的资产管理模式，创新资产管理方式势在必行。

国家电网公司于 2008 年引入资产全寿命周期管理理念，随后开始全面展开探索、实践工作，每年对省、市、县级公司的资产管理工作进行督查和验收。各电网企业积极开展关键业务试点及成果推广应用，全面落实总部工作部署和要求，扎实推进本单位体系建设，同时构建管理咨询和管理评价技术支撑体系，全过程支撑电网企业资产全寿命周期管理体系建设和评价工作，也为后续体系深化提升奠定了基础。电网企业资产全寿命周期管理工作已经取得了重大的阶段性成果，初步建成较为完善的资产全寿命周期管理体系，资产决策能力和基础管理水平明显提升。

然而，资产全寿命周期管理是一项长期的工作，资产全寿命周期管理体系建设只有起点，没有终点，体系的完善和提升永远在路上。根据 ISO 55000 的评级标准，资产全寿命周期管理体系成熟度可以分为萌芽型、成长型、成熟型、领先型、卓越型（见图 1-1）。

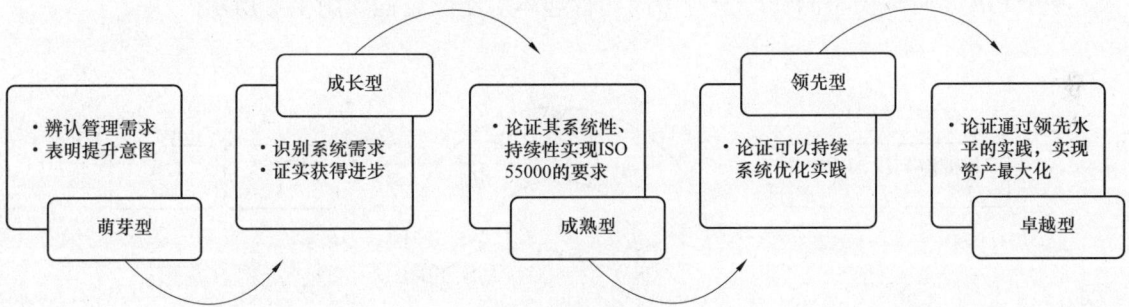

图 1-1　资产全寿命管理阶段划分

萌芽型：企业已辨认出资产全寿命周期管理的需求，且已有迹象表明组织有提升这方面能力的意图。

成长型：企业已识别出系统性、持续性的方法途径来实现资产全寿命周期管理需求，且已证实组织通过可靠的资源分配计划获得进步。

成熟型：企业能够论证其已系统性、持续性地实现 ISO 55000 中规定的相关要求。

领先型：企业能够论证其通过系统且持续的优化资产管理实践，且能够符合组织目标和经营环境。

卓越型：企业能够论证其通过领先水平的资产管理实践，获得资产最大化的价值，实践活动能够符合组织目标和经营环境。

由于国家电网公司管辖范围广，基础管理水平参差不齐，客观条件也存在较大不同，使得各单位体系工作的开展情况存在差异，部分单位工作进展相对滞后，先期通过预验收的单位在体系建设完善程度、落地执行扎实程度等方面距标准要求还有一定差距。在这样资产管理水平参差不齐、部分公司达到领先型水平的情况下，资产全寿命周期管理常态化就成了当务之急。常态化工作的开展保证体系建设成果有效落实到日常的工作当中，在不断的自我纠偏当中提升资产管理水平，保证资产管理体系在电网企业内部长效运转，同时通过持续改进机制，不断滚动上升。

此外，资产管理体系建设过程中，不断暴露企业资产管理过程的问题，需要开展问题整改、持续改进，优化资产管理，运用 PDCA 为核心的管理模式提高资产管理水平。因此，常态化工作要以实现国际领先的资产管理水平为目标，不断完善管理机制，优化工作流程，落实工作责任，建立资产全寿命周期管理提升的长效机制，切实做好持续改进、深化提升工作，推动资产全寿命周期管理水平从成熟型走向领先型，向具有国际最先进水平的卓越型不断迈进。

第二节　常态化工作流程

按照国家电网公司相关要求，各省、市、县级公司将资产全寿命管理体系建设常态化工作落实到每年的工作任务中，将 12 项管理要素充分融入工作流程中，形成 PDCA 闭环管控，使员工明白资产全寿命工作是什么，怎么做，何时做，何人做，最终达到事事有人管，人人有事做的效果，提高工作效率，降低工作成本，确保每项工作常态化开展。

基于 PDCA 管理模型的资产全寿命周期管理体系建设流程如图 1-2 所示。

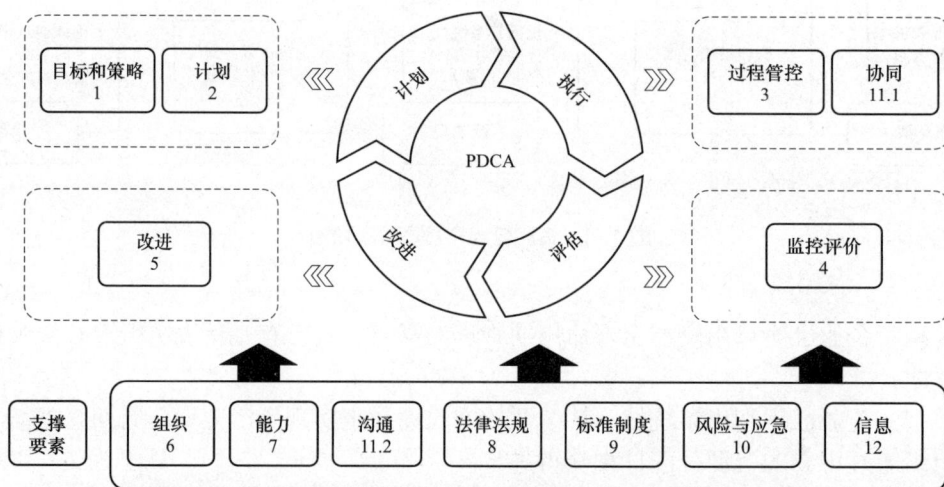

图 1-2　基于 PDCA 管理模型的资产全寿命周期管理体系建设流程

资产全寿命周期管理常态化工作包括以下内容：在目标和策略方面，涉及开展实物现状评价和业务现状评价；将指标值进行逐级分解，落实到各部门、单位和基层班组，实行指标"股权制"，保证任务落实到岗到人；制定资产管理策略、中长期计划和年度综合计划等工作。在执行方面，全面掌控基建、技改、大修、业扩四类项目全过程管理，加强横向协同。在监控评价方面，开展状态监测、绩效监测，加强事件管理，组织审核及合规性评价。在改进方面，组织管理评审工作，识别持续改进机会，为下年工作计划安排提供基础。同时，将组织、能力、法律法规、标准制度、风险与应急、协同以及信息管理等要素融入体系中，支撑资产全寿命周期管理体系工作的常态化开展。具体流程见表 1-1。

表 1-1   资产全寿命周期管理体系 12 要素流程表

		工作任务	牵头部门	配合部门	工作描述
			资产全寿命周期管理体系 12 要素流程表		
P	目标与策略	现状评价 →	资产管理办公室	→ 公司各部门	资产管理办公室于 12 月初牵头编写现状评价，包括实物现状评价报告和业务现状评价报告，并于次年一月底完成 根据现状评价报告显示的问题和国网公司的相关要求，一季度制定目标并将指标值进行逐级分解，落实到各部门、单位和基层班组，保证任务落实到岗到人，形成目标分解表 基于总体目标和执行目标，公司在一季度制定三大策略并与公司发展规划和资产管理目标相一致，最终形成策略分解表
		目标分解 →	资产管理办公室	→ 公司各部门	
		策略分解 →	资产管理办公室	→ 公司各部门	
	计划管理	计划管理 →	资产管理委员会	→ 公司各部门	1~6 月资产管理委员会作为责任部门科学指导排定工作计划，制定电网基建、技改规划等中长期计划和年度综合计划及其他计划
D	过程管控	过程管控 →	资产管理办公室	→ 公司各部门	在承接资产管理目标、策略和计划的基础上，各市县公司和相关部门明确各阶段业务流程，全面进行过程管控，落实安全、质量、进度、成本、技术、风险以及相关信息的管理要求，确保与目标、策略和计划保持一致
C	监测评价	状态监测 →	运维检修部门	→ 公司各部门	以运维检修部门为首，其他部门协助，按季度收集信息、进行状态评价、制定检修策略、制定实施检修计划和进行检修绩效评估 运营监测部门依据国网 SEC 指标体系，组织公司各业务部门开展指标体系，建立顶层指标分解工作，各业务部门通过线下收集和线上收集方式形成资产管理绩效指标数据集 公司建立事件管理机制，指导各层级开展事件管理工作，通过预防管控措施及事件发生后的调查、分析和处置来加强安全事件和质量事件管理
		绩效监测 →	运营监测部门	→ 公司各部门	
		事件管理 →	安监部门	→ 公司各部门	
	状态监测	审核 →	企业协会	→ 公司各部门	企业协会牵头，组织审核组对体系建设开展情况进行审查，制定体系审核年度工作计划，形成资产管理体系审核报告，运营监测部门和法律法规等部门在 4 月组织开展合规性评价工作，并在 12 月最终形成合规性评价报告
		合规性评价 →	资产管理委员会	→ 公司各部门	
A	改进	纠正与预防 →	资产管理办公室	→ 公司各部门	各部门、基层部门针对资产管理活动中发生不合规事件进行原因分析并做出响应，制定纠正措施或预防措施进行控制或纠正；建立资产管理持续改进管理机制，通过识别并结合管理现状、内外部环境及资源，制定资产管理持续改进计划，编写资产管理持续改进实施报告，实现资产管理体系的持续优化 资产管理办公室在年底就资产管理体系总体状况编制资产管理体系情况报告
		持续改进 →	资产管理办公室	→ 公司各部门	
		管理评审 →	资产管理办公室	→ 公司各部门	

续表

资产全寿命周期管理体系 12 要素流程表				
	工作任务	牵头部门	配合部门	工作描述
支撑要素 组织	组织 →	安监部门 →	公司各部门	根据体系建设开展情况，分析资产管理需要在公司层面进行协调的工作内容，如工作手册、管理委员会发文、组织机构发文、新职能岗位职责表
能力	人员能力 → 培训 →	人资部门 → 人资部门 →	公司各部门 公司各部门	资产管理各岗位的人员能力要满足相关从业人员的资质资历岗位要求，并通过科学合理的方法定期对员工能力进行评价，建立完善的人才绩效制度 人资部门对员工进行培训，提高人员能力，形成年度教育培训计划、方案，培训项目评估资料等
法律法规	法律法规 →	法律部门 →	公司各部门	法律部门及其他部门识别本单位资产管理业务相关法律法规清单，记录法律法规相关培训宣贯等，最终形成法律法规及其他要求一览表、制度体系目录表与法律法规对应清单
标准制度	标准制度 →	法律部门 →	公司各部门	法律部门牵头组织办公室等其他部门明确资产全寿命周期管理流程，岗位相配套的、统一协调的标准制度
风险与应急	风险管理 → 应急管理 →	安监部门 → 安监部门 →	公司各部门 公司各部门	根据风险管理策略，制定一系列包括资产风险识别、风险评估、风险控制、风险监督等内容在内的风险预防计划 安监部门牵头，根据国家法律法规要求与资产管理规范要求，以及资产管理现状，制定相应的应急管理工作，明确各部门职责以应对突发事件和紧急情况，保持公司重要资产管理行为的连续性
协同	沟通 →	办公室 →	公司各部门	资产管理沟通内容方面主要查看资产管理沟通程序文件，职责分工是否明确，工作内容及要求是否满足5W1H。资产管理沟通的实施和控制方面主要观察沟通管理的实施是否符合规范要求，是否有效。整理出会议纪要、利益相关方清单、会议申请表等
信息管理	体系文档 → 记录管理 → 信息系统 →	办公室 → 信息管理部门 → 信息管理部门 →	公司各部门 公司各部门 公司各部门	公司建立资产体系文档的管理机制，资产管理办公室组织其他部门协助进行文件的编制、审查、批准、贮存、保管、归档、作废 公司依据资产管理相关的标准制度，对资产管理活动过程进行记录、维护，确保过程记录能够支撑资产管理活动的开展及资产管理体系的评价及完善 对信息系统建设规划、信息系统建设实施与管控、系统数据管理进行管理与维护，形成资产管理体系信息系统清单、资产管理业务系统覆盖表等

第二章

目标和策略

第一节 现状评价常态化工作

一、工作内容

资产的现状评价指分析资产和资产管理现状、资源水平、未来变化趋势等，内容包括各类资产的规模、结构、状态、效率（负载）、缺陷、已识别的资产风险、环境风险、资源水平等基本情况，以及资产新增、调拨、再利用、报废以及账卡物一致性等。这些数据支撑着资产管理目标、策略、计划、资源统筹等方面的制定及动态调整，确保电网企业以最佳方式管理实物资产。

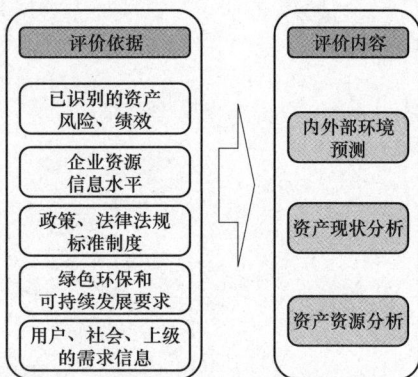

现状评价工作内容如图2-1所示。

在电网企业编制或调整资产管理目标、策略、计划前，需要根据各类型资产及各项资产管理的特点开展分层、分级的现状评价。评价内容要与电网企业上一年度整体发展战略及资产管理总体目标相一致，与资产和资产管理现状、资源水平、内外部环境等资产管理信息相符合。评价结果用于目标、策略、计划的制定及动态调整，并为强化协同、纠正和预防、持续改进提供依据。

图 2-1 现状评价工作内容

二、工作要求及评价标准

（一）工作要求

现状评价分为资产现状评价和资产管理现状评价，评价内容包括资产及资产集价值规模、年龄结构、状态、绩效结果等；资产管理绩效结果；已识别的资产风险、资产管理风险、环境风险；资源水平；相关政策、法律、法规、标准和制度要求；绿色环保、低碳及可持续发展要求；内外部相关需求等；资产全寿命周期管理体系审核结果；资产全寿命周期管理体系评审结果。评价数据确保全面、充分、准确，评价结果支撑资产管理目标、策略、计划、资源统筹的制定及动态调整。

（二）评价标准

现状评价标准包含覆盖范围和报告内容两方面。

覆盖范围方面，既要检查是否达到管理层级全覆盖（包括：省级和地市级资产现状评价报告是否完备；资产现状评价是否包含了关键岗位），又要检查现状评价内容覆盖是否完备，是否完整评价了人力、信息、金融和无形资产。

报告内容方面，主要有如下5个标准：

（1）是否包含本部门管理业务的现状评价及未来需求分析预测。

（2）现状评价是否基于企业资产管理总体目标，具体体现在哪些方面。

（3）现状分析的数据及其来源是否完整、准确和一致（现有/以往的数据）。

（4）对现有的问题或困难是否进行了分析。

（5）在现状评价时是否考虑以下内容（不限于）：

1）已识别的风险；

2）相关政策、法律、法规；

3）企业标准和制度要求；

4）绿色环保、低碳及可持续发展要求；

5）政府监管等相关方的需求。

三、工作开展

现状评价分为实物资产现状评价及资产管理现状评价。其中，实物资产现状评价针对各类实物资产的规模、结构、健康状况等情况进行分析评价，为制定资产投资、运维、处置策略提供依据。资产管理现状评价针对上一年度关键绩效指标达成情况、重要工作任务完成情况等业务管理结果进行评价，梳理总结出存在问题，并依此提出下一年度的工作目标、工作思路和关键举措，主要以各业务部门的年终工作总结、专题分析报告等形式体现。

（一）部门工作职责

1.实物资产现状评价

实物资产现状评价部门工作职责如表2-1所示。

表 2-1　　　　　　　　　　　　**实物资产现状评价部门工作职责**

部门	工作职责
运维检修部门	（1）负责对各类固定资产归口管理部门开展固定资产现状评价的范围、深度、编制周期提出要求； （2）负责对固定资产现状评价报告材料进行分析，并与相关部门沟通后，编制电网企业固定资产现状评价报告； （3）负责统筹各类资产的固定资产现状评价报告，汇总形成完整的固定资产现状评价报告并提交资产管理委员会审核； （4）负责开展本部门归口管理资产的评价工作并编制本部门固定资产现状评价报告，包括输变配一次设备、生产性房屋、车辆等
财务部门	负责编制固定资产总体现状评价报告，包括总体资产规模、资产价值构成、资产年龄构成等分析评价
营销部门	负责开展本部门归口管理资产的现状评价工作并编制本部门固定资产现状评价报告，主要指计量设备
调控部门	负责开展本部门归口管理资产的现状评价工作并编制本部门固定资产现状评价报告，主要指继电保护及自动化设备
综合服务中心	负责开展本部门归口管理资产的现状评价工作并编制本部门固定资产现状评价报告，主要指非生产性房屋
信息管理部门	负责开展本部门归口管理资产的现状评价工作并编制本部门固定资产现状评价报告，主要指信息及通信设备

2.资产管理现状评价

资产管理委员会负责主持电网企业资产现状评价和资产管理现状评价工作，领导和组织协调评价工作，审核批准电网企业现状评价报告。

资产管理办公室归口管理资产现状评价和资产管理现状评价工作，负责对业务部门开展资产现状评价和资产管理现状评价的范围、深度、周期提出编制要求；负责对资产现状评价和资产管理现状评价报告材料进行分析，并与相关部门沟通后，编制电网企业资产管理现状评价报告。

各部门负责开展本部门资产管理相关职能工作的现状分析评价，分析内外部环境变化，外部环境分析主要包括国家宏观经济环境、政府规制、环境保护政策、产业发展政策、市场环境、技术环境六大方面；内部环境分析主要包括企业愿景、社会责任、核心资源三大方面。同时基于内外部环境变化组织本部门职能管理活动在基层单位运行情况的分析评价，负责编制本部门资产管理现状评价报告。此外，各部门还需配合资产管理办公室编制电网企业资产管理现状评价报告。各部门分工如表2-2所示。

表2-2 资产管理现状评价部门工作职责

部门	工作职责
运维检修部门	负责技改大修实施计划、运维管理、检修抢修、技改大修实施、状态评价、退出执行计划、资产退出、检修计划、运维计划、实施计划统筹
财务部门	预算成本、会计核算、资金管理、资产产权管理、工程财务管理、风险内控管理、价格管理
营销部门	负责业扩计划、业扩管理、计量设备管理、客户报修
发展策划部门	负责企业发展规划、电网规划、项目前期、投资管理、综合计划
安监部门	负责应急管理、安全监察管理、质量监督管理
运营监测部门	负责监测管理
调控部门	负责调度计划、设备监控管理、调控运行管理、继电保护管理、自动化管理
物资部门	负责物资计划管理、物资采购管理、仓储配送管理、废旧物资管理、应急物资管理
办公室	负责档案管理
人资部门	负责劳动组织管理、干部员工管理、绩效管理、人才开发培训管理、绩效评价
审计部门	负责生产经营审计、投资基建审计、综合审计
信息管理部门	负责技术标准、技术创新、信息管理、通信管理、信息体系
基建部门	负责工程前期、工程建设计划、工程建设、竣工验收

（二）现状评价工作开展时间

1.实物资产现状评价工作时间安排

每年12月初，市级公司组织县级公司填报《资产现状基础数据表》（运维检修部门每年依据实际情况修订下发），汇总形成市级公司《电网实物资产年度分析评价报告》，经分管领导审批后，12月中旬前提交省级公司；省级公司汇总市级公司提交数据，次年1月底前形成电网企业总体《电网实物资产年度分析评价报告》，经电网企业分管领导审批后，由运维检修部门以邮件或公文等形式发布至发展、建设、物资、财务、调控、营销等相关部门。

2.资产管理业务现状评价时间安排

（1）电网发展诊断分析。电网企业每年3月启动电网诊断分析工作，市级公司组织各部门、县级公司，编写形成《电网发展诊断分析报告》，5月完成，经本单位分管领导审批后，提交省级公司；省级公司汇总各市级公司报告，9月形成电网企业《电网发展诊断分析报告》，经分管领导审批后，提交国家电网公司，并抄送资产管理办公室。

（2）资产管理各业务诊断分析。每年12月初，县级公司组织开展业务诊断分析工作，编写形成县级公司《资产管理业务现状分析报告》，经主要领导审批后，提交市级公司；12月底，市级公司组织开展业务诊断分析工作，形成市级公司《资产管理业务现状分析报告》，经主要领导审批后，提交省级公司；1月底，省级公司组织开展业务诊断分析工作，形成省级公司《资产管理业务现状分析报告》，经主要领导审批后，提交国家电网公司。各层级年度工作报告应通过内部网站发布。

（三）现状评价工作模板

1.实物资产分析评价报告（模板）

<h3 style="text-align:center">电网实物资产分析评价报告框架</h3>

一、内外部环境分析

1.外部环境

主要描述电网企业当前的地理环境、人文环境、当前电网企业下属的公司情况，以及对电网企业总体资产的概述。

2.内部因素

内部因素主要从以下六个方面进行概述：

（1）当前电网企业资产规模（本部分主要根据财务部门所提供的近五年的财务资产卡片清单对电网企业资产原值、净值以及各个年龄段的资产情况进行简单的分析）。

（2）主配网设备情况（运维检修部门根据电网企业目前的主配网设备状态评估报告，对电网企业主要资产进行简单评估）。

（3）电网企业整体资产利用率、负载情况分析（本部分内容主要由运维检修部门根据设备再利用情况表及备用资产情况相关资料、调控部门根据主变负载及利用效率等情况对电网企业的资产利用率和负载情况进行简单分析）。

（4）电网企业资产报废情况（电网企业财务部门根据公司近五年来的报废情况清单以及报废原因，从电网企业近几年来的报废资产情况以及报废原因等多角度来分析电网企业的资产使用年限情况）。

（5）供电可靠率及设备可靠性情况，以及电能质量情况分析（运维检修部门根据设备可靠性报告，安监部门根据供电可靠率及电能质量情况分析报告对电网企业当前的供电可靠率，电能质量及设备可靠性进行简单分析）。

（6）近几年安全形势（由安监部门根据近几年安全形势分析，对近几年有无发生重大事件、安全隐患抽查情况进行简单分析）。

二、资产结构分析

1.资产规模分析

简单介绍电网企业资产规模情况、固定资产总值变化情况。

（1）总体情况。资产规模总体情况从两方面进行分析：

1）价值规模（介绍电网企业截至当前的固定资产原值、净值、成新率及输配变占总值比，从资产类型维度分析哪类资产占总值比例最高，按资产类型以及各项资产净值、原值对电网企业整体资产情况进行表格化统计）。

2）技术规模（按固定资产目录对各类资产进行归类，针对存在问题，提出整改措施）。

（2）一次设备。将一次设备包含的输电线路、变电设备、配电线路及设备进行细分，并就每一项内容进行资产原值、净值的统计。

（3）二次设备。将二次设备包含的通信线路及设备和自动化控制设备及仪器仪表两大类进行细分，并就每一项内容进行资产原值、净值的统计。

（4）其他设备。将其他设备包含生产管理用工器具、运输设备、辅助生产设备及器具、房屋和建筑物五大类进行细分，并就每一项内容进行资产原值、净值的统计。

2. 资产年龄结构分析

（1）总体概述。按电网企业整体资产在各个年龄段的占比来分析电网企业整体资产的年龄状况；按每类资产的财务折旧年限，平均投运年限，最大投运年限，折旧年限，平均成新率分析。

（2）一次设备。将输、配、变三类设备根据各个年龄段、各个电压层级存在的年龄结构进行细分统计。

（3）二次设备。将通信线路及设备和自动化控制设备及仪器仪表根据各个年龄段、各个电压层级存在的年龄结构进行细分统计。

（4）其他设备。将资产管理用工器具、运输设备、辅助生产设备及器具、房屋和建筑物根据各个年龄段、各个电压层级存在的年龄结构进行细分统计。

3. 资产墙现状

（1）单体资产墙。将电网企业各类固定资产按照投入年限—原值进行统计，根据财务折旧年限对电网企业往后 10 年间的各项设备技改资金需求进行预测。

（2）整体资产墙。将电网企业总的资产原值按投入年限—原值进行统计，按各类资产类别的不同折旧年限进行资产墙的平移，预测后 10 年总体技改资产原值。

三、资产利用效率

1. 单位资产收益率分析

分析各单位某一时间段内（一年）的售电量和该期末的资产量，用二者的比值作为单位资产收益率指标，评价资产利用效率，其公式如下：

$$单位资产收益率=\frac{某时段售电量}{期末资产价值}$$

注：由财务部门根据电网企业近 5 年的售电量情况以及该年末的资产量情况，对近几年的单位资产收益率进行分析。

2. 备用资产分析

备用资产分析主要是对电网企业现有系统中的资产是否投入运行并发挥效益的详细分析。

$$备用资产比例=\frac{某类备用资产原值}{对应该类资产的总原值}\times100\%$$

注：运维检修部门根据各项备用资产相关资料，对各项备用资产进行分析。

3. 主变压器负载分析

对电压等级为 35kV 及以上，从年度平均负载率、月度平均负载率、迎峰度夏期平均负载率、全年最高 25 天平均负载率的负载指标分析（调控部门根据近 5 年主变压器负载情况进行分析）。

四、健康水平分析

运维检修部门根据设备状态评价报告编写。

1. 状态分析

针对电压等级为 110kV（66kV）及以上，十九类的资产状态评价结果及变化分析统计各项设备的状态评估结果。

2. 缺陷分析

按照不同类别设备进行分类分析，从缺陷发生的部位、技术原因、责任原因维度进行统计（由运维检修部门根据缺陷分析报告编写）。

（1）缺陷率分析。对电压等级为 110kV 及以上五大类主设备的缺陷发生率按照年龄进行统计分析。

（2）设备可靠性。对各项设备的可靠性按停运次数—年龄进行统计分析（由运维检修部门根据设备可靠性报告编写）。

五、资产退役分析

1. 总体分析

按近 5 年的报废资产原值、净值、成新率进行统计分析。

2. 专项分析

（1）按报废原因分析。根据报废统计表，将报废原因进行归类，根据所归类的类目进行统计分析。

（2）按报废项目类型分析。根据 ERP 系统中对"项目编号"字段的统计，根据项目编号首位数字判断项目类型，根据所划分的项目类型进行统计分析。

（3）资产再利用情况。统计电网企业目前再利用设备的情况。

（4）按设备类型分析。将各类报废资产净值占所有报废资产净值的比例排序，按设备类型进行统计分析。

（5）按报废资产所属区域分析。对各基层单位报废资产进行分析，按各基层单位报废资产的成新率进行统计分析。

（6）对比分析。分析近年来资产退役变化情况及趋势。

六、技改预测

按照电网企业财务折旧年限，资产实际使用寿命（近 5 年年退役资产平均使用年限），资产设计寿命，根据各类资产实际使用寿命（如 2009~2013 年退役资产平均使用年限，按四舍五入原则取整）、折旧年限、资产设计寿命按照年份对后 10 年技改资金进行预测。

七、运维预测

基于五大类主设备的运维现状和缺陷率分析，绘制缺陷与年龄的关系图，通过分析资产进入缺陷上升区的增量来预测未来五年运维工作的增量。

八、策略举措

基于内外部环境、资产现状及未来压力预测，提出实物资产管理的改善建议。

2. 业务现状分析报告（模板）

（一）组织管理。

（二）决策管理。

（三）业务流程。

（四）规章制度。

（五）协调机制。

（六）风险管控。

（七）运行监控及改进。

（八）培训及人员能力建设。

（九）基础管理水平。

四、案例分享

以××公司设备良好水平分析为例，健康水平分析主要分为主网和配网的状态分析及不同类别的缺陷分析。

（1）状态分析。

主网部分：

本次评价共计2529件变电一次设备，全面覆盖了状态评价结果、风险评估结果、检修分类等级（A、B、C、D、E）、检修周期的推迟或提前等内容。

其中35kV及以下变压器14台，正常13台，注意1台，异常0台，严重0台；共评价35kV及以下电抗器6台，正常6台，注意0台，异常0台，严重0台；共评价35kV及以下独立式断路器4台，正常4台，注意0台，异常0台，严重0台；共评价35kV及以下独立式电流互感器26台，正常26台，注意0台，异常0台，严重0台；共评价35kV及以下独立式隔离开关84台，正常84台，注意0台，异常0台，严重0台；共评价35kV及以下独立式避雷器206台，正常206台，注意0台，异常0台，严重0台；共评价35kV及以下独立式电压互感器7台，正常7台，注意0台，异常0台，严重0台；共评价35kV及以下电容器成套装置166台，正常166台，注意0台，异常0台，严重0台；共评价35kV及以下中性点接地变压器消弧线圈成套装置64台，正常64台，注意0台，异常0台，严重0台；共评价35kV及以下开关柜（按间隔列出）设备1565台，正常1565台，注意0台，异常0台，严重0台；共评价110kV以下穿墙套管（含110kV等级）设备192台，正常192台，注意0台，异常0台，严重0台；共评价主变压器中性点设备66组，正常66台，注意0台，异常0台，严重0台；共评价防雷及接地装置41组，正常41组，注意0组，异常0组，严重0组；共评价直流系统设备44台，正常44台，注意0台，异常0台，严重0台；共评价所用电系统设备44台，正常44台，注意0台，异常0台，严重0台。

根据输变电状态检修辅助决策系统中数据统计各类设备状态评价结果，如表2-3所示。

表2-3　　　根据输变电状态检修辅助决策系统中数据统计各类设备状态评价结果

设备类型	合计				各种状态设备所占比例（％）			
	总数	正常状态	注意状态	异常状态	严重状态	正常状态	注意状态	异常状态	严重状态
油浸式变压器（电抗器）	20	19	1	0	0	95	5	0	0
SF₆断路器	4	4	0	0	0	100	0	0	0
电流互感器	26	26	0	0	0	100	0	0	0
电磁式电压互感器	7	0	0	0	0	100	0	0	0
金属氧化物避雷器	206	206	0	0	0	100	0	0	0

设备类型	合计					各种状态设备所占比例（%）			
	总数	正常状态	注意状态	异常状态	严重状态	正常状态	注意状态	异常状态	严重状态
隔离开关和接地开关	84	84	0	0	0	100	0	0	0
并联电容器装置	166	0	0	0	0	100	0	0	0
消弧线圈装置	64	0	0	0	0	100	0	0	0
12~40.5kV开关柜	1565	1565	0	0	0	100	0	0	0
110（66）kV及以上电压等级交、直流穿墙套管	192	192	0	0	0	100	0	0	0
系统所用电系统	44	44	0	0	0	100	0	0	0

配网部分：

本次共评价10kV架空线路、开关站、环网单元、电缆线路、配电站、箱式变压器共计6类设备11130台（组、套、条），其中评价结果为"正常"状态10406台（组、套、条），占全部设备的93.50%，"注意"状态724台（组、套、条），占全部设备的6.50%，"异常"状态0台（组、套、条），占全部设备的0.00%，"严重"状态0台（组、套、条），占全部设备的0.00%。

10kV配电设备中评价为"异常"及"严重"状态设备共计0台（组、套、条）。

根据配电状态检修辅助决策系统中数据统计各类设备状态评价结果，如表2-4所示。

表2-4　　　根据配电状态检修辅助决策系统中数据统计各类设备状态评价结果

设备类型	合计					各种状态设备所占比例（%）			
	总数	正常状态	注意状态	异常状态	严重状态	正常状态	注意状态	异常状态	严重状态
架空线路	542	110	432	0	0	20.30	79.70	0.00	0.00
开关站	543	543	0	0	0	100.0	0.00	0.00	0.00
环网单元	1476	1439	37	0	0	97.49	2.51	0.00	0.00
电缆线路	134	44	90	0	0	32.84	67.16	0.00	0.00
配电站	6909	6764	145	0	0	97.90	2.10	0.00	0.00
箱式变电站	1526	1506	20	0	0	98.69	1.31	0.00	0.00
共计	11130	10406	724	0	0	93.50	6.50	0.00	0.00

（2）缺陷分析。按照不同类别设备进行分类分析，从缺陷发生的部位、技术原因、责任原因维度进行统计。

不同设备类型缺陷原因如表2-5所示。

表 2-5 不同设备类型缺陷原因

年份	主变压器	断路器	隔离开关和接地开关	35kV架空线路	35kV电缆线路	电流互感器	电磁式电压互感器	电容式电压互感器	并联电容器装置	金属氧化物避雷器	交流穿墙套管	电抗器	消弧线圈	所用电系统	交流金属封闭开关柜
2005	6	2	1	10	2	11	2	6	7	9	0	0	7	4	19
2006	6	4	2	11	1	9	3	6	8	7	0	0	8	4	25
2007	5	3	1	9	2	7	4	4	5	8	0	0	6	3	27
2008	3	2	0	7	0	8	1	2	3	6	0	0	5	4	24
2009	6	2	1	10	2	11	2	6	7	9	0	0	7	4	19
2010	6	4	1	11	2	9	3	6	8	7	0	0	8	4	25
2011	5	3	1	9	2	7	4	4	5	8	0	0	6	3	27
2012	3	2	0	7	0	8	1	2	3	6	0	0	5	4	24
2013	6	4	2	11	1	9	3	6	8	8	0	0	8	4	26
2014	5	3	2	9	2	7	4	4	5	8	0	0	6	3	27

变压器和开关柜缺陷样本总数如下。

变压器：35kV 及以上主变压器缺陷发生部位最多的是本体（占比 41.18%），其次是套管（占比 15.69%）、分接开关（占比 5.88%）。

变压器缺陷样本比例如表 2-6 所示。

表 2-6 变压器缺陷样本比例

发生部位	数量	比例（%）
本体	21	41.18
套管	8	15.69
分接开关	3	5.88
其他	19	37.25

变压器缺陷原因占比如表 2-7 所示。

表 2-7 变压器缺陷原因占比

缺陷责任原因分析	数量	比例（%）
设备原因	35	68.63
人员原因	0	0.00
外部原因	12	23.53
用户原因	0	0.00
其他原因	4	7.84
原因不清	0	0.00

开关柜：10kV 及以上交流金属封闭式开关柜缺陷发生部位最多的是开关操作机构，其次是辅助设施。开关柜缺陷原因如表 2-8 所示。

表 2-8 开关柜缺陷原因

发生部位	数量	比例（%）
操作机构	142	58.44
辅助设施	41	16.87
其他	60	24.69

　　10kV 及以上交流金属封闭式开关柜缺陷发生责任原因占比最大的为设备原因（具体包括制造质量、设备老化这两个因素），其次是其他原因，外部原因（具体包括运行环境与自然环境这两个因素），如表 2-9 所示。

表 2-9 10kV 及以上交流金属封闭式开关柜缺陷原因

缺陷责任原因分析	数量	比例（%）
设备原因	156	64.20
人员原因	0	0.00
外部原因	41	16.87
用户原因	0	0.00
其他原因	46	18.93

【案例总结】

　　本案例从主配网的状态及不同类别的缺陷两方面对实物资产的现状开展评价分析。主网部分：对 2529 件变电一次设备评价，全面覆盖了状态评价结果、风险评估结果、检修分类等级（A、B、C、D、E）、检修周期的推迟或提前等内容。配网部分：评价 10kV 架空线路、开关站、环网单元、电缆线路、配电站、箱式变电站共计 6 类设备 11130 台，将配网健康水平分为正常、注意、异常、严重四类。缺陷分析方面，对不同设备进行分类分析，从缺陷发生的部位、技术原因、责任原因维度进行统计。

　　本案例体现了实物资产现状评价工作内容中的结构、状态、效率（负载）、缺陷部分，数据全面、充分、准确，揭示了资产风险并进行了原因分析，为后续持续改进以及资产管理目标、策略、计划、资源统筹的制定及动态调整提供了依据。

第二节 目标常态化工作

一、工作内容

　　资产全寿命周期管理中的目标分为资产管理总体目标、资产管理绩效目标和资产管理执行目标三大类。

　　资产管理目标的分解可以有多种解读方式。除了上述提及的三级分解法外，还有一种较为通用的是分解为总体目标和执行目标两级，其中资产管理绩效目标被并入执行目标当中，作为绩效考核的一个维度。各企业可在基于现状、一致性、逐级分解的原则下，按照自身管理特点及实际业务需求灵活调整目标分解过程。下文对资产管理目标的三级分解法进行详细介绍。

（一）资产管理总体目标

资产管理总体目标主要涵盖以下四方面内容：

一是统筹协调安全、效能和周期成本三者的关系，在确保电网安全可靠的同时，提高电网资产质量和使用效率并优化全寿命周期成本。

二是承接国家电网公司发展战略和省级公司发展战略，按照国家电网公司资产全寿命周期管理规范，制定省级电力企业资产全寿命周期管理总体目标，即追求实现公司资产管理更安全、更高效、更优质、更和谐、更卓越。将"五个更"资产管理总体目标分解落实到资产管理一级绩效指标，确保资产管理目标的实现。

三是建立并保持覆盖全部资产管理活动的统一的工作要求体系，适用于所有的资产管理或与资产管理相关的活动；有效控制资产风险，降低整体运营成本，提高资产运作效率；有效监督和控制体系的整体运作；建立持续改进的机制。

四是完成管理目标、管理方法、管理方式的转型升级，实现资产的实物流、信息流、价值流合一的高度集约化管理模式，实现资产的全过程精益化管理。

（二）资产管理绩效目标

资产管理绩效目标包括：同业对标指标；企业负责人年度业绩考核关键指标；电网企业规划战略指标；根据利益相关方和电网企业其他相关要求新增的指标；具体以安全、效能、成本（SEC）指标体系为基础，选取出与资产管理密切相关的指标组成资产管理绩效目标体系。

（三）资产管理执行目标

资产管理执行目标由各部门／基层单位依据各级资产管理目标进行层层分解得到，并根据部门职能、岗位工作职责要求落实到具体部门／班组及岗位，结合资源配置现状、时间节点要求，确立执行目标（季、月、周）。各部门／基层单位根据资产管理总体目标、资产管理策略、资产管理执行目标及上一周期工作完成情况，协同制定各业务节点的执行目标。

执行目标也不是一成不变的，应该根据外部政策变化、工作现状情况进行滚动修正后重新发布，并且定期回顾、评价和调整，确保实现资产管理总体目标、资产管理策略、年度执行目标。

二、工作要求及评价标准

（一）工作要求

在目标制定工作开展之前应明确资产管理总体目标和执行目标（指标）管理的范围、管理职责、修编原则以及管控流程。

资产管理目标（指标）应承接电网企业和本单位发展战略，综合平衡企业决策层、管理层、执行层以及利益相关方之间关系，满足风险管理、法律法规、可持续发展、环境责任以及社会责任等一系列要求，与电网企业其他管理体系的方针保持一致，包括质量方针、环境和职业健康安全方针等。

资产管理目标（指标）制定应结合本单位资产及资产管理特点，分层分级、逐级分解、横向平衡协同、纵向承接一致，保障目标考核压力能自上而下层层传导至基层岗位，使目标能协同、高效、有力地执行。各层级目标（指标）之间应梳理清楚对应承接关系，并能将目标（指标）体系在合理范围内进行沟通、协同、公示和培训宣贯，确保相关人员理解并执行。

此外，目标的编制应符合明确、可衡量、可监测、可管控、可实现的要求，目标制定后应有相应的实现目标的保障措施或者计划、方案。

除了目标制定的要求之外，在目标管理上也要形成常态化机制，完善相关制度和实施办法，明确规定目标管理的职责、管理活动的内容与方法、检查与考核、报告与记录等要求。

（二）评价标准

对于资产管理总体目标而言，必须与大环境相适应，在评价的时候主要看是否源自企业发展战略并与其保持一致；是否保持与企业的其他政策协调一致；是否体现风险管理、可持续发展、环境责任以及社会发展等要求；是否确保遵守法律、法规及外部监管要求；是否考虑企业管理者、普通员工以及其他利益相关者之间的利益平衡。

更具体来说，首先要遵循以下标准：企业建立的各级目标（资产管理远期目标、近期目标、各阶段的执行目标）必须符合资产管理要求，并有效指导资产管理活动的开展，并实现各级目标持续优化改进。

从本环节的流程来看，关键评价点分别在目标的设置和制定、目标的实施与监测和目标的考核这三个步骤上。

目标的设置和制定方面需要考虑：本部门负责的资产管理目标有哪些，是否包含资产管理相关的重要指标；本部门的目标是否在现状评价的基础上，承接了电网企业发展规划、总体目标，各级目标的制定是否基于现状分析及需求分析制定，是否有相关支撑文件可查；目标的制定是否包含远期、近期不同层级，是否符合资产管理规范要求，是否可衡量、可监测、可管控、可实现，具体有哪些体现；如何确保各层级目标的横向协同、综合最优，有哪些具体的措施；资产管理各级目标是否有审核记录。

目标的实施与监测需要考虑：本部门承担的资产管理各级目标，是如何统计的，统计的周期频度是多少，统计的口径范围如何界定，统计结果是否发布，如何衡量指标情况；本部门承担的资产管理目标在基层单位和本部之间有何差异，如何平衡目标和资源之间的关系。

目标的考核需要考虑：资产管理各级目标是否完成，完成情况如何等。

三、工作开展

（一）目标制定的通用方法

1.逐级承接分解法

逐级承接分解法是一种定性的逻辑分解法。逻辑清晰，结构严谨才能确保资产管理总体目标层层分解落到实处。适用于资产管理总体目标和执行目标的分解。

2.时间序列法

时间序列法的基本思路是根据资产管理实践经验和发展趋势预测，找出指标数据沿时间变化的规律，进而建立数学模型进行计算，将其结果作为确定目标的参考数值。适用于制定资产管理一级绩效指标的近期、中期、远期的目标值。

3.关键成功因素分解法

资产管理二级指标分解一般采用"关键成功因素分解法"，分析影响资产管理目标实现的各种核心因素以及其子因素，从中选择对资产管理绩效水平起决定性作用的关键因素，掌握支撑资产管理总体目标实现的关键能力，对各子项目标进行有效管控，从而有效提升资产管理绩效水平，确保实现资产管理目标。

4.横向对比法

在设定资产管理整体目标时，可以采用横向对比法，与同业对标目标保持一致。对于有具体明确目标值的指标，直接取同业对标目标值，对于没有具体数值的指标，则目标设置可按照同业对标总体定位明确，可明确该指标的上下限或者指标在电网企业范围内总体的目标定位。

（二）目标制定的管理方法

1.部门职责分工

目标制定部门职责分工如表2-10所示。

表2-10　　　　　　　　　　　目标制定部门职责分工

部门	职责分工
资产管理委员会	负责资产管理总体目标、资产管理执行目标的审批、发布
资产管理办公室	负责资产管理目标的归口管理： （1）负责组织开展现状评价，指导资产管理各级目标编制； （2）负责组织编制电网企业资产管理总体目标、资产管理执行目标，并进行修订、报批、协商与沟通、定期回顾等
发展策划部门	归口管理"N-1通过率""容载比"2个一级指标，负责做好资产规划计划、电网发展等目标的设置、执行目标的分解、执行监测和评估总结
财务部门	归口管理"资本性资金投资保障率""资产负债率""单位资产售电量""单位资产年度资本性投入""单位资产年度运维检修成本""经济增加值率"等6个一级指标，负责做好资产价值、成本管理等目标的设置、执行目标的分解、执行监测和评估总结
安监部门	归口管理"资产全寿命周期管理综合绩效（SEC）""5级以上事件次数"2个一级指标，负责做好资产管理综合绩效、安全绩效等目标的设置、执行目标的分解、执行监测和评估总结
运维检修部门	归口管理"输变电系统可用系数""退役资产平均寿命""在运设备备用率""供电可靠率""综合电压合格率"等5个一级指标，负责做好设备运维、可靠性管理等目标的设置、执行目标的分解、执行监测和评估总结
营销部门	归口管理"优质服务质量完成率"指标，负责做好客户服务目标的设置、执行目标的分解、执行监测和评估总结
人资部门	归口管理"全口径劳动生产率"指标，负责做好人员效率相关目标的设置、执行目标的分解、执行监测和评估总结
运营监测部门	负责资产管理绩效指标体系的制定和维护，按照资产管理要求动态监测，分析评估各项绩效指标
办公室、信息管理部门、基建部门、物资部门、外联部门、审计部门、法律部门、后勤部门、调控部门、企业协会等	（1）负责配合资产管理办公室做好资产管理总体目标、资产管理执行目标的分解、目标设置、执行监测、评估总结； （2）负责本部门各层级资产管理的执行目标制定、目标设置、执行监测、评估等相关工作

2.目标制定流程

顶层指标共有16项，由SEC分解而出，具体如图2-2所示。

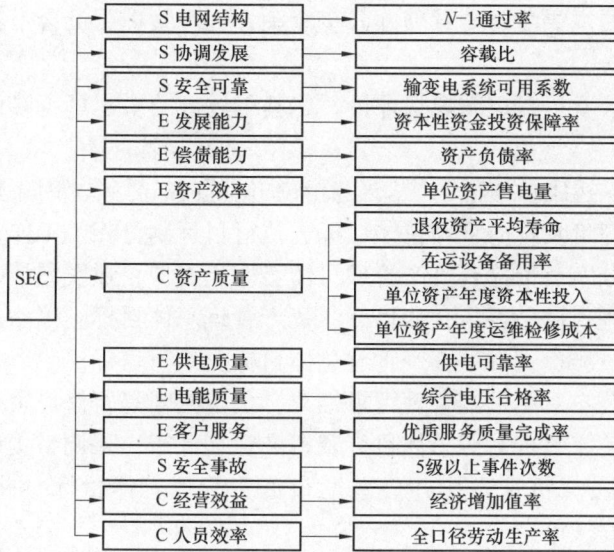

图 2-2　资产管理指标

本书将以 $N-1$ 通过率为例，讲解顶层指标的分解过程。通过举出顶层指标的直接或间接影响因素，提出相应的支撑举措，进而落实到各个部门，如图 2-3 所示。

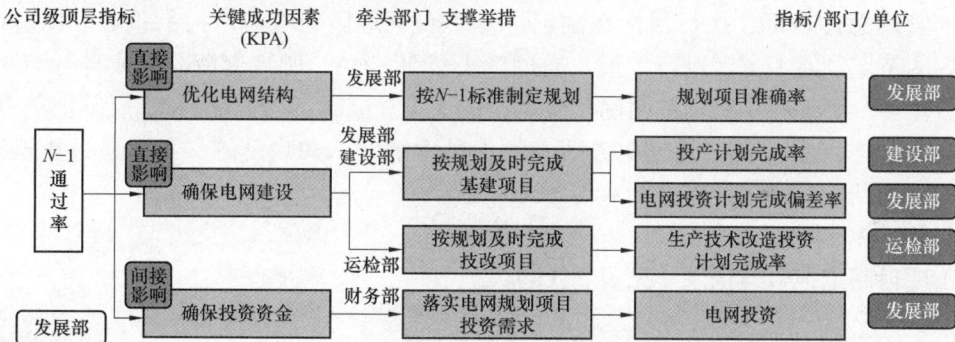

图 2-3　顶层指标分解（以 $N-1$ 通过率为例）

在目标制定过程中，必须重视协同工作机制的运用。通过建立协同工作机制，市级电网企业承接省级公司资产管理目标及策略，将省级公司一级指标和二级指标进行层层分解落实到各部门及岗位，各部门承接相应的指标，实现纵向贯通，如图 2-4 所示。

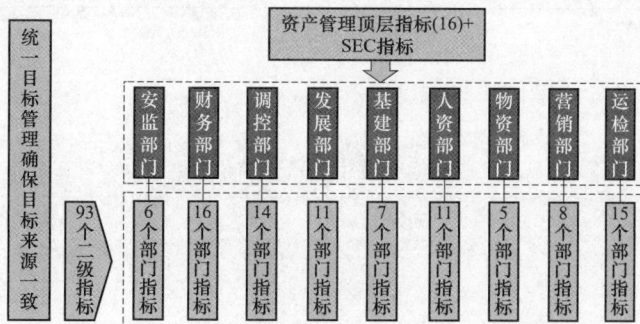

图 2-4　目标部门分解

目标制定工作开展主要由资产管理办公室牵头，资产管理委员会审查，各部门配合，具体步骤如下：

（1）资产管理办公室负责组织现状评价，并基于评价结果起草（修订）资产管理总体目标和执行目标；

（2）发展策划部、运维检修部门、安全监察质量部门、营销部门、财务资产管理部门及其他各部门配合现状评价及资产管理总体目标、执行目标制订相关工作；

（3）资产管理办公室负责检查资产管理总体目标是否与企业发展战略、其他总体目标协调一致，检查资产管理目标是否与企业目标、资产管理总体目标、策略保持一致；

（4）资产管理委员会负责批准资产管理总体目标及执行目标；

（5）资产管理办公室对照资产管理评审结果，负责判断是否修订资产管理总体目标；

（6）资产管理办公室负责对照总体目标及资产管理评审结果调整资产管理执行目标；

（7）资产管理委员会负责委托办公室发布资产管理总体目标，并下达资产管理执行目标。

3. 目标制定周期

资产管理总体目标以 5 年为一个周期制定，依据资产管理评审结果对照原有资产管理总体目标确定是否需要修订，如有修订由资产管理委员会进行批准，重新发布实施。

4. 目标制定沟通

资产管理总体目标、执行目标在制定过程中及下达后均应与包括承包商、供应商、员工等在内的特定利益相关者进行沟通（通过口头交流，OA，邮件交流等方式进行沟通），使其了解整体资产管理各项目标并明确其应承担的义务。同时，由各部门和基层单位负责传达，确保所有参加电网企业资产管理业务活动的人员理解并认知自己的义务，通过正式文件发布，并采用网站、海报等形式进行宣传。

5. 目标工作模板

（1）项目制定报告与记录（见表 2-11）。

表 2-11　　　　　　　　　　　目标制定报告与记录

序号	编号	名称	填写部门	保存地点	保存期限
1					
2					
3					

（2）目标管理相关责任单位（见表 2-12）。

表 2-12　　　　　　　　　　　目标管理相关责任单位

序号	部门	业务	备注
1			
2			
3			

（3）一级业务绩效指标分析提取（见表2-13）。

表2-13　　　　　　　　　　一级业务绩效指标分析提取

序号	指标名称	归口统计部门	指标单位	指标来源	指标定义
1					
2					
3					

（4）一级绩效指标目标设置（见表2-14）。

表2-14　　　　　　　　　　一级绩效指标目标设置

序号	指标名称	归口统计部门	指标单位	指标来源	指标目标值							
					2014年	2015年	2016年	2017年	2018年	2020年	2025年	2030年
1												
2												
3												

（5）二级业务绩效指标分析提取（见表2-15）。

表2-15　　　　　　　　　　二级业务绩效指标分析提取

序号	分解指标	单位	来源	指标定义	业务描述	分解维度	频度	责任部门
1								
2								
3								

（6）各部门、基层单位绩效指标分解及目标设置（见表2-16）。

表2-16　　　　　　各部门、基层单位绩效指标分解及目标设置

序号	分解指标	单位	频度	责任部门	对应岗位	2014年电网企业目标值
1						
2						
3						

四、案例分享

××供电公司××年资产全寿命周期管理目标和指标体系

（一）总体目标

承接公司资产全寿命周期管理要求，本单位资产管理的总体目标定位是：

第一，持续、深入地开展体系建设工作，确保"一标三制"资产管理要求在更大范围、更深层次得到落实。

第二，全面完善体系建设常态运行机制，探索建立对协同工作机制的有效监测和管控，以问题为导向持续提升体系建设工作成效，深化应用"领先型"资产管理电网企业要求的协同工作机制。

第三，深化资产管理通用技术方法在具体业务中的应用，做好资产管理关键环节管理提升，进一步提升与具体业务融合的深度和广度，进而整体提升公司资产管理业务水平，实现各阶段安全、效能、成本综合最优。

（二）主要资产管理目标

承接"领先型"资产管理体系建设工作要求，持续、深入地开展体系建设工作以及××年度资产管理重点工作内容，进行部门级资产管理目标分解，并针对性地制定各项资产管理措施，促进资产管理业务水平不断提升。

（三）重点工作举措

1.创新开展各项业务，提升资产管理水平

（1）推进资产全寿命周期管理。由安监部门牵头，公司各相关部门配合，推进资产全寿命周期管理。深化资产全寿命周期管理体系运行常态化工作，深入开展××年度现状评价、合规性评价、体系审核、管理评审等体系运行常态化工作；实施资产管理体系监督评价，组织开展质量监督培训和全面质量监督专项工作，开展农配网设备质量抽检和质量事件分析应用，加强质量事件调查、分析、整改闭环。

（2）加强特高压运行维护机制。由电力调度控制中心牵头，各部门配合，深入研究特高压大电网运行机理，健全应急响应机制，完善大面积停电处置预案，确保电网安全稳定运行。由运维检修部门牵头，加强特高压属地运维，落实线路"六防"措施，建设宾金直流线路可视化监控系统。由信通分公司牵头，加强与国家电网公司直属科研院所和高校的技术创新合作，整合集聚研发资源，开展"特高压带电作业技术"等重大科技项目研究，推进"高压输变电带电作业"实验室建设。

（3）深化配网停电管理工作。由调控部门牵头，刚性执行停电计划，深入实施配网"五个零时差"管理。由运维检修部门负责，推广配网综合检修，完成配网带电检测技术体系和状态检修技术深化研究，切实解决频繁停电问题。

（4）加快城农网改造升级。由发展策划部牵头，公司各部门协同，坚持需求导向、精准投入，加快城农网改造升级，切实解决配网现阶段主要矛盾，提高户均配电容量。

（5）推进客户服务创新体系建设。由营销部门负责，推进"互联网＋电力营销"智能互动服务创新体系建设，运用互联网服务渠道，实现线上全天候受理，线下"一站式"办电。开展客户信用、渠道偏好、用电行为差异化分析，充分利用95598服务平台，满足客户个性化服务需求。

（6）开展项目全过程财务管控。开展项目可研经济性与财务合规性审查，实时管控项目资产竣工决算，实现决算自动生成；运用月度现金流量预算管控平台，强化资金实时监控，同时加快工程结算转资，加大用户资产接收，优化成本安排，提升资产质量。加强"三流合一"管理，重点监测新增城农网改造升级、业扩工程服务、量价费损等领域，完善异常预警和问题整改机制；健全内控流程监管体系，实现监测、评价、反馈、整改闭环管理。

2.大力推进市县业务协同

（1）市县带电作业资源一体化管理。由运维检修部门牵头，各部门配合，整合市县带电作业资源,实行一体化管理,城市配网架空线路业扩项目不停电接火率达到95%以上,不停电消缺比率达到80%以上。

(2)市县配网项目协同一体化建设。由运维检修部门负责,构建市县配网项目管控机构,实现"横向全专业、纵向全过程"实体化管理协同。

(3)市县财务一体化管理。由财务资产部负责,公司各部门、各单位、各县(市)供电公司配合,强化财务实时管控,推进市县财务一体化管理。

(4)市县法律服务保障一体化建设。办公室负责,各部门配合,试点开展市县"法律服务保障一体化"建设,加大内部法律顾问培养力度,法律顾问自行代理办案率超过50%。

(5)市县综合管理一体化机制建设。发展策划部牵头,各部门协同,建立集体企业综合管理和专业指导相结合的工作机制,健全市县一体化和集团化运作框架体系。以集体企业"十三五"发展规划为引领,以提升市场竞争能力和服务保障为核心,探索实施纵向重组。

【案例总结】

本案例将资产管理目标分解为总体目标,并根据年度重点工作任务制定具体目标。其中,具体目标又分为省级公司和市县级两个层面。省级公司方面:明确了安监部门在资产全寿命周期管理方面、调度部门在特高压维护方面、运检部门在配网停电管理方面、发展部门在城农网改造方面、营销部门在客户创新方面以及财务部门在财务全过程管控方面的目标。市县层级:制定了五个一体化建设目标,即带电作业资源一体化、配网项目协同一体化、财务一体化、法律服务保障一体化以及综合管理一体化。

本案例制定的资产管理一方面承接了国家电网和省级公司战略,另一方面覆盖了具体的资产管理活动,体现了分层分级、逐级分解、横向平衡协同、纵向承接一致的原则。

第三节 策略的常态化工作

一、工作内容

资产管理策略是指为实现资产管理总体目标,在资产和资产管理现状评价的基础上,通过对组织内外部各相关要素进行统筹和协调,从而筛选出特定的资产管理目标和活动来组成最优的方案或长远计划。资产管理策略包含了实现资产管理总体目标的总体规划、方式方法和方案,表现为预期成果、计划、方法、原则、标准、规范及制度等,能够指导组织内部不同层级目标的制定和资产管理活动的开展。

资产管理策略包括电网发展策略、资产寿命周期策略及职能策略等(见图2-5)。其中:职能策略由投资策略、资产

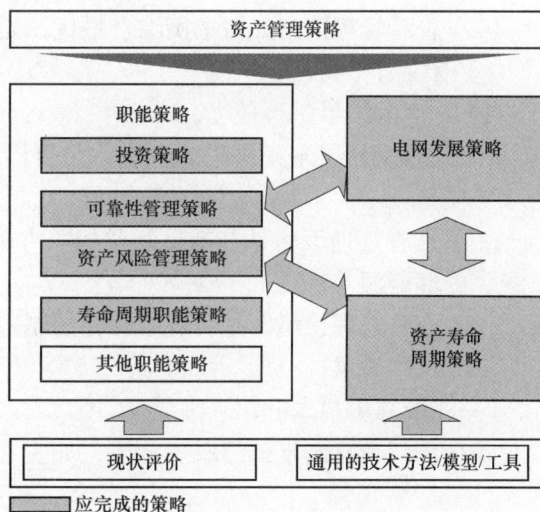

图2-5 资产管理策略

风险管理策略、可靠性管理策略、物资管理策略、基建管理策略、营销管理策略、运行管理策略、运检（运维、检修、抢修等）管理策略、退役报废管理策略、报废处置策略等组成。

资产管理策略是资产、资产集、资产组合及资产管理体系的高层次、长期性的优化方案，与电网企业发展规划和资产管理目标相一致，是达到资产管理目标要求的措施手段，是指导资产管理计划制定的直接依据。

电网发展策略主要以电网为视角，考虑电网企业发展规划目标，以保证电网的安全性和稳定性为目的，根据历史数据和技术规则要求，基于需求预测结果，通过选择最优策略组合以应对需求增长，并指导形成电网建设计划。

资产寿命周期策略是以资产、资产集、资产组合类型为视角，考虑电网企业发展规划目标和设备的状态、风险、成本等驱动因素，提出寿命周期内的管理策略。

职能策略是资产管理能力和流程的提升策略，包括各职能部门管理提升策略、投资策略、可靠性管理策略及风险管理策略等内容。

二、工作要求及评价标准

（一）工作要求

资产管理策略的制定和运用应充分考虑电网企业发展的整体方向和内外部环境。首先，资产管理策略应源于电网企业发展规划及资产管理总体目标和执行目标，并与其保持一致；其次，资产管理策略应与电网企业其他方针和策略保持一致；此外，资产管理策略的制定应全面考虑资产的相关风险；最后，资产管理策略以五年为一个编制周期，原则上每年定期滚动调整修订。可依据电网企业管理和发展需要，不定期滚动修正。

（二）评价标准

对企业制定的资产管理策略进行评价时必须考量其是否符合资产管理要求、是否能有效地指导计划的制定、是否持续改进。

具体来说，评价的关键点有以下几点：

（1）是否基于现状评价制定了管理策略，是否能支撑实现目标。

（2）查看管理策略如何平衡综合最优，是否采用了通用技术方法。

1）有没有平衡；

2）平衡的结果是否最优；

3）是否采用了平衡决策的方法，是否借助状态分析、风险评估、寿命周期成本以及资产墙等模型。

（3）查看管理策略是否满足利益相关方需求和内外部环境要求，如法规、监管、上级、下级、内部资源等；

（4）查看管理策略，是明确了计划的制定的原则、思路和方法。

三、工作开展

（一）管理部门工作职责

管理部门策略制定部门职责分工，如表2-17所示。

表 2-17 策略制定部门职责分工

部门	职责分工
资产管理办公室	负责各项资产管理策略的审批、发布等
发展策划部门	负责资产管理策略归口管理，负责制定（修订）资产管理策略管理办法；负责本部门现状评价相关工作；负责组织资产管理业务部门开展资产管理各项子策略的编制、修订、上报、定期审查等工作；负责电网发展策略、投资策略的编制、修订、报批、沟通协商、定期回顾等工作
安监部门	负责本部门现状评价相关工作；负责资产风险管理策略的编制、修订、报批、沟通协商、定期回顾等工作
运维检修部门	负责本部门现状评价相关工作；负责电网一次设备、生产车辆等资产寿命周期策略和检修维护、改造、退役处置等寿命周期职能策略、可靠性策略的编制、修订、报批、沟通协商、定期回顾等工作
基建部门	负责本部门现状评价相关工作；负责设计建设寿命周期职能策略的编制、修订、报批、沟通协商、定期回顾等工作
营销部门	负责本部门现状评价相关工作；负责计量设备的资产寿命周期策略和营销寿命周期职能策略的编制、修订、报批、沟通协商、定期回顾等工作
信息管理部门	负责本部门现状评价相关工作；负责通信设备的资产寿命周期策略编制、修订、报批、沟通协商、定期回顾等工作
物资部门	负责本部门现状评价相关工作；负责物资采购寿命周期职能策略的编制、修订、报批、沟通协商、定期回顾等工作
后勤部门	负责本部门现状评价相关工作；负责生产房屋的资产寿命周期策略编制、修订、报批、沟通协商、定期回顾等工作
调控部门	负责本部门现状评价相关工作；负责继保、自动化设备的资产寿命周期策略和电网运行寿命周期职能策略的编制、修订、报批、沟通协商、定期回顾等工作
运营监测部门、财务部门、人资部门、办公室、外联部门、审计部门、法律部门、人事部门、企业协会等	负责本部门现状评价相关工作；配合相关部门完成电网发展策略、投资策略、资产寿命周期策略、寿命周期职能策略、可靠性管理策略、资产风险管理策略的相关工作

（二）工作模板

1.电网发展策略（模板）

（1）策略编制概述。
（2）策略编制依据。
（3）策略编制的技术方法。
（4）现状分析。
（5）电源情况和电力平衡。
（6）电网发展目标。
（7）电网发展策略。

2.投资策略（模板）

（1）编制概述。
（2）引用文件。
（3）策略编制的技术方法。
（4）投资目标（驱动因素）。
（5）"十二五"滚动规划投资策略。
（6）年度投资管理策略。
（7）持续改进。

3.风险管理策略（模板）

（1）概述。
（2）目的。
（3）目标。
（4）范围。
（5）参考文件。
（6）资产管理策略框架。
（7）驱动因素。
（8）当前采用的方法。
（9）风险管理现状。
（10）需采取的措施。
（11）业务提升计划。

4.可靠性策略（模板）

（1）概述。
（2）目的。
（3）范围。
（4）参考文件。
（5）资产管理策略框架。
（6）驱动因素和目标。
（7）总体方法。
（8）可靠性现状分析。
（9）需采取的措施。
（10）管理提升计划。

四、案例分享

下面以××公司运维检修部门资产全寿命资产管理策略报告为例。

（一）管理策略落实情况概述

运维检修部门需落实的资产管理策略包括电网运维管理策略、电网建设管理策略、电网风险管理策略，各策略具体落实情况如下：

1. 电网运维管理策略

加强线路、设备运维管理，夯实配网设备管理基础工作，杜绝设备管理的漏洞，确保电网稳定运行。做好设备状态评价，确定设备轮换周期，为电网技改、大修工作提供改造依据。

在生产管理部门的统一监督管理下，各运维单位密切配合，进行设备巡视、缺陷的统计提交及核实，按照等级、周期开展配网设备的正常巡视，根据气候、节日等特点开展特巡和夜巡，落实常态化红外测温工作，加大重载设备、高温高负荷期间的红外测温的频率。主管领导等参与监察巡视，对重点设备、重点地段、重点部位进行重点巡视，详细建立配网设备缺陷储备库，结合年度项目计划、城农网改造等工作，编制年度检修计划，未雨绸缪，不等不靠。本着轻重缓急的原则，按月分解，科学合理地按照缺陷类别及时予以消除，确保配网安全运行。对遗留的缺陷应加强跟踪，新发现的重要、紧急缺陷须及时提交、处理，确保设备安全运行在控。

2. 电网建设管理策略

一是根据负荷预测、电网运维、政府规划等做好电网建设五年滚动规划、三年项目储备，以及提前完成相关项目可研、设计工作。在电网规划设计阶段，合理规划线路走向、配变布点，有效控制供电半径，完善网架结构、负荷分流、环网联络等工作，结合配网设备状态评价工作，做好线路、设备轮换工作。实现电网建设先行，形成联系相对紧密的坚强电网。

二是做好工程管理，把好物资质量关。合理编排项目建设进度，周期性调整进度计划，加强工程项目全过程管理，提高工程质量与工艺水平，提升电网建设管理的效率与效益。加强物资质量监督，形成常规协调机制，随时反馈，及时处理协调，并确保物资供应及时。重视项目质量管理，加重考核力度。对工程以供电所为管理单位，形成评价体系。做好政府工程服务工作，通过"日跟进、周协调、月分析、季沟通"机制，确保高效完成重点工程以及电力配套工程建设。

3. 电网风险管理策略

一是加强应急管理，提升应急（抢修）处理能力。根据电网大面积停电造成的危害程度、影响范围等因素，电网大面积停电事件分成特别重大、重大、较大和一般四级。根据事件等级，制定相应的电网故障应急（抢修）体系，成立应急处置领导小组，下设应急（抢修）办公室，即抢修指挥室，进行人员、材料、物资协调工作。一、二级应急响应总指挥有权对全公司人员、材料、物资进行调备。做到应急处置过程中统一指挥、分级负责、快速反应、协同应对，迅速组织力量开展电网恢复应急抢险救援工作。

二是加强应急值班管理，要求值班期间保持通信畅通，响应迅速；针对防汛抗台等突发事件无脚本应急演练中暴露的问题，逐条制订解决方案并予以完善。同步隐患排查及对"一事一卡一流程"进行进一步的修编。在灾害天气时，要求按照气象及现场情况及时做好各生产作业计划的调整，加强作业现场的安全管控。

三是物资组加强对库存备品备件日常巡查，加强备品备件的台账管理，定期或根据实际需要、应急情况下进行台账发布。做好物资领用工作，保证抢修物资24h领用畅通。

四是各单位严格执行信息报送制度，发现异常情况应及时向公司专业管理部门汇报，保障处置过程的及时、主动、得当，提高应急响应事件汇报的时效性。

（二）资产管理策略落实分解表

对公司三大资产管理策略的内容进行细化分解，落实到具体工作中，明确策略对应的重点工作方向、年度重点工作项目以及目前工作计划完成情况，具体情况见表2-18。

表2-18　　　重点工作方向、年度重点工作项目以及目前工作计划完成情况

编号	策略来源	重点工作方向	对应年度重点工作计划	工作计划完成情况	责任部门
1	省级公司资产寿命周期策略——电网运维管理策略	加强线路、设备运维管理，做好设备状态评价工作	定期巡视、消缺，定期设备评价	顺利实施	运维检修部门
2	省级公司资产寿命周期策略——电网建设管理策略	做好本地电网规划、设计，合理进行设备轮换工作	年度综合计划，技改大修项目及进度，优化停电方案	顺利实施	运维检修部门
3	省级公司资产寿命周期策略——电网风险管理策略	完善应急管理体系，加强电网风险应急处理能力	应急抢修体系建设，应急培训、演练	顺利实施	运维检修部门

【案例总结】

本案例以运维检修部门的资产管理策略为例，将策略分解为运维管理策略、电网建设管理策略和电网风险管理策略，并在策略落实分解表中阐明对应工作计划及工作方向。

本案例中的策略承接了公司发展规划及资产管理目标，具体表现为预期成果、计划、方法、完成状况等，能够指导运维检修部门资产管理活动的顺利开展，实现公司发展规划及资产管理总体目标和执行目标。

第三章

计划和过程管控

第一节 计划的常态化工作

一、工作内容

电力企业根据资产管理总体目标、策略，制定资产管理计划，包括中长期、年度资产管理计划，资产管理体系改进计划、实施计划等，用于指导资产管理相关业务活动的有序开展，确保资产管理体系能够实现预期目标。资产管理计划与资产管理目标、策略保持一致，明确资产管理各项业务活动执行的责任部门、资源配置、时间节点等关键信息，并进行定期检查与评估，确保计划有效、高效执行，计划要满足可行性及时效性，同时对各类计划进行统筹优化和优先级排序。

二、工作要求及评价标准

（一）工作要求

电网企业各类资产管理计划的编制、审核、发布和实施等管理活动要充分考虑的约束条件和管理要求包括法律法规要求、合同要求、目标策略和计划、成本、风险和绩效限制、员工（内部和外部）知识和能力、供应链和服务供应商的能力和可用率。

在制定资产管理计划时，需要考虑协同工作机制，包括跨流程、跨业务、跨专业、跨部门及跨单位的协同工作机制，明确资产管理计划各业务的协同需求、协同职责及要求，对资产管理计划进行统筹及整合，实现计划的动态协同。

同时，在编制计划过程中必须保持资产管理计划与电网企业发展战略、资产管理目标和策略一致；保持资产管理资源统筹、实施计划统筹的协同一致；保持资产管理计划与资产管理目标和策略的纵向逐级分解、横向协同一致。

（二）评价标准

资产管理计划的评价标准主要包括两方面：一是计划制定标准的评价；二是对实施过程做出的评价。

在计划的制定标准方面，必须做到以下几点：

（1）年度计划与五年规划（项目计划时间、费用）保持一致，检查计划的制定与规划、项目储备库的排序一致。

（2）整体计划、电网发展规划等计划与总体目标、电网发展目标、SEC 指标、电网发展策略、投资策略等一致，满足目标实现。

（3）整体计划、电网发展规划等计划的可执行性，明确了责任部门/单位、进度、资源等。

（4）输变电设备状态评价结果反馈到项目可研、项目计划编制，科技、信息项目后评价及相关的外包供应商评价信息反馈到项目计划及可研编制。

（5）计划统筹记录、跨专业部门的统筹协同情况（如综合计划启动时间，开协同会，协同各部门的计划）考虑资源平衡，在确定了各专业计划后才有优先级排序。

（6）计划制定、变更或调整要走相应流程，并考虑其可能导致的风险，有相应应对措施，保有相应的记录。

在计划的实施与监控标准方面，重点对"综合计划"、"电网发展规划"等计划的执行情况的报告或检查记录进行检查、评估。

三、工作开展

（一）计划管理部门职责

发展策划部门是资产管理计划的牵头部门，应建立计划管理机制并指导各层级开展资产计划管理；明确目标管理的责任部门、要求、方法、内容及信息。

电网企业资产管理计划按照分层分级管理原则执行。资产管理办公室负责资产管理体系改进计划管理；本部各职能部门负责制定专业或专项中长期计划及年度专项计划，发展策划部门负责年度综合计划的汇总平衡，经资产管理委员会批准后发布。各部门、基层单位负责实施计划统筹及执行计划。各职能部门负责对计划管理进行定期回顾、调整以及风险管控。

资产管理中长期计划原则上以五年为一个编制周期，也可根据电网企业资产管理和发展需要，每年或不定期滚动修正；由各项计划编制的职能部门组织与相关方进行充分沟通、协同、执行，指导资产管理年度计划编制。各部门职责如表 3-1 所示。

表 3-1 电网企业资产管理计划汇总

分类	资产管理计划	部门 / 单位
体系改进	资产管理体系改进计划	资产管理办公室
中长期规划	电网发展规划（中长期计划部分）	发展策划部门
	技改规划（中长期计划部分）	运维检修部门
年度计划	电网规划	发展策划部门
	技改规划	运维检修部门
	综合计划	发展策划部门
	年度投资计划	发展策划部门
	年度预算	财务部门
	年度固定资产零星购置投资计划	发展策划部门
	年度物资需求计划、批次计划	物资部门
	年度技改计划	运维检修部门
	年度运维检修计划	运维检修部门
	固定资产退役计划	运维检修部门
	固定资产报废计划	财务部门
	年度运行方式	调控部门
	年度科技与信息计划	信息管理部门
	年度培训计划	人资部门

项目管理单位首先采用通用技术模型，对项目方案进行优化比选，并基于风险对项目进行优先级排序；同时考虑项目核准、设备制造、合理工期、季节和其他外部因素（如监管政策）等对本专业的业务活动的影响，形成专业年度计划。发展策划部门应用风险评估方法并结合

财务资金预算等约束条件，对跨专业计划进行综合平衡。基层单位基于电网企业资产管理计划，统筹考虑人、财、物资源及时间安排约束条件制定实施计划，如班组工作安排、物资到货情况、停电计划等。资产管理办公室根据资产管理体系审核、管理评审结果，制定资产管理体系改进计划。

（二）计划编制方法

明确电网企业资产全寿命周期管理的总体目标。即统筹协调安全、效能和周期成本三者的关系，在确保电网安全可靠的同时，提高电网资产质量和使用效率，降低全寿命周期成本。

树立整体意识，加强各个阶段工作之间的密切联系，在实现资产全寿命周期最优的目标之下对各阶段的工作目标进行协调。制定将电网扩展、设备更新、技术改造、大修计划、设备检修、运行计划、费用支出等综合考虑的电网资产规划及年度计划，使资产管理各个阶段形成一个紧密联系、目标一致的整体，每个阶段工作目标均服务于资产全寿命周期最优的整体目标。通常采用如下方法进行编制：

1.综合平衡法

综合平衡法是计划工作的基本方法。该方法研究如何正确确定电网企业生产经营活动中的一些主要比例关系，并使这些关系协调一致。

2.滚动计划法

制定计划时采用"近细远粗、逐步逼近"的方法，将短期计划和中长期计划有机地结合起来，根据近期计划的执行情况和环境变化情况，定期修订中长期计划并逐期向前推移。

3.优先级排序法

优先排序就是经过一个系统的评估优化的程序，主要对各类计划中的项目以评分、加权的方法作评估，了解其状况，从而达到优先排序的目的。

在制定资产管理计划时，需要考虑协同工作机制，包括跨流程、跨业务、跨专业、跨部门及跨单位的协同工作机制，明确资产管理计划各业务的协同需求、协同职责及要求，对资产管理计划进行统筹及整合，实现计划的动态协同。保持资产管理计划与电网企业发展战略、资产管理目标和策略一致；保持资产管理资源统筹、实施计划统筹的协同一致；保持资产管理计划与资产管理目标和策略的纵向逐级分解、横向协同一致。由各项计划编制的职能部门组织与相关方进行充分沟通、协同、执行，指导资产管理年度计划编制。

（三）计划工作模板

1.资产管理体系改进计划

资产管理体系改进计划（模板）

（1）概述。

（2）管理体系现状。

（3）管理评审建议。

（4）体系提升目标。

（5）体系改进计划。

2. 资产管理体系审核年度工作计划

资产管理体系审核年度工作计划（模板）

（1）审核的目的和范围。简要说明实施审核的目的、范围。

（2）审核依据。简要说明实施审核的依据，包括风险评估报告、前期审核结果、纠正和预防措施执行记录。

（3）审核内容。简要说明实施审核的具体内容，受审核方。

（4）审核时间。

1）首次会议日期。

2）受审核方每一审核活动的预定日期。

3）审核结束日期。

4）末次会议日期。

5）提交审核报告的日期。

6）审核形式、方式。

（5）介绍实施审核的方法、手册和工作纪律。

四、案例分享

以××公司××年的重点工作计划思路为例。

××年，物资供应中心将继续严格落实国家电网公司、省级公司物力集约化管理的各项要求，进一步完善"一级平台管控、两级集中采购、三级物资供应"的物力集约化管理体系，进一步理顺业务运作模式，全面提升体系协同运作能力、业务集中管控能力、资源优化配置能力、需求快速响应能力和队伍专业管理能力，确保全年各项目标任务顺利完成。

1. 确保全年指标优质完成

及早分析指标的定义与内涵，深入理解各项管理指标，重点掌握××年新的指标计算方式。加强对指标的监控和管理，制定分阶段的目标，确保指标完成情况可控、在控、能控。加强对县级公司同业对标工作的指导和监督，定期分析县级公司指标运行情况，指导进行弱势指标的整改落实，提升县级公司指标成绩。加强与省级公司同业对标工作的业务对接，确保各项指标优质完成。

2. 提升物资计划准确性

发挥计划引领作用，坚持"先利库、后采购"原则，强化采购计划的申报和审核。建立主动协调机制，加强与综合计划、预算管理的衔接，科学有序地安排××年的集中采购工作。加强计划评审专家团队建设，深化物资计划二级审核机制，提高物资计划申报的准确性。落实采购行为规范性和电子商务平台集中管控，严格执行网省两级集中采购，实现物资类采购集中管控范围达到100%，服务类采购集中管控范围达到90%。

3. 全力以赴保障物资供应

深化物资供应保障体系建设。深化物资调配中心运作，加强供应计划管理和运输过程管控，强化重大工程间物资的统筹协调和重点物资的统一调配，充分发挥县级公司属地化优势，有效落实物资供应现场项目部的职责，全力做好重点工程物资供应，保障各级电网建设、迎峰度夏、防汛救灾等物资供应。

4. 加强仓储管理规范性

巩固盘活利库成果，坚持"先利库、后采购"，规范物资出入库管理，加大库存盘点力度，确保账卡物一致率达到100%。加强仓库标准化工作，完善区域划分和摆放标准的制定，提升仓库维保效率和场地利用率。规范废旧物资处置管理，加强回收处置过程的管控。推广通用配网物资限时成套配送工作，基于中心库寄售业务，完成需求提报到实物移交需求单位的全过程限时成套配送。

5. 强化已领待耗物资管理

开展物资管理规范的延伸应用，利用省级公司已领待耗物资管理平台，拓展仓储管理体系，对各单位领用后的留存物资进行统一管理。协助横向管理部门，明确岗位责任分工，通过系统固化的方式对物资实际出入库和库存情况进行统一管控，做到物资真正可控、在控。

6. 全面落实物资质量管控责任

加大入网物资质量监督管控力度。持续开展材料类物资专项抽检，针对质量问题较多的供应商和物资类别，提高抽检比例和频次；制定各类设备出厂验收工作标准，规范非监造设备的出厂验收工作；贯彻执行设备监造管理办法，协同公司技术管理部门，将技术监督关口前移，提升监造工作的深度和管控力度，提升设备出厂质量；开展省级公司集中招标供应商资质能力核实和绩效评价工作；完善供应商不良行为处理机制，每月收集不良行为信息，组织供应商约谈，并将处理结果及时提交，与招投标采购联动。

7. 深化集体企业无差别管理

继续加强集体企业规范化管理，根据省级公司关于集体企业物资采购的要求，不断完善集体企业采购管理制度，深化市县一体化招投标平台建设，做到"应进必进"项目百分百进平台。创新集体企业采购方式，对单价小的非主材主设备的物资，例如办公用品、劳保用品等采用超市化采购形式。

8. 抓好党风廉政建设

严格落实廉洁从业保证措施，坚持开展廉洁教育，加强物资队伍纪律建设和作风建设，落实"一岗双责"的风险防控责任。强化交易中心评标专家管理，加强专家职业操守教育，增强遵守保密规定和认真公正履职意识。

【案例总结】

本案例为物资管理部门的年度计划。该计划严格落实国家电网公司、省级公司物力集约化管理的各项要求，进一步完善"一级平台管控、两级集中采购、三级物资供应"的物力集约化管理体系，旨在提升协同运作能力、业务集中管控能力、资源优化配置能力、需求快速响应能力和队伍专业管理能力。具体来说，包括了完成年度指标、提升物资准确性、保障物资供应、加强仓储管理等方面。

本案例体现了计划管理须保持资产管理计划与公司发展战略、资产管理目标和策略一致的要求，同时计划的管理明确了各业务的协同需求、协同职责，对资产管理计划进行统筹及整合，实现计划的动态协同。

第二节　过程管控常态化工作

一、工作内容

（一）总体原则

资产管理全寿命周期管理过程管控工作的开展遵循以下原则：

过程管控工作承接资产管理目标、策略和计划，管控资产管理寿命周期活动实施过程，保障监控资产全寿命周期管理所有阶段成本、风险、资产和资产集的绩效。

电网企业各部门和基层单位负责依据全寿命周期活动各阶段的相关制度标准，明确各阶段业务流程，过程管控实施过程。

电网企业各部门和基层单位建立各阶段的实施计划，指导资产全寿命周期管理活动的开展，并建立计划调整、变更风险管理机制。

全寿命周期活动开展过程中，各部门和基层单位落实安全、质量、进度、成本、技术、风险以及相关信息的管理要求。同时，根据内外部环境、资源等因素变化进行调整，以确保与目标、策略和计划保持一致。

各部门和各单位应及时记录、保存活动过程的过程记录和信息，并满足监测及监控要求。

（二）评价内容

资产管理过程管控评价工作包含但不限于以下内容：企业发展规划、电网规划方案、投资项目优先级排序标准、投资项目评估、经济活动分析报告；物资采购计划、物资招标采购过程记录、库存清单、项目物资配送计划和实施方案、物资领料和退库记录、物资抽检工作计划、供应商评价报告；设计方案（选型方案）比选报告、工程进度计划、项目实施计划、停电计划及操作票、工程建设过程资料、工程项目结算和决算转资记录、工程成本标准、工程成本（预测、分析、控制和评价）报告；日常操作巡视等运维工作记录、设备故障处理分析报告、设备状态评价记录、设备缺陷管理记录、技改（大修）项目全过程记录、技改大修项目成本归集标准；废旧物资处置记录、资产退役处置记录、电网装备退役再利用记录。各项业务相关的信息系统。

二、工作要求及评价标准

（一）工作要求

过程管控工作的开展主要有以下五点要求：

第一，应明确资产管理活动的流程，以及与流程对应的标准、制度、岗位、绩效指标等要求。应策划、控制和改进过程的成果、效率和适用性，包括过程规划、过程实施、过程监测（检查）和过程改进四个部分；应结合企业资源、内外部环境等条件，按照目标、策略、计划的内容和要求，对资产全寿命周期管理中的每个节点进行有效控制，从而达到资产全过程管控的要求；

第二，应涵盖资产全寿命周期管理活动中规划计划、采购建设、运维检修、退役处置各个阶段的业务，以及各阶段中与其他关键业务部门如财务部门、调控部门等关键业务协同点，并制定全面的管控措施，保证安全、效能、成本得到有效控制；

第三，应保证各流程高效、流畅、协同地运转，及时反馈业务问题、实现"实物流、价值流、信息流"三流合一，满足资产管理通用技术方法深入运用、成本精细化管理、管理成效显著等要求；

第四,应充分利用内外部资源,加强外包活动全过程管理,确保外包活动高效、规范运作;

第五,应在全过程各项业务活动落实安全、质量、进度、成本、技术、风险以及相关信息的管理要求;综合考虑人、财、物等资源配置,并根据内外部环境、资源等因素变化进行调整,以确保与目标、策略和计划保持一致;规范各业务阶段过程资料档案管理,对活动过程的信息应及时记录、保存,并满足检测和监控的要求。

（二）评价标准

评价标准应涵盖所有关键的资产管理活动,具体包含规划计划、采购建设、运维检修、退役处置四大阶段,包括发策、基建、物资、运行、运检、营销、财务 7 大业务环节,具体如附表 1 所示。

三、工作开展

（一）部门职责

基于国家电网公司资产管理一级业务模型,过程管控业务范围涵盖规划计划、采购建设、运维检修、退役处置四大阶段,按照分层分级管理原则,对资产管理业务实施过程管控。

以资产管理流程、制度标准清晰界定各部门、各单位的职责,对各项业务实施计划进行统筹管理,明确执行过程管理要求的职责。按照国家电网公司资产管理规范要求、电网企业资产管理业务流程、制度标准,开展资产管理业务活动,保障实物流、信息流、价值流的协同一致,确保业务流程执行的横向协同、纵向闭环,如附表 2 所示。

对于资产全寿命周期管理活动中各级计划的制定、实施和变更应充分开展风险分析。对于资产全寿命周期管理活动中各阶段缺陷、故障及事件信息应在各阶段有效传递,尽可能避免类似问题重复发生。对于资产全寿命周期管理活动中资产管理活动应分析存在的风险点,将资产风险管理理念和方法融入现有规章制度和工作流程,并逐步应用。

资产全寿命周期管理活动要求相关业务部门和单位人员应掌握相关专业知识,以便提高资产管理水平,应针对业务能力、专业知识、资产管理体系开展相关的培训。

在资产全寿命周期活动执行过程中,应就有关问题和建议与相关利益者充分沟通。

（二）检查与考核

1.总体考核标准

对本办法规定的管理活动进行检查与考核,考核内容如表 3-2 所示。

表 3-2 考核内容

序号	考核项目	考核标准	考核对象	考核部门
1	资产管理实施计划完成率	100%	各部门／单位	资产归口管理部门

2.规划计划

对本办法规定的管理活动进行检查与考核,考核内容如表 3-3 所示。

表 3-3 规划计划考核内容

序号	考核项目	考核标准	考核对象	考核部门
1	计划编制及时性	100%	地市级公司、下属各单位	发展策划部门、运维检修部门、营销部门、基建部门、科信部、财务部门、物资部门、调控部门、后勤部门
2	计划编制及时性	100%	各专项计划的编制部门	发展策划部门

3. 采购建设

对本办法规定的管理活动进行检查与考核。

4. 运行维护

对本办法规定的管理活动进行检查与考核，考核内容如表3-4所示。

表 3-4　　　　　　　　　　　　　　运行维护考核内容

序号	考核项目	考核标准	考核对象	考核部门
1	库存周转率	达到 5 次 / 年	实体仓库	物资部门
2	输变电系统平均故障停运时间	Σ故障停运小时数 / Σ故障停运次数	省检修分公司 / 市检修公司 / 县检修（建设）工区	运维检修部门
3	城市、农网综合电压合格率指标	目标完成率、目标偏差率和工作质量按一定权重综合计算得分	省检修分公司 / 市检修公司 / 县检修（建设）工区	运维检修部门
4	城市、农网用户供电可靠率指标	目标完成率、目标偏差率和工作质量按一定权重综合计算得分	省检修分公司、各市级供电企业运维检修部门	运维检修部门
5	输电精益化管理指数	输电精益化管理指数评分方法见《国家电网公司输电专业精益化管理考核评价规范》、《××省电力企业输电专业精益化管理考核评价办法》，评价得分为该指标值	省检修分公司、各市级供电企业运维检修部门	运维检修部门
6	变电精益化管理指数	变电精益化管理指数评分方法见《国家电网公司关于开展变电专业精益化管理评价工作的通知》、《××省电力企业关于开展变电专业精益化管理评价工作的通知》，评价得分为该指标值	省检修分公司、各市级供电企业运维检修部门	运维检修部门
7	配网精益化管理指数	城市中压配电线路故障停运指数、典型设计应用率、标准物料应用率、配网抢修优质率、配变超载、过载综合指数按一定权重综合计算得分	省检修分公司、各市级供电企业运维检修部门	运维检修部门
8	状态检修与评价管理	变电站不停电改造计划执行率、设备不停电检测导则评价率、带电检测计划完成率、年度评价及检修决策正确率、带电检测缺陷故障案例成效按一定权重综合计算得分	省检修分公司、各市级供电企业运维检修部门	运维检修部门

5. 退役处置

对本办法规定的管理活动进行检查与考核，考核内容如表3-5所示。

表 3-5　　　　　　　　　　　　　　退役处置考核内容

序号	考核项目	考核标准	考核对象	考核部门
1	废旧物资处置计划申报情况	是否及时、完整	计划上报单位	物资部门

四、案例分享

以对管理活动进行检查与考核为例，具体考核内容如表3-6所示。

表 3-6   管理活动考核

序号	考核项目	考核标准	考核对象	考核部门
1	投产计划完成率	100%	基层单位	基建部门
2	均衡投产率	一季度30%，二季度70%，三季度90%，四季度完成100%	基层单位	基建部门
3	开工计划完成率	100%	基层单位	基建部门
4	工程造价控制率	造价浮动范围为 3%~5%	基层单位	基建部门
5	设计质量良好率	100%	基层单位	基建部门
6	公司优质工程率	100%	基层单位	基建部门
7	变电工程设计优质率	100%	基层单位	基建部门
8	线路工程设计优质率	100%	基层单位	基建部门
9	工程竣工结算按期完成率	100%	基层单位	基建部门
10	分包商评价	90 分及以上	基层单位	基建部门
11	计划申报准确率	100%	基层单位	物资部门
12	计划标准化率	98%	基层单位	物资部门
13	采购效率指标	98%	基层单位	物资部门
14	评标专家出席率	90%	基层单位	物资部门
15	公开招标率	95%	基层单位	物资部门
16	物资合同签订及时率	100%	基层单位	物资部门
17	物资合同签订准确率	100%	基层单位	物资部门
18	库存周转率	达到 5 次/年	实体仓库	物资部门
19	技改、大修费用完成率	生产技改、生产大修、运维检修费用完成率按照一定的权重综合计算得分	省检修分公司、各市级供电企业运维检修部门	运维检修部门
20	非计划停电情况	非月度计划停电数、非月度计划停电率、非年度计划停电数、非年度计划停电率	省检修分公司、各市级供电企业运维检修部门	运维检修部门
21	计划执行情况	月度计划完成率＝当月实际执行的月计划检修项目数/月计划检修项目数×100%	省检修分公司、各市级供电企业运维检修部门	运维检修部门
22	工作质量	及时提供各类统计表，格式符合电网企业要求；及时完成电网企业布置的工作任务	省检修分公司、各市级供电企业运维检修部门	运维检修部门
23	年度评价兼顾指标和工作质量	在完成公司下达指标的前提下，对工作质量进行综合评价	省检修分公司、各市级供电企业运维检修部门	运维检修部门
24	营销项目计划完成率	营销项目资金完成率＝营销项目计划完成率＝营销项目形象进度完成率×0.5＋营销成本资金计划完成率×0.5	基层单位	营销部门
25	营销项目管理规范率	按照营销项目管理规范性评价细则进行评价	基层单位	营销部门
26	供电方案答复期限兑换率	按照时限要求月度、年度兑换率100%	基层单位	营销部门

【案例总结】

本案例列举了业务过程管控中的部分考核指标、考核标准、考核部门及考核对象。涉及了规划计划、采购建设、运维检修、退役处置等各个业务阶段。

案例明确了资产管理活动过程中的一些关键环节，以及与之对应的标准、制度、岗位、绩效指标等要求。涵盖资产全寿命周期管理活动中各个阶段的业务，以及各阶段中的关键业务部门。明确标准和指标的过程管控可以将风险管控、成本管理贯通各业务环节，实现安全、效能、成本的动态平衡优化。

第四章

监测评价与改进

第一节　状态监测的常态化工作

一、工作内容

状态监测管理工作包括信息收集、状态评价、检修策略、检修计划制定实施和检修绩效评估五个方面。

状态信息收集按照"谁主管、谁收集"的原则进行，及时收集所管辖输变配设备的投产前信息、运行信息和检修试验信息、疑似家族性缺陷信息和所管辖电能计量设备的装用前信息、运行信息和故障信息，并与调度信息、运行环境信息、风险评估信息等相结合。为确保设备全寿命周期内状态信息的完整和安全，应妥善处理历史数据的保存和备份。

状态评价是对输变配设备运行状态和健康水平开展评价工作，按照三级评价原则以及相关要求实施定期评价和动态评价。

检修策略是以设备状态评价结果为基础，综合考虑检修资金、检修力量、电网运行方式、供电可靠性、基本建设等情况，对设备检修的必要性和紧迫性进行排序，科学确定检修类别、检修项目和检修时间等内容。

检修计划应依据设备检修策略而制定，包含年度状态检修计划与年度综合停电检修计划。检修计划实施是状态检修的执行环节，应依据年度综合停电检修计划组织实施，按照统一计划、分级管理、流程控制、动态考核的原则进行。

绩效评估是对状态检修体系运作的有效性、策略适应性以及目标实现程度进行的评价，查找工作中存在的问题和不足，提出改进措施和建议，持续改进和提升状态检修工作水平，包括可靠性指标实现程度、效益指标实现程度等评估指标。

二、工作要求及评价标准

（一）总体要求

开展状态监测需建立能够真实反映资产和资产集的机制，根据资产、资产集特点及其运行需要，选择适宜的资产状态监测方式，并执行有关状态监测的技术标准。同时，状态监测需明确监测方式、监测频率、数据来源、采集方式及统计分析，应用先进的状态监测手段，充分掌握资产、资产集的状态，并对状态监测的结果进行统计分析。进行状态监测时，应保证过程资料的完整性和监测数据的真实准确性，确保对发现的问题及时采取纠正和预防措施。

（二）评价标准

状态监测评价标准包含了操作标准和数据内容方面。

操作标准方面，一方面要检查状态监测工作是否达到文件标准。文件包括《程序文件》《设备状态检修管理标准（试行）》《设备状态评价工作标准（试行）》和《设备状态信息收集工作标准（试行）》。另一方面检查状态监测指标是否达标，即从输变电设备状态监测年度计划中抽取若干已完成状态监测相关资料包，检查是否与资产风险库建立关联关系，是否将资产风险库作为状态监测计划的输入之一。

数据内容方面，主要有以下5个标准：

（1）状态监测结果是否影响资产风险的评价结果；

（2）检查状态监测的相关信息是否在技改大修计划中运用，状态监测结果是否作为技改大修计划输入之一；

（3）检查是否完成了闭环管理，状态监测发现的问题是否开展了问题成因分析，是否采取纠正和预防措施进行了关闭，是否建立了持续改进项目进行改进；

（4）检查过程资料是否完整，包括在线监测、带点监测、监测记录等；

（5）检查状态监测数据是否完整、准确，是否对资产管理绩效监测结果有所支撑，数据质量是否符合要求。

三、工作开展

状态监测工作主要包括信息收集、状态评价和评价改进工作。状态评价工作坚持定期评价与动态评价相结合的原则，设备定期评价指每年为制定下年度设备状态检修计划，集中组织开展的输变电设备状态评价、风险评估和检修决策工作。设备动态评价指除定期评价以外开展的输变电设备状态评价、风险评估和检修决策工作，动态评价适时开展。评价改进工作主要是各专业管理部门应按照评价结果，对监测出来的问题和隐患根据紧急程度有计划地提出改进提升措施并组织实施。

（一）状态监测实施方法及步骤

1. 信息收集

各专业管理部门应全面、及时、准确收集设备信息，逐年做好历史数据的保存和备份，避免因状态评价结果不准确而导致检修策略偏离，以及电能计量器具安装及轮换策略偏离等的风险。保证记录监测（测量）数据结果质量，确保设备全寿命周期内状态信息完整和安全。各部门分工如表 4-1 所示。

表 4-1 状态监测信息收集部门职责

部门（对应设备）	工作职责
运维检修部门（一次生产设备及辅助性设备）	负责收集所管辖输变配设备的设备状态信息、生产性车辆信息和生产性房屋信息。设备状态信息包括投产前信息、运行信息、检修试验信息、疑似家族性缺陷信息等。设备状态信息收集的方式包括巡视、在线监测、带电检测和停电检修试验。设备状态信息收集工作共划分为四个阶段，包括班组信息收集和录入、工区信息审核和上报、地市单位信息审核和汇总、省级电网企业信息检查和考核；生产服务用车应定期进行车辆保养和年检工作，禁止使用检验不合格车辆和存在安全隐患车辆；生产性房屋信息的收集、具体监测指标、频度、方法等内容参照相关规定执行
营销部门（计量设备）	负责收集所管辖电能计量设备的装用前信息、运行信息和故障信息。应制定年度安装运行智能电能表质量监督抽检计划及计量器具的状态检测计划
安监部门（安全工器具）	负责收集安全工器具信息，包括工器具的外观状况、绝缘情况、使用情况、试验周期
调控部门（二次生产设备）	负责继电保护、监控系统设备状态信息收集的监督管理，地区供电公司和省检修分公司执行设备状态信息收集工作。继电保护、监控系统设备监测信息由原始资料、运行资料、检修资料和可靠性评价资料等构成，状态监测应以部件为最小单位，部件划分为装置本体和二次回路，在条件具备时可以划分为插件。设备状态信息收集每年至少 1 次，宜在设备检修前后各增加 1 次信息收集
信息管理部门（信通设备）	负责收集信息通信设备信息，包括设备的外观状态、生产厂商、设备序列号、维护厂商信息、使用情况、故障信息等。每年 12 月 28 日前，科信部完成电力通信设备年度统计分析评价报告审核工作并提交，并于 12 月 31 日前完成发布工作

2. 状态评价

各专业管理部门开展对收集的信息进行状态评价工作。状态评价坚持定期评价与动态评价相结合的原则。评价结果包含定性和定量两个方面，其中定性结果包括严重、异常、注意、正常，定量指标根据具体设备监控信息确定。设备定期评价指每年为制定下年度设备状态检修计划，集中组织开展的输变电设备状态评价、风险评估和检修决策工作。定期评价每年不少于一次。设备动态评价指除定期评价以外开展的输变电设备状态评价、风险评估和检修决策工作，动态评价适时开展。主要包括基建、技改、A级检修设备投运后、缺陷评价、不良工况评价、检修评价、特殊时期专项评价（各种重大保电活动、电网迎峰度夏、迎峰度冬前等）。各部门分工如表4-2所示。

表 4-2　　　　　　　　　　　　　　　　状态评价部门职责

部门	工作职责	工作要求
运维检修部门	负责输变配设备、生产性车辆和生产性房屋收集信息的评价	以省级公司设备状态评价中心审核为保障的工作体系，组织编制省级公司设备状态检修综合报告并提交国家电网公司复核
营销部门	负责计量设备收集信息的评价	对评价结果开展问题成因分析，提出纠正和预防措施
安监部门	负责安全工器具收集信息的评价	收集整理预防性试验信息、使用前检查信息及各层级专项检查所获得的信息，组织开展安全工器具定期评价与动态评价
调控部门	负责继电保护、监控系统设备状态评价的监督管理，地区供电公司和省检修分公司执行设备状态评价工作	继电保护、监控系统设备状态评价应以部件为最小单位，部件划分为装置本体和二次回路，在条件具备时可以划分为插件
信息管理部门	负责通信设备收集信息的评价	依据通信设备的统计数据，分析通信网络在建设规模、装备水平、技术特点、发展趋势和规划需求等方面的总体情况，于每年度12月31日前完成发布工作

3. 评价改进

各专业管理部门应按照评价结果，对监测出来的问题和隐患根据紧急程度有计划地提出改进提升措施并组织实施。各专业管理部门对状态监测成效进行评估，并逐步开展对业务执行效率及工作质量的定量评估工作。

各专业管理部门应针对设备状态信息收集、状态评价等业务能力和专业知识开展相关培训。状态监测人员为各归口部门专业管理人员，其监测能力通过岗位工作标准认定，并根据电网企业培训计划持续提升人员能力。状态监测的业务人员应掌握相关的专业知识，具备设备监测、评价能力，并能够根据监测结果制定相应的纠正、预防措施和持续改进措施。各部门分工如表4-3所示。

表 4-3　　　　　　　　　　　　　　　　评价改进部门职责

部门	工作职责
运维检修部门	基于设备状态评价结果制定建议的检修策略，编制下一年度检修计划、技改计划，以及年度安措、反措计划等纳入电网企业年度综合计划
营销部门	基于计量设备的状态评价结果，对不符合要求的计量设备予以更新、报废
安监部门	根据安全工器具的状态评价结果，对不符合要求的安全工器具予以报废，运检、建设、安监等专业参考报废情况组织汇总审核所属单位对口专业的安全工器具的需求，形成安全工器具项目由发展策划部门纳入电网企业年度综合计划
调控部门	按照继电保护、监控系统设备评价结果与设备实际状况的偏差，持续改进评价模型，优化评价方法
信息管理部门	每年12月28日前，完成电力通信设备年度统计分析评价报告审核工作并提交，并于12月31日前完成发布工作

（二）状态监测工作模板

1.输变电设备疑似家族性缺陷报告单（见表4-4）

表4-4　　　　　　　　　　输变电设备疑似家族性缺陷报告单

报送单位：　　　　　　　报送时间：

设备类型			型号	
电压等级			制造厂	
设备基本信息				
安装地点	数量	出厂时间		出厂编号
疑似家族性缺陷情况简述				
试验及检查情况				
原因分析				
处理建议				
省评价中心 盖章			省级公司运维检修部门 盖章	

填报说明："设备类型"填写设备种类，例如变压器、断路器等；"型号"填写设备完整型号；"电压等级"填写设备额定电压；"安装地点"填写变电站名称；"数量"填写疑似家族性缺陷设备装用量；"疑似家族性缺陷情况简述"应简要填写设备缺陷或隐患的现象和部位、符合家族性缺陷的各种特征，造成的后果等；"试验及检查情况"填写进行初步分析时进行的试验及检查项目、内容及结果；"原因分析"填写其属于设备疑似家族性缺陷的原因分析结果；"处理建议"填写家族性缺陷分析认定及处理措施建议。

本报告单仅简要描述疑似家族缺陷的各类信息，提交时需附带相关附件和图片。

2.输变电设备家族性缺陷认定报告（见表4-5）

表4-5　　　　　　　　　　输变电设备家族性缺陷认定报告

设备类型		型号	
电压等级		制造厂	
设备基本信息			
安装地点	数量	出厂时间	出厂编号
家族性缺陷情况简述			
试验及检查情况			
原因分析			
家族性缺陷认定意见			
处理建议			
认定专家组组长		专家组成员	

3. 输变电设备家族性缺陷发布单（见表4-6）

表 4-6		输变电设备家族性缺陷发布单	
设备类型		型号	
电压等级		制造厂	
发布范围			
家族性缺陷设备、部件描述			
权重系数和劣化程度			
处理意见			

4. 设备状态信息收集内容（见表4-7）

表 4-7		设备状态信息收集内容
信息分类	项目	收集内容
投运前信息	设备技术台账	设备双重名称、生产厂家、设备型号、出厂编号、生产日期、投运日期、设备详细参数（按 PMS 系统要求）、设备铭牌、外观照片、设备招标规范、订货技术协议、产品说明书及安装维护使用手册、产品组装图及零部件图、产品合格证、质保书、备品备件清单
	安装验收记录	土建施工安装记录、设备安装记录、设备调试记录、隐蔽工程图片记录及监理记录、监理报告、三级验收报告、竣工验收报告
	试验报告	型式试验报告、出厂试验报告、交接试验报告、启动调试报告、抽检试验报告
	图纸	主接线图、线路路径图、定位图、基础、构支架、土建图纸、设备安装组装图纸、二次原理图、安装图、回路图
运行信息	巡视	设备外观检查、设备运行振动与声响、设备负荷情况、设备表计指示、位置指示、设备测温情况、设备阀门位置、切换断路器投切位置
	操作维护	设备停送电操作记录、设备自维护记录
	缺陷	缺陷时间、缺陷部位及描述、缺陷程度、缺陷原因分析、消缺情况
	故障跳闸	故障前设备运行情况、故障前负荷情况、短路电流水平及持续时间、断路器动作情况及跳闸次数、保护动作情况、故障原因分析
	在线监测	油色谱在线监测数据、避雷器在线监测数据、互感器在线监测数据、GIS 设备在线监测数据、设备污秽在线监测数据、其他在线监测数据
	带电检测数据	红外、紫外成像检测数据，避雷器带电测试数据，不停电取油（气）样试验数据，其他带电检测数据
	不良工况	收集高温、低温、雨、雪、台风、沙尘暴、地震、洪水等信息资料
检修试验信息	检修试验报告	例行试验报告、诊断性试验报告、专业化巡检记录、检修报告

5. 设备评价报告（见表 4-8）

表 4-8　　　　　　　　　　　　设备评价报告

设备名称	
CBM 评价结果	
主要扣分原因	
分析诊断结果	
专业报告评价结果	
主要修正原因（与 CBM 评价结果不一致时说明）	
其他影响因素（与评价结果不相称的检修等级的理由，如反措、技改、预防措施、增容等和风险评估因素等）	
决策建议（缩短、保持或延长基准周期；A、B、C、D、E 级及整体改造等，D 级检修必须有）	
上次检修日期、等级	
下次预期检修日期	
备注	

6. 输变电设备年度检修计划表（见表 4-9）

表 4-9　　　　　　　　　　　　输变电设备年度检修计划表

序号	单位	工作地点	设备类别	设备名称	主要工作内容	停役日期	复役日期	停电天数	电压等级	上次停电时间	检修单位	检修性质	资产归属	是否影响指标	是否年度计划	备注

7. 状态检修计划编制工作质量评价表（见表 4-10）

表 4-10　　　　　　　　　　状态检修计划编制工作质量评价表

评估项目	评价内容	评价方法	基本得分	评分规则	实际得分	扣分说明
状态检修计划编制工作质量（100分）	检修计划完整性	检查资料	20	必须编制设备年度状态检修计划、年度综合停电检修计划、季（月）度综合停电检修计划。每缺少一项计划扣 5 分，扣完为止		
	年度状态检修计划与状态检修综合报告一致性	检查资料	20	年度状态检修计划应与状态检修综合报告检修决策一致，每处不一致扣 0.5 分，扣完为止		
	年度状态检修计划内容完整性	检查资料	20	年度状态检修计划应明确上次检修时间、检修等级、检修内容、检修工期、实施部门等内容，内容不完整，每处扣 0.5 分，扣完为止		
	年度综合停电检修计划完整性、合理性	检查资料	20	年度综合停电检修计划应统筹综合考虑反措、可靠性预控指标及基建、市政、大修技改工程的停电要求，并考虑输电与变电，一次与二次，同间隔、同一停电范围内的设备停电检修一致性原则。每处不合理扣 0.5 分，扣完为止		
	检修计划编制及时性	检查资料记录	20	检修计划编制应按照工作标准的管理流程、时限要求按时完成。每延迟 1 天扣 0.5 分，扣完为止		

8. 状态评价报告［状态评价报告（以变压器为例）］（见表 4-11）

表 4-11　　状态评价报告

<table>
<tr><td colspan="6">状态评价报告</td></tr>
<tr><td rowspan="7">设备资料</td><td>运行单位</td><td></td><td>运行编号</td><td colspan="2"></td></tr>
<tr><td>容量</td><td></td><td>型号</td><td colspan="2"></td></tr>
<tr><td>额定电流</td><td></td><td>额定电压</td><td colspan="2"></td></tr>
<tr><td>冷却方式</td><td></td><td>电压组合</td><td colspan="2"></td></tr>
<tr><td>出厂编号</td><td></td><td>接线组合</td><td colspan="2"></td></tr>
<tr><td>生产厂家</td><td></td><td>出厂时间</td><td colspan="2"></td></tr>
<tr><td>投运年月</td><td></td><td></td><td colspan="2"></td></tr>
<tr><td colspan="6">部件评价结果</td></tr>
<tr><td>评价指标</td><td>本体</td><td>套管</td><td>分接开关</td><td>冷却系统</td><td>非电量保护</td></tr>
<tr><td>状态定级</td><td></td><td></td><td></td><td></td><td></td></tr>
<tr><td>分值</td><td></td><td></td><td></td><td></td><td></td></tr>
<tr><td>状态</td><td></td><td></td><td></td><td></td><td></td></tr>
<tr><td colspan="6">评价结果</td></tr>
<tr><td colspan="6">□正常状态　□注意状态　□异常状态　□严重状态</td></tr>
<tr><td>扣分状态量状态描述</td><td colspan="5"></td></tr>
<tr><td>风险评估情况</td><td colspan="5"></td></tr>
<tr><td rowspan="3">检修建议</td><td colspan="5">班组初评意见</td></tr>
<tr><td colspan="5">运维检修部门检修建议（审核班组评价，进行状态分析和检修决策）：</td></tr>
<tr><td colspan="5">检修公司或供电公司检修建议（审核工区的评价和建议，进行风险评估分析和检修决策）：</td></tr>
<tr><td colspan="6">评价时间：　　年　　月　　日</td></tr>
<tr><td colspan="2">评价人：</td><td></td><td>审核：</td><td colspan="2"></td></tr>
</table>

9. 设备状态信息收集工作质量评价考核表（见表 4-12）

表 4-12　　设备状态信息收集工作质量评价考核表

评估单位：　　　　　　　　评估时间：

序号	评估内容	评估方法	基本得分	评分规则	实际得分	扣分说明
1	投运前信息：设备技术台账信息齐全、账实相符、填写规范；图纸资料完整、图实相符；出厂、安装、交接试验资料齐全，规范	查资料、记录	25	抽查变电站和输电线路相关资料，不规范每处扣 1 分，扣完为止		
2	运行信息：巡视记录、维护记录、缺陷记录、故障跳闸记录、在线监测、带电检测信息、不良工况信息等齐全规范	查资料、记录	25	抽查变电站、检修试验班组，数据不完整、不准确、测试和出具报告不及时每处扣 2 分，扣完为止		
3	检修试验信息：例行试验报告、诊断性试验报告、专业化巡检记录、缺陷消除记录及检修报告等数据准确、结论正确、报送及时	查资料、记录	25	抽查各类检修、试验报告，存在内容不完整、出具报告不及时每处扣 2 分，数据不规范、不正确每处扣 3 分，结论不准确每处扣 4 分，扣完为止		
4	同类型设备参考数据及家族性缺陷信息的收集完整、规范	查资料、记录	25	未开展缺陷信息收集不得分，缺陷统计不准确每处扣 1 分，疑似家族性缺陷未及时分析、上报不得分，未根据发布的家族性缺陷修改 PMS 中相应设备的家族性缺陷信息每处扣 2 分		

四、案例分享

×× 年输变电设备状态评价工作报告

（一）工作概述

根据省级电力《关于开展 ×× 年度电网设备状态评价工作的通知》的要求，为 ×× 年设备检修计划制定提供科学、可靠的依据。×× 公司积极开展设备台账信息核查、带电检测等评价前期工作，并在此基础上于 ×× 年5月5日启动年度评价工作。评价工作严格按照《国家电网公司状态检修工作标准（试行）》、相关状态评价、检修导则的规定，根据被评价设备检修周期内的运行状况、巡视记录、各种技术指标、修试报告、试验数据和相关基础参数信息（状态量）等对变压器（电抗器）、断路器、输电线路、GIS 等19类设备进行了详细而全面的状态评价，并制定了相应的检修策略。

（二）状态评价情况

1.设备状态评价工作开展情况

×× 年5月末，利用辅助决策系统结合设备实际状态开展三级评价工作，对系统评价为"注意""异常"和"严重"状态的设备逐台进行核对，通过补录设备运行信息，分析设备带电检测数据，确保设备经三级评价流程审核后的状态与设备实际情况一致。在6月初，组织状态检修专家共20人对工区提交的工区状态评价报告进行专家评审，并形成状态评价工作报告报省级公司和状态评价中心复核。

2.设备状态评价结果

19类被评价输变电设备中评价为"注意"及以下状态的设备共计281台（组、套、条），占全部设备的0.89%，分布在架空线路、油浸式变压器（电抗器）、电流互感器、电容式电压互感器、电磁式电压互感器、隔离开关和接地开关、并联电容器装置（集合式电容器装置）、变电站直流、系统所用电系统等10类设备中，并且以隔离开关（接地开关）、电流互感器、变压器、架空线路4类设备为主。具体情况如图4-1所示。

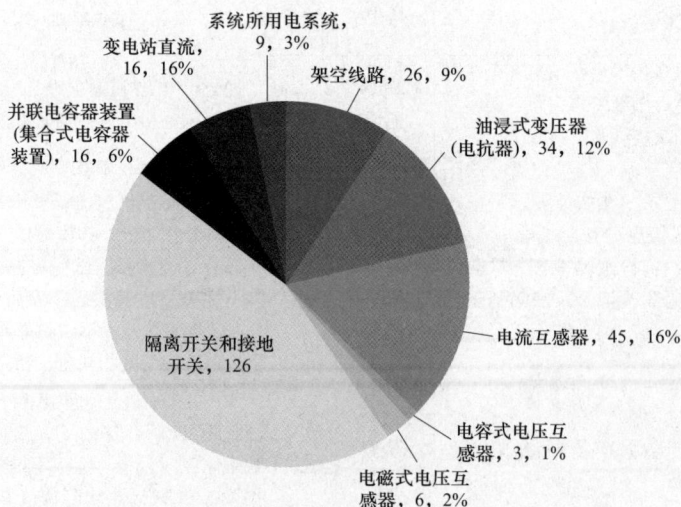

图4-1　注意及以下状态设备分布情况

各类设备状态评价结果统计如表 4-13 所示。

表 4-13　　　　　　　　　各类设备状态评价结果统计表　　　　　　　　台 / 条

设备类型	合计					各种状态设备所占比例（%）			
	总数	正常状态	注意状态	异常状态	严重状态	正常状态	注意状态	异常状态	严重状态
架空线路	514	488	25	1	0	94.94	4.86	0.19	0.00
电缆线路	62	62	0	0	0	100.00	0.00	0.00	0.00
油浸式变压器（电抗器）	487	453	11	16	7	93.02	2.26	3.29	1.44
SF₆ 断路器	1124	1124	0	0	0	100.00	0.00	0.00	0.00
GIS	5223	5223	0	0	0	100.00	0.00	0.00	0.00
电流互感器	3036	2991	21	24	0	98.52	0.69	0.79	0.00
电容式电压互感器	1095	1092	2	1	0	99.73	0.18	0.09	0.00
电磁式电压互感器	484	478	3	3	0	98.76	0.62	0.62	0.00
金属氧化物避雷器	3558	3558	0	0	0	100.00	0.00	0.00	0.00
隔离开关和接地开关	3658	3532	0	126	0	96.56	0.00	3.44	0.00
并联电容器装置（集合式电容器装置）	887	871	0	16	0	98.20	0.00	1.80	0.00
35kV 油浸式变压器（电抗器）	11	0	0	0	0	0.00	0.00	0.00	0.00
干式并联电抗器	18	0	0	0	0	0.00	0.00	0.00	0.00
消弧线圈装置	322	322	0	0	0	100.00	0.00	0.00	0.00
12~40.5kV 开关柜	9992	9992	0	0	0	100.00	0.00	0.00	0.00
110（66）kV 及以上电压等级交、直流穿墙套管	264	264	0	0	0	100.00	0.00	0.00	0.00
变电站防雷及接地装置	233	233	0	0	0	100.00	0.00	0.00	0.00
变电站直流	279	263	0	16	0	100.00	0.00	6.08	0.00
系统所用电系统	241	233	0	9	0	100.00	0.00	3.86	0.00
共计	31489	31179	62	212	7	99.09	0.20	0.67	0.02

××年共评价 281 台"注意""异常""严重"状态的 19 类设备，"注意"状态为 62 台，"异常"状态为 212 台，"严重"状态 7 台。为进一步明确设备性能下降原因，对 62 台"注意"及以下状态设备分别按照"注意""异常""严重"状态展开扣分原因分析。

（1）"注意"状态扣分原因分析。

1）"注意"状态输电设备。评价为"注意"状态的架空线路共 25 条。具体扣分原因分析如下：

评价为"注意"状态的 220kV 惠奉 2P47 线，扣分原因：该线路 49~51 号、69~70 号线路对地距离不满足运行要求。建议 ××年对该线路执行 B 级检修，在安排 B 级检修之前适当加强 D 级检修。

评价为"注意"状态的 220kV 天鲍 4475 线，该线路 20、21 号跨鄞州大道，不符合《国家电网公司十八项电网重大反事故措施》条文 6.3.2.4，"对于直线型重要交叉跨越塔，包括跨越 110kV 及以上线路，铁路和高速公路，一级公路等，应采取双悬垂绝缘子串结构。"建议 ×× 年安排 C 级检修，在安排 C 级检修之前加强 D 级检修。

评价为"注意"状态的 220kV 天家 4476 线，该线路 20、21 号跨鄞州大道，不符合《国家电网公司十八项电网重大反事故措施》条文 6.3.2.4，"对于直线型重要交叉跨越塔，包括跨越 110kV 及以上线路，铁路和高速公路，一级公路等，应采取双悬垂绝缘子串结构。"建议 ×× 年安排 C 级检修，在安排 C 级检修之前加强 D 级检修。

评价为"注意"状态 110kV 天新 4481 线，该线路 18、19 号跨鄞州大道，不符合《国家电网公司十八项电网重大反事故措施》条文 6.3.2.4，"对于直线型重要交叉跨越塔，包括跨越 110kV 及以上线路，铁路和高速公路，一级公路等，应采取双悬垂绝缘子串结构。"建议 ×× 年安排 C 级检修，在安排 C 级检修之前加强 D 级检修。

评价为"注意"状态的 110kV 南大 1305 线，扣分原因：该线路电 1~11 号架空地线锈蚀严重（锈蚀程度相当于 19 股断 1 股）。建议 ×× 年安排 B 级检修，在安排 B 级检修之前适当加强 D 级检修。

评价为"注意"状态的 110kV 大矸 1306 线，扣分原因：该线路电 1~11 号架空地线锈蚀严重（锈蚀程度相当于 19 股断 1 股）。建议 ×× 年安排 B 级检修，在安排 B 级检修之前适当加强 D 级检修。

评价为"注意"状态的 110kV 南青 1309 线，扣分原因：该线路电 1~23 号架空地线锈蚀严重（锈蚀程度相当于 19 股断 1 股）。建议 ×× 年安排 B 级检修，在安排 B 级检修之前适当加强 D 级检修。

评价为"注意"状态的 110kV 南峙 1310 线，扣分原因：该线路电 1~23 号架空地线锈蚀严重（锈蚀程度相当于 19 股断 1 股）。建议 ×× 年安排 B 级检修，在安排 B 级检修之前适当加强 D 级检修。

评价为"注意"状态的 110kV 邹徐 1719 线，该线路 7、8 号为重要交叉跨越，绝缘子串采用单串，不符合《国家电网公司十八项电网重大反事故措施》条文 6.3.2.4，"对于直线型重要交叉跨越塔，包括跨越 110kV 及以上线路，铁路和高速公路，一级公路等，应采取双悬垂绝缘子串结构。"建议 ×× 年安排 C 级检修，在安排 C 级检修之前加强 D 级检修。

评价为"注意"状态 110kV 邹洋 1726 线，该线路 7、8 号为重要交叉跨越，绝缘子串采用单串，不符合《国家电网公司十八项电网重大反事故措施》条文 6.3.2.4，"对于直线型重要交叉跨越塔，包括跨越 110kV 及以上线路，铁路和高速公路，一级公路等，应采取双悬垂绝缘子串结构。"建议 ×× 年安排 C 级检修，在安排 C 级检修之前加强 D 级检修。

评价为"注意"状态的 110kV 苍西 1508 线，该线路存在多处重要交叉跨越，绝缘子串采用单串，不符合《国家电网公司十八项电网重大反事故措施》条文 6.3.2.4，"对于直线型重要交叉跨越塔，包括跨越 110kV 及以上线路，铁路和高速公路，一级公路等，应采取双悬垂绝缘子串结构。"建议 ×× 年安排 C 级检修，在安排 C 级检修之前加强 D 级检修。

评价为"注意"状态的 110kV 苍店 1509 线，扣分原因：该线路玻璃绝缘子自爆较多。

建议××年安排C级检修，在安排C级检修之前加强D级检修。

评价为"注意"状态的110kV梨凤1651线，扣分原因：该线路玻璃绝缘子自爆较多。建议××年安排C级检修，在安排C级检修之前加强D级检修。

评价为"注意"状态的110kV凤远1239线，该线路4、5号为重要交叉跨越，绝缘子串采用单串，不符合《国家电网公司十八项电网重大反事故措施》条文6.3.2.4，"对于直线型重要交叉跨越塔，包括跨越110kV及以上线路，铁路和高速公路，一级公路等，应采取双悬垂绝缘子串结构。"建议××年安排C级检修，在安排C级检修之前加强D级检修。

评价为"注意"状态的110kV慈担1382线，该线路37、38号为重要交叉跨越，绝缘子串采用单串，不符合《国家电网公司十八项电网重大反事故措施》条文6.3.2.4，"对于直线型重要交叉跨越塔，包括跨越110kV及以上线路，铁路和高速公路，一级公路等，应采取双悬垂绝缘子串结构。"建议××年安排C级检修，在安排C级检修之前加强D级检修。

评价为"注意"状态的110kV慈浒1383线，该线路37、38号为重要交叉跨越，绝缘子串采用单串，不符合《国家电网公司十八项电网重大反事故措施》条文6.3.2.4，"对于直线型重要交叉跨越塔，包括跨越110kV及以上线路，铁路和高速公路，一级公路等，应采取双悬垂绝缘子串结构。"建议××年安排C级检修，在安排C级检修之前加强D级检修。

评价为"注意"状态的110kV慈坎胜1386线，该线路23、24号为重要交叉跨越，绝缘子串采用单串，不符合《国家电网公司十八项电网重大反事故措施》条文6.3.2.4，"对于直线型重要交叉跨越塔，包括跨越110kV及以上线路，铁路和高速公路，一级公路等，应采取双悬垂绝缘子串结构。"建议××年安排C级检修，在安排C级检修之前加强D级检修。

评价为"注意"状态的110kV水浦民1191线，该线路31、32号为重要交叉跨越，绝缘子串采用单串，不符合《国家电网公司十八项电网重大反事故措施》条文6.3.2.4，"对于直线型重要交叉跨越塔，包括跨越110kV及以上线路，铁路和高速公路，一级公路等，应采取双悬垂绝缘子串结构。"建议××年安排C级检修，在安排C级检修之前加强D级检修。

评价为"注意"状态的110kV锦慈1759线，经三级审核后人工调整为"注意"状态。该线路61、62号为重要交叉跨越，绝缘子串采用单串，不符合《国家电网公司十八项电网重大反事故措施》条文6.3.2.4，"对于直线型重要交叉跨越塔，包括跨越110kV及以上线路，铁路和高速公路，一级公路等，应采取双悬垂绝缘子串结构。"建议××年安排C级检修，在安排C级检修之前加强D级检修。

评价为"注意"状态的110kV贤周1251线，该线路10~11号、19~20号为重要交叉跨越，绝缘子串采用单串，不符合《国家电网公司十八项电网重大反事故措施》条文6.3.2.4，"对于直线型重要交叉跨越塔，包括跨越110kV及以上线路，铁路和高速公路，一级公路等，应采取双悬垂绝缘子串结构。"建议××年安排C级检修，在安排C级检修之前加强D级检修。

评价为"注意"状态的110kV贤巷1252线，该线路10~11号、19~20号为重要交叉跨越，绝缘子串采用单串，不符合《国家电网公司十八项电网重大反事故措施》条文6.3.2.4，"对于直线型重要交叉跨越塔，包括跨越110kV及以上线路，铁路和高速公路，一级公路等，应采取双悬垂绝缘子串结构。"建议××年安排C级检修，在安排C级检修之前加强D级检修。

评价为"注意"状态的110kV浦观锦1103线，该线路7~8号为重要交叉跨越，绝缘子串采用单串，不符合《国家电网公司十八项电网重大反事故措施》条文6.3.2.4，"对于直线型重要交叉跨越塔，包括跨越110kV及以上线路，铁路和高速公路，一级公路等，应采取双悬垂绝缘子串结构。"建议××年安排C级检修，在安排C级检修之前加强D级检修。

评价为"注意"状态的110kV北石1142线，该线路26~27号为重要交叉跨越，绝缘子串采用单串，不符合《国家电网公司十八项电网重大反事故措施》条文6.3.2.4，"对于直线型重要交叉跨越塔，包括跨越110kV及以上线路，铁路和高速公路，一级公路等，应采取双悬垂绝缘子串结构。"建议××年安排C级检修，在安排C级检修之前加强D级检修。

评价为"注意"状态的110kV北松1143线，该线路24~25号为重要交叉跨越，绝缘子串采用单串，不符合《国家电网公司十八项电网重大反事故措施》条文6.3.2.4，"对于直线型重要交叉跨越塔，包括跨越110kV及以上线路，铁路和高速公路，一级公路等，应采取双悬垂绝缘子串结构。"建议××年安排C级检修，在安排C级检修之前加强D级检修。

评价为"注意"状态的110kV北兰1144线，该线路24~25号为重要交叉跨越，绝缘子串采用单串，不符合《国家电网公司十八项电网重大反事故措施》条文6.3.2.4，"对于直线型重要交叉跨越塔，包括跨越110kV及以上线路，铁路和高速公路，一级公路等，应采取双悬垂绝缘子串结构。"建议××年安排C级检修，在安排C级检修之前加强D级检修。

2）"注意"状态变电设备。评价为"注意"状态的变电设备的37台设备中，包括变压器11台，电磁式电压互感器3台，电容式电压互感器2台，电流互感器21台。具体扣分原因分析如下：

a．"注意"状态的变压器。

评价为"注意"状态的220kV沙湾变电站2号主变压器。扣分原因：散热器阀门、排管连管处滴油。建议××年开展B级检修，B级检修前，加强铁芯接地电流和油色谱在线监测数据分析，加强运行巡视和D级检修。

评价为"注意"状态的110kV车轿变电站1号主变压器。扣分原因：××年9月测试有载开关油耐压值为32kV，低于注意值35kV。建议××年下半年安排B级检修，更换有载开关绝缘油，B级检修前绝缘油耐压周期缩短为半年1次，同时加强有载分接开关在线滤油机的运行巡视和维护。

评价为"注意"状态的110kV新模变电站1号主变压器。扣分原因：××年1月测试有载开关油耐压值为30kV，低于注意值35kV。建议××年下半年安排B级检修，更换有载开关绝缘油，B级检修前绝缘油耐压周期缩短为半年1次，同时加强有载分接开关在线滤油机的运行巡视和维护。

评价为"注意"状态的110kV横塘变电站1号主变压器。扣分原因：××年3月测试有载开关油耐压值为26kV，低于注意值35kV。建议××年下半年安排B级检修，更换有载开关绝缘油，B级检修前绝缘油耐压周期缩短为半年1次，同时加强有载分接开关在线滤油机的运行巡视和维护。

评价为"注意"状态的110kV白沙变电站1号主变压器。扣分原因：2015年4月测试有载开关油耐压值为30kV，低于注意值35kV。建议××年下半年安排B级检修，更换有载开关绝缘油，B级检修前绝缘油耐压周期缩短为半年1次，同时加强有载分接开关在线滤油机的运行巡视和维护。

评价为"注意"状态的110kV滨海变电站1号主变压器。扣分原因：2015年3月测试有载开关油耐压值为30kV，低于注意值35kV。建议××年下半年安排B级检修，更换有载开关绝缘油，B级检修前绝缘油耐压周期缩短为半年1次，同时加强有载分接开关在线滤油机的运行巡视和维护。

评价为"注意"状态的 110kV 荐江变电站 2 号主变压器。扣分原因：××年 3 月测试有载开关油耐压值为 30kV，低于注意值 35kV。建议 ××年下半年安排 B 级检修，更换有载开关绝缘油，B 级检修前绝缘油耐压周期缩短为半年 1 次，同时加强有载分接开关在线滤油机的运行巡视和维护。

评价为"注意"状态的 110kV 甲村变电站 2 号主变压器。扣分原因：××年 3 月测试有载开关油耐压值为 25kV，低于注意值 35kV。建议 ××年下半年安排 B 级检修，更换有载开关绝缘油，B 级检修前绝缘油耐压周期缩短为半年 1 次，同时加强有载分接开关在线滤油机的运行巡视和维护。

评价为"注意"状态的 110kV 延庆变电站 1 号主变压器。扣分原因：××年 4 月试验本体低压对高压及地的介损为 0.00945，超过状态检修试验规程注意值 0.008。高压对低压及地的介损为 0.00378，绝缘油微水值和本体电容量等均正常。建议按正常周期 C 级检修，C 级检修前加强 D 级检修和油色谱在线监测数据分析。

评价为"注意"状态的 110kV 延庆变电站 2 号主变压器。扣分原因：××年 12 月试验本体低压对高压及地的介损为 0.0095，超过状态检修试验规程注意值 0.008。高压对低压及地的介损为 0.0035，绝缘油微水值和本体电容量等均正常。建议按正常周期开展 C 级检修，C 级检修前加强 D 级检修和油色谱在线监测数据分析。

评价为"注意"状态的 110kV 江中变电站 1 号主变压器，于 ××年投运。扣分原因：整体密封圈老化，××年 11 月油中乙炔含量为 3.92，此后乙炔含量稳定增长，××年 5 月油中乙炔含量为 4.55，接近注意值。建议 ××年开展 B 级检修，B 级检修前，加强油色谱在线监测数据和在线局部放电监测数据分析，同时加强 D 级检修，按 1 月 1 次开展离线油色谱检测。

b. "注意"状态的电磁式电压互感器。评价为"注意"状态的 220kV 慈溪变电站 220kV 副母压变 A、B、C 三相，共计 3 台。扣分原因：设备外壳、二次接线盒锈蚀严重；电压互感器储油柜与瓷套连接处存在渗油；放油阀存在渗油。建议 ××年开展 A 级检修，A 级检修之前加强运行巡视和 D 级检修。

c. "注意"状态的电容式电压互感器。评价为"注意"状态 220kV 江南变电站江高 1301、江沙 1302 线路电压互感器，共计 2 台，为分体式电容式电压互感器，均为西安西电电力电容器有限公司 1994 年批次产品。扣分原因：设备外壳、二次接线盒锈蚀严重；接地排锈蚀严重；电容分压器单元与中间电磁单元连线锈蚀严重影响设备正常运行。同类产品电容分压器单元与中间电磁单元连线曾发生脱落断开。建议 ××年开展 A 级检修，A 级检修之前加强运行巡视和 D 级检修。

d. "注意"状态的电流互感器。评价为"注意"状态的 220kV 慈溪变电站慈剑 1380 独立电流互感器、110kV 西店变电站苍西 1508 独立电流互感器、苍店 1509 独立电流互感器、110kV 母分独立电流互感器，牟山变电站明牟 1015 独立电流互感器、凤渚牟 1248 独立电流互感器、110kV 母分独立流变，共计 21 台，均为牡丹江互感器厂 2001 年批次产品。扣分原因：设备外壳锈蚀严重；盒式膨胀器油位指示不准；放油阀渗油严重；二次接线盒锈蚀严重，影响设备正常运行。同类产品曾发生末屏接地座脱落。建议 ××年开展 A 级检修，A 级检修之前加强运行巡视和 D 级检修。

（2）"异常"状态扣分原因分析。

1）"异常"状态输电设备。评价结果为"异常"状态的输电设备为110kV架空线路1条，具体扣分原因分析如下：

评价为"异常"状态的110kV广大1530线，扣分原因：该线路广大1530线18~20号位于河流堤坝边，现出现不同程度杆塔倾斜（倾斜度15~20杆），建议××年对该线路执行B级检修，在安排B级检修之前适当加强D级检修。

2）"异常"状态变电设备。评价结果为"异常"状态的169台（套）设备中，变压器16台，电容式电压互感器1台，隔离开关126台，变电站直流设备16套，变电站所用电设备9套，防雷接地设备1套。具体扣分原因分析如下：

a. "异常"状态的变压器扣分原因。

评价为"异常"状态的110kV小山变电站1、2号主变压器，孔浦变电站1、2号主变压器，中山变电站1、2号主变压器，泗门变电站1、2号主变压器，大桥变电站1、2号主变压器，青峙变电站1、2号主变压器共12台。该批变压器投运年数较长，主变压器容量偏小，长期处于高负荷运行。原生产厂家××变压器厂已关闭，无法提供现场指导、检修配合等技术支持服务。扣分原因：散热器冷却效率偏低，油箱局部存在工艺砂眼、密封圈老化冷却系统和油箱渗油严重，主变压器线圈抗短路能力核定为D级，抗短路能力较差，套管外绝缘爬电比距（25mm/kV）不满足2014版电网污区分布图要求。建议××年开展A级检修，A级检修之前开展套管紫外检测和带电水冲洗工作，加强运行巡视D级检修。加强变压器防外部短路工作。

评价为"异常"状态的110kV七里变电站1、2号主变压器，西店变电站1、2号主变压器共4台。投运年数较长，主变压器容量偏小，长期处于高负荷运行。扣分原因：散热器冷却效率偏低，油箱局部存在工艺砂眼、密封圈老化冷却系统和油箱渗油严重，主变压器线圈抗短路能力核定为D级，抗短路能力较差，套管外绝缘爬电比距（25mm/kV）不满足××版电网污区分布图要求。建议××年开展A级检修，A级检修之前开展套管紫外检测和带电水冲洗工作，加强运行巡视D级检修。加强变压器防外部短路工作。

b. "异常"状态电容式电压互感器扣分原因。

评价为"异常"状态的芦江变电站祥芦2P54线线路电压互感器A相，最近一次试验测得上节电容的电容量为10440pF，初值差4.75%，介损值无明显异常。建议加强运行巡视，××年执行C级检修，C级检修之前应加强D级检修。

c. "异常"状态隔离开关扣分原因。

评价为"异常"状态的220kV蔡郎变电站1号主变压器110kV正母隔离开关等28台隔离开关。该批隔离开关为长沙高压开关有限公司2003年产品。扣分原因：闸刀锈蚀严重，分合闸不到位、卡涩问题突出。建议××年底之前执行B级检修，B级检修前加强D级检修工作。

评价为"异常"状态的220kV梅梁变电站1号主变压器110kV正母隔离开关等21台隔离开关。该批隔离开关系长沙高压开关有限公司2003年产品，扣分原因：隔离开关锈蚀严重，分合闸不到位、卡涩问题突出。建议××年底之前执行B级检修，B级检修前加强D级检修工作。

评价为"异常"状态的220kV跃龙变电站110kV母联断路器副母隔离开关等7台隔离开关，

该批隔离开关为上海华通电气有限公司及上海华明电力设备制造有限公司 2000 年批次产品。扣分原因：该批隔离开关运行时间较长，锈蚀严重，分合闸不到位、卡涩问题突出。建议 ×× 年底之前执行 B 级检修，B 级检修前加强 D 级检修工作。

评价为"异常"状态的 110kV 陆埠变电站梨陆 1652 线路隔离开关等 10 台隔离开关，扣分原因：该批隔离开关系长沙高压开关有限公司 2002 年产品，该批隔离开关运行时间较长，锈蚀严重，分合闸不到位、卡涩问题突出，触指放电、触头发热等缺陷多发。建议 ×× 年底之前执行 B 级检修，B 级检修前加强 D 级检修工作。

评价为"异常"状态的 110kV 东吴变电站下吴 1074 线路隔离开关等 10 台隔离开关，扣分原因：该批隔离开关系江苏省如高高压电器有限公司 2005 年产品，隔离开关锈蚀严重，分合闸不到位、机械卡涩问题突出，电磁锁故障率高。建议 ×× 年底之前执行 B 级检修，B 级检修前加强 D 级检修工作。

评价为"异常"状态的 110kV 牟山变电站凤诸牟 1248 线路隔离开关等 10 台隔离开关，扣分原因：该批隔离开关系江苏省如高高压电器有限公司及长沙高压开关有限公司 1999 年产品，该批隔离开关运行时间较长，传动机构等锈蚀严重，分合闸不到位、机械卡涩问题突出。建议 ×× 年底之前执行 B 级检修，B 级检修前加强 D 级检修工作。

评价为"异常"状态的 110kV 白石变电站邬石 1723 线路隔离开关等 10 台隔离开关，扣分原因：该批闸刀系长沙高压开关有限公司 2005 年产品，隔离开关锈蚀严重，分合闸不到位、卡涩问题突出已影响操作，触头发热等缺陷多发。建议 ×× 年底之前执行 B 级检修，B 级检修前加强 D 级检修工作。

评价为"异常"状态的 110kV 浒山变电站 1 号主变压器 110kV 主变压器隔离开关等 10 台隔离开关，扣分原因：该批隔离开关系江苏省如高高压电器有限公司 ×× 年产品，隔离开关运行时间长，锈蚀严重，分合闸不到位、卡涩问题突出多次卡死无法操作。建议 ×× 年底之前执行 B 级检修，B 级检修前加强 D 级检修工作。

评价为"异常"状态的 110kV 梅林变电站苍林 1504 线母线隔离开关等 10 台隔离开关，扣分原因：该批隔离开关系江苏省如高高压电器有限公司 ×× 年产品，隔离开关锈蚀严重，分合闸不到位、卡涩问题突出，触头发热等缺陷多发。建议 ×× 年底之前执行 B 级检修，B 级检修前加强 D 级检修工作。

评价为"异常"状态的 110kV 西店变电站 110kV 母分 1 号隔离开关等 10 台隔离开关，扣分原因：该批隔离开关分别为江苏省如高高压电器有限公司 ×× 年产品，隔离开关运行时间较长，传动机构锈蚀严重，分合闸不到位、机械卡涩问题突出，触头发热等缺陷多发。建议 ×× 年底之前执行 B 级检修，B 级检修前加强 D 级检修工作。

d. "异常"状态变电站直流设备扣分原因。

评价为"异常"状态的 110kV 掌起变电站、低塘变电站、胜归变电站、附海变电站、新浦变电站、江北变电站、宝山变电站、新林变电站、马渚变电站、西店变电站直流系统，扣分原因为：①蓄电池。包括外观检查中部分蓄电池有漏液现象、阀门处不清洁、蓄电池组容量不足。②充电装置。包括各个模块输出电流、电压值不一致。建议 ×× 年执行 A 级检修，对其进行直流系统整套更换，A 级检修之前加强 D 级检修。

评价为"异常"状态的 110kV 尖峰变、林海变电站直流系统，扣分原因为：①充电装置：充电装置有部分充电模块坏；各个模块输出电流、电压值不一致。②馈电及网络：有合闸母线，控制母线调压装置不满足自动或手动条件。建议××年执行A级检修，对其进行直流系统充电机屏和馈线屏更换，A级检修之前加强D级检修。

评价为"异常"状态的220kV蔡郎变电站、桑田变电站、梅梁变电站、淞浦变电站直流系统，扣分原因为：①充电装置：充电装置有部分充电模块坏；各个模块输出电流、电压值不一致。②馈电及网络：有合闸母线，控制母线调压装置不满足自动或手动条件。建议××年执行A级检修，对其进行直流系统充电机屏和馈线屏更换，A级检修之前加强D级检修。

　　e."异常"状态变电站所用电设备扣分原因。

评价为"异常"状态的220kV冷岙变电站、贤江变电站、溪凤变电站所有用电系统：所有用电系统投产年限较长，缺陷成增长趋势，不能满足运行要求。建议××年执行A级检修，对其所有用电系统更换，A级检修之前加强D级检修。

评价为"异常"状态的110kV马园变电站、延庆变电站、文化变电站、东吴变电站、土桥变电站、新林变电站所有用电系统：所有用电系统投产年限较长，部分电器元器件严重老化，不能满足运行要求。建议××年执行A级检修，对其所有用电系统更换，A级检修之前加强D级检修。

　　f."异常"状态变电站防雷接地设备扣分原因。

评价为"异常"状态的110kV大桥变电站，扣分原因：其中2号独立避雷针电阻偏大，建议××年执行A级检修，对2号独立避雷针接地网进行降阻改造，A级检修之前加强D级检修。

　　（3）"严重"状态扣分原因分析。

　　1）"严重"状态输电设备。

　　无。

　　2）"严重"状态变电设备。

　　a."严重"状态变压器扣分原因。评价为"严重"状态的220kV湾塘变电站1、2号主变压器投运年数较长，长期处于高负荷运行；冷却方式为强油循环，不适合无人值班的运维模式；冷却效率偏低、储油柜与油量不匹配、密封圈老化、冷却系统和油箱渗油严重；主变压器线圈抗短路能力不足、主变压器绝缘老化、套管爬距不满足防污闪要求。建议××年开展A级检修。

评价为"严重"状态的110kV牟山变电站1、2号主变压器投运年数较长，主变压器容量偏小，长期处于高负荷运行；冷却效率偏低、风控回路故障较多、密封圈老化、冷却系统和油箱渗油严重、主变压器线圈抗短路能力不足、主变压器绝缘老化、套管爬距不满足防污闪要求、有载分接开关老化缺陷多。建议××年开展A级检修。

评价为"严重"状态的110kV大河变电站1、2号主变压器投运年数较长，密封圈老化、冷却系统和油箱渗油严重。建议××年开展B级检修。

评价为"严重"状态的广济变电站1号主变压器最近一次试验测的短路阻抗误差3.2%，初值差超过3%，建议××年下半年执行C级检修，C级检修之前应加强D级检修。

　　b."严重"状态电流互感器扣分原因。评价为"严重"状态的220kV跃龙变电站1、2号主变压器35kV独立流变；220kV新乐变电站1、2号主变压器35kV独立流变；220kV下应变电站1、2主变压器35kV独立流变；220kV淞浦变电站1、2号主变压器35kV独立电流互感器，投运年数较长，设备外壳锈蚀严重；原盒式膨胀器油位指示不准；放油阀渗油严重；二次接线盒锈蚀严重,部分已烂穿,存在进水隐患,影响设备正常运行。建议××年开展A级检修。

c."严重"状态电磁式电压互感器扣分原因。评价为"严重"状态220kV慈溪变电站220kV副母压变压器三相设备外壳、二次接线盒锈蚀严重;电压互感器储油柜与瓷套连接处存在渗油;放油阀存在渗油;原盒式膨胀器油位指示不准,影响设备正常运行。建议××年开展A级检修。

d."严重"状态电容器组扣分原因。评价为"严重"状态220kV淞浦变电站35kV的1~4号电容器组;220kV象北变电站35kV的1~6号电容器组;220kV蔡郎变电站35kV的1~4号电容器组;220kV贤江变电站35kV的3、4号电容器组由于电容器组户外布置,运行年度较长,部分电容器设备存在锈蚀、鼓肚、渗油,汇流排、支架、熔丝等氧化严重,影响设备正常安全运行。上述电容补偿装置的网门、设备支架存在陈旧、锈蚀,油漆脱落等现象。建议××年对以上电容器组开展A级检修,在A级检修之前加强D级检修(红外测温)。

3.设备管理存在的主要问题

部分输电线路跨越110kV及以上线路,铁路和高速公路,一级公路等绝缘子串为单串,不符合《国家电网公司十八项电网重大反事故措施》,部分架空线路地线存在锈蚀等情况,建议加强此类设备的检修和整改,在停电处理之前加强巡视。

部分变压器设备存在漏油、主变压器容量偏小、主变压器线圈抗短路能力不足、有载分接开关老化等重要缺陷,建议加强此类设备的检修维护和改造力度,同时加强带电检测的跟踪。

隔离开关类设备大量存在传动机构卡涩、锈蚀,分合闸不到位,分析认为主要是隔离开关结构设计不合理,部分设备金属材质质量不满足要求,建议加强此类设备技改检修改造力度,提升设备质量。

4.下一步措施和建议

合理安排设备的周期性检修试验,结合技改、大修、消缺、反措等停电机会安排C检工作,在C检中加强设备维护和功能验证,提高检修质量。

强化状态信息收集工作,保证投运前信息、运行信息、检修和试验信息、家族性缺陷信息、带电和在线检测信息获取和录入的准确性和及时性,推进状态量信息监督模块在评价系统中的应用。

继续完善35kV以下电压等级的设备评价流程,确保各类设备评价信息收集及时,评价方法准确,检修策略科学。

继续做好以带电检测为主的状态检修体系建议,完善各类在线监测和带电检测数据的维护和接入,提高带电检测为主状态评价的时效性和应用效果,把控设备状态,对状态良好的设备科学延长检修周期。

【案例总结】

本案例以某公司××年输变电设备状态评价工作为例,首先概述了状态评价工作的开展背景及总体实施情况。接着介绍了状态评价的结果,包括评价设备数量、种类及问题设备的比例,并做了针对性的问题分析,最后提出下一步的措施和改进建议。

案例中的状态评价数据完整准确,有助于充分掌握资产、资产集的状态。同时,状态评价工作对发现的问题及时采取纠正和预防措施,促进资产管理工作的持续改进。

第二节　绩效监测的常态化工作

一、工作内容

资产管理绩效监测是为保障资产管理工作顺利开展而建立的管理体系，该体系支撑资产管理总体目标、策略、计划的制定及实施，保障资产管理总体目标的实现。资产管理绩效监测包含绩效指标的修订发布、绩效指标监测、持续改进，是全面掌握电网企业资产全寿命管理业务过程中异动与问题的动态监测及预警过程。

（一）绩效指标修订发布

绩效指标的修订由电网企业运营监测部门组织，各部门、市级公司配合，每年1月，结合资产管理目标指标体系和指标、流程、专题等运营监测工作并参考上一年度资产管理绩效监测效果，修订公司资产管理绩效监测指标体系，经资产管理委员会审批后开展绩效指标监测工作。

在修订绩效监测指标时，应确定指标监测方式、监测频率、数据来源、采集方法、统计分析要求等。

（二）绩效指标监测

绩效指标监测是由运营监测部门利用运营监测支撑系统平台（资产管理绩效监测模块）对资产管理绩效指标进行在线监测，每月10日前形成资产管理绩效监测分析报告，经运营监测部门分管领导审批后在电网企业范围内发布。

绩效监测分析报告从S（安全）、E（效能）、C（成本）三方面，对资产管理进行同比和环比分析，根据预先定义的监测阈值和标准，发现资产管理活动中存在的问题，并对问题进行成因分析。

由运营监测部门组织，对资产管理过程中的各类问题（异动），根据相关规定中异动处理原则，以派发协同工作联系单形式，组织协同相关业务部门处理，并对处理过程进行管控，纳入"纠正和预防控制表"中。

（三）绩效改进

绩效改进由运营监测部门组织，各部门配合，每年11月，对本年度绩效监测工作的有效性进行评估，针对绩效监测方式和监测结果的质量进行分析，提出改进意见，形成"体系绩效评价报告"，作为管理评审的输入材料。经过批准后的改进建议，纳入下一年度的体系改进计划，并作为绩效指标体系的优化依据。

二、工作要求及评价标准

（一）总体要求

绩效监测的开展需建立资产、资产集及资产管理体系绩效的监控机制及指标体系，监控、衡量、分析、评价资产、资产集、资产管理体系的效率及效益。资产管理绩效监测的总体目标是评价资产管理目标的执行情况和风险控制措施实施的有效性，并识别提高资产管理绩效的机会。建立资产管理绩效指标体系是监测资产管理绩效的途径，以监控资产管理体系的效益和效率。

建立资产管理绩效指标体系，应明确监测方式、监测频率、数据来源、采集方法、统计分析要求等，满足定性及定量分析的需求。具体包括以下几个方面：

（1）逐步开展对业务执行效率及工作质量的定量评估，建立资产管理业务过程重要流程监测指标体系，确定监测阈值和标准，并对重要流程节点执行情况进行常态监控，为资产管理流程优化及业务改进提供依据；

（2）准确记录监测信息；

（3）开展问题成因分析，为纠正和预防措施及持续改进提供支撑；

（4）定期编制资产、资产集及资产管理体系绩效监测分析报告，在合理范围内发布。

（二）评价标准

绩效监测评价标准包含操作标准和指标内容两方面。

操作标准方面，一方面要检查绩效监测职责分工是否达到文件标准。另一方面，检查绩效监测资料是否建立并定义完备的发展策划部门管理指标体系，包括发展策划部门管理领先及滞后绩效指标，$N-1$ 通过率、容载比、固定资产投资计划年度完成率等指标；发展策划部门管理指标具备完整的指标属性，包括监测方式、监测频率、数据来源、采集方法、统计分析要求等，满足定性及定量分析的需求，具有明确的监测阈值和标准。

指标内容方面，主要有如下 4 个标准：

（1）绩效监测信息是否记录完备，数据质量是否良好；

（2）是否为发展策划部门绩效指标的实现提供了足够的资源保障，是否制定了保障绩效指标实现的工作计划；

（3）针对绩效监测结果开展问题成因分析，检查原因分析是否能够为纠正和预防措施及持续改进提供支撑，是否采取了纠正和预防措施进行了闭环管理；

（4）检查发展策划部门管理绩效评价结果是否合理，是否定期编制发展策划部门管理体系绩效监测分析报告，并在合理范围内发布。

三、工作开展

（一）绩效监测制定的方法

1. 上级单位绩效监测制定方法

电网企业企业负责人绩效考核，按照相关规定执行。

结合电网企业实际情况，统一制定电网企业企业负责人绩效考核办法。其中，利润总额、可控费用、售电量、全员劳动生产率等指标为必考指标。电网企业企业负责人关键业绩指标总数原则上不超过 15 个；下级企业负责人关键业绩指标总数原则上不超过 12 个。

上级单位直接实施考核地市级单位企业负责人。

上级单位直接考核或根据具体情况委托下级单位企业负责人。

各级单位主要负责人必须与副职签订绩效合约并考核。

2. 下级单位绩效监测制定方法

管理机关绩效考核是指对上级单位（含电网企业直属单位）、下级单位（含电网企业直属单位所属二级单位）的管理部门和员工的考核。其中，部门主要负责人与所在部门一并考核。

管理机关原则上实行定量考核和定性评价相结合的方式。考核内容包括目标任务指标、综合评价两部分。

（1）目标任务指标（80 分）。考核内容包括关键业绩指标和重点工作任务指标。关键业绩指标总数原则上不超过 8 个，其中必考指标由电网企业统一确定。

（2）综合评价（20 分）。考核内容包括考勤、工作态度、工作能力等内容。重点对管理创新、破解难题等方面的工作给予评价。

部门主要负责人由本单位领导班子进行考核；部门员工由部门主要负责人（绩效经理人）进行考核。

3.执行层绩效监测制定方法

一线员工绩效考核是指对执行层（含电网企业直属单位所属二级单位）从事一线工作的班组长和员工的考核。其中，班组长与所在班组一并考核。

一线员工考核内容包括工作任务指标、劳动纪律指标两部分。一线员工绩效考核可实行"工作积分制"。

（1）工作任务指标（80分），依据员工在考核期内完成工作的数量和质量进行量化积分。

（2）劳动纪律指标（20分），包括考勤、工作态度等内容。

班组长由所在单位上级负责人考核；员工由班组长（绩效经理人）考核。

（二）绩效监测工作模板

1.月度指标数据分析报告（记录）

月度指标数据分析报告（模板）

（一）省级公司办法主要内容及变化情况

1.关键业绩指标

2.减项指标

3.综合评价

（二）××月总体完成情况

（三）弱项分析

（四）鼓励指标完成情况分析

（五）下一步工作布置

2.资产管理绩效指标体系分析报告

××公司××月运营动态

××年第××期（总第××期）

运营监测（控）中心　　　　　　年　　　月

摘　　要

一、外部环境

二、运营情况

三、运营特点

四、热点难点问题

五、相关建议

报送部门：　　　　　　　　报送人：

3.运营监测部门数据质量分析报告

运营监测部门数据质量分析报告（模板）

（一）××公司指标接入情况
（二）××公司接入指标数据质量情况
1.数据及时性
2.数据完整性
3.数据准确性
（三）××公司手工指标数据质量情况

4.电网企业资产全寿命绩效监测报告

电网企业资产全寿命绩效监测报告（模板）

（一）资产全寿命监测总体情况
1.关键业绩指标
2.减项指标
3.综合评价
（二）资产全寿命指标监测
1.$N-1$通过率
2.容载比
3.输变电系统可用系数
4.五级以上事件次数
（三）资产全寿命绩效监测总体评价

四、案例分享

××供电公司资产全寿命绩效监测季报

运营监测（控）中心　　　　　　　××年××月××日

摘　要

　　××年××月,公司资产全寿命管理关键绩效监测工作进入常态化运作。截至××月底,资产全寿命周期管理关键绩效指标××项中,公司主要对××项月度指标、××项日频度指标和部分部门级关联子指标进行监测分析,除资本性资金投资保障率、退役设备平均寿命、单位资产运维检修成本、经济增加值率等指标外,$N-1$通过率、容载比、输变电系统可用系数、5级及以上事件次数、单位资产售电量、供电可靠率、优质服务质量完成率、综合电压合格率、在运设备备用率、单位资产年度资本性投入、全口径劳动生产率、退役资产平均寿命等指标完成情况较好。

呈报：副总师（级）及以上公司领导

根据省级公司《资产全寿命周期管理体系实施方案》的总体要求，中心基于目前接入运营监测（控）支撑系统的指标数据，按照《资产全寿命周期管理绩效监测管理办法》的有关规定，从××月开始编制《资产全寿命周期管理监测资产全寿命绩效监测季报》。该报告通过对公司资产全寿命管理业务进行全过程、全方位在线监测，分析公司资产全寿命管理业务过程中出现的异动与问题，并提出相关建议，以支撑资产管理的持续改进与提升工作。

一、资产全寿命监测总体情况

截至××年××月，资产全寿命周期管理关键绩效指标15项，主要对2项年度指标、10项月度指标、3项日频度指标和部分部门级关联子指标进行监测和分析。13项关键指标中，10项优于目标值，3项不优于或劣于目标值。

资产全寿命周期管理一体化平台如图4-2所示。

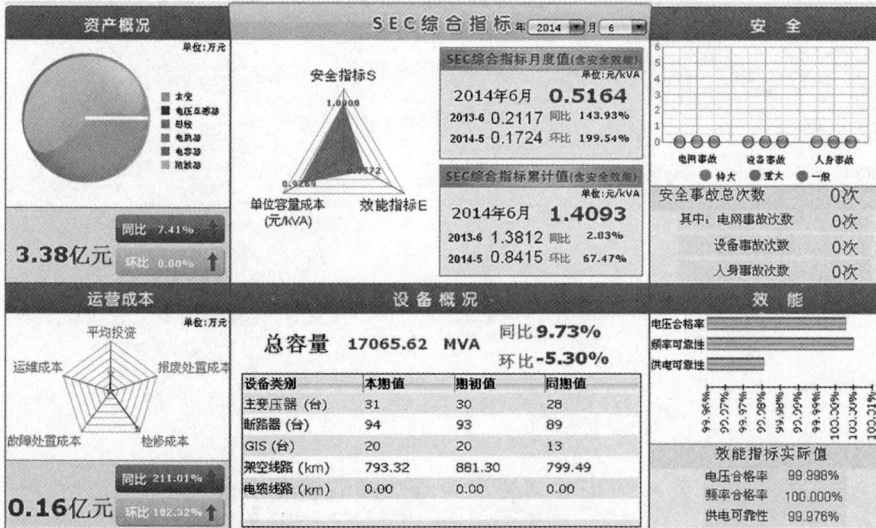

图4-2 资产全寿命周期管理一体化平台

1~6月，资产全寿命周期管理业绩（SEC）完成值为×××元kVA，如图4-3所示。

二、资产全寿命指标监测

根据资产管理绩效目标SEC（安全、效能、成本）的分解，可以分解成以下顶层指标。安全目标主要包括N-1通过率、容载比、输变电系统可用系数、5级以上事件次数；效能目标主要包括资本性资金投资保障率、单位资产售电量、供电可靠率、综合电压合格率、优质服务质量完成率；成本目标主要包括退役资产平均寿命、在运设备备用率、单位资产年度资本性投入、单位资产年度运维检修成本、经济增加值、全员劳动生产率。

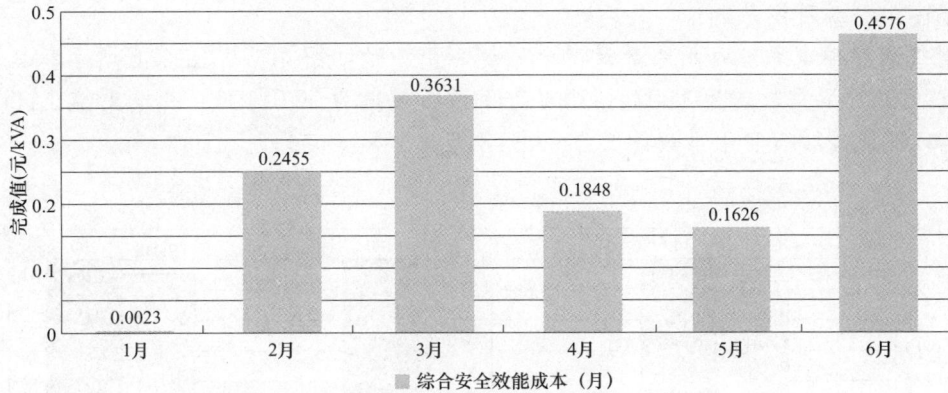

图 4-3　综合安全效能成本情况

监测情况如下。

1. N-1 通过率

近 3 年，公司 220kV 及以上 N-1 通过率已达到 100%，110~35kV N-1 通过率已达到 100%。相关因素监测情况如下：

从优化电网结构看。按 N-1 及以上标准制定的规划项目准确率达到 100%。

从确保电网建设看。截至 6 月，公司投产变电（换流）容量 130 万 kVA，完成年度计划（185 万 kVA）的 70.3%；投产线路长度 69.68km，完成年度计划（199.34km）的 34.96%。生产技术改造投资 26107.3 万元，完成年度计划（46880 万元）的 55.69%。

各相关因素对应的部门级指标总体正常，可以较好地支撑 N-1 通过率指标。

2. 容载比

公司 220kV 容载比为 2.1，110kV 容载比为 2.44，总体电网发展处于合理可控范围内。

相关因素监测情况如下：

从电网科学规划及用电市场管理看。规划项目准确率达到 100%；客户业扩服务时限达标率 1~6 月分别为 100%、100%、100%、99.99%、99.46%、99.25%；截至 6 月，高压客户业扩报装平均接电时间单电源为 32 天，双电源为 16 天，如图 4-4 所示。

各相关因素对应的部门级指标总体正常，可以较好地支撑容载比指标。

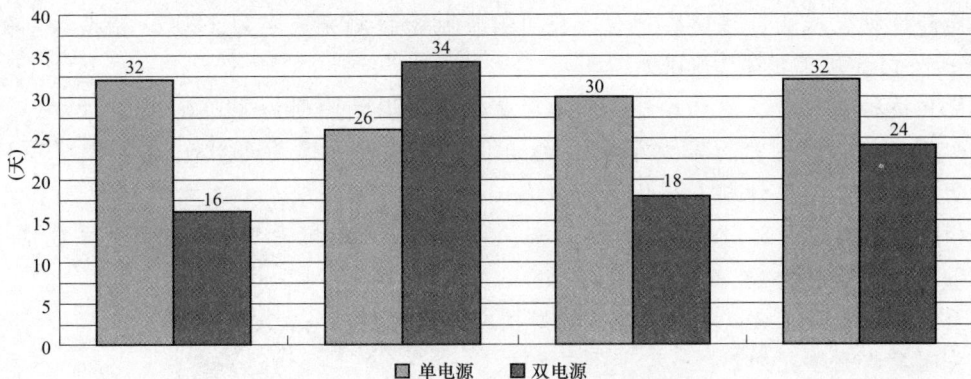

图 4-4　高压客户业扩报装平均接电时间

3. 输变电系统可用系数

公司二季度输电系统可用系数及变电系统可用系数如图 4-5 和图 4-6 所示。其中，输电系统 110kV 可用系数均为 100%、220kV 可用系数最低为 99.9217%；变电系统 110kV 可用系数均为 100%、220kV 可用系数最低为 99.8181%。

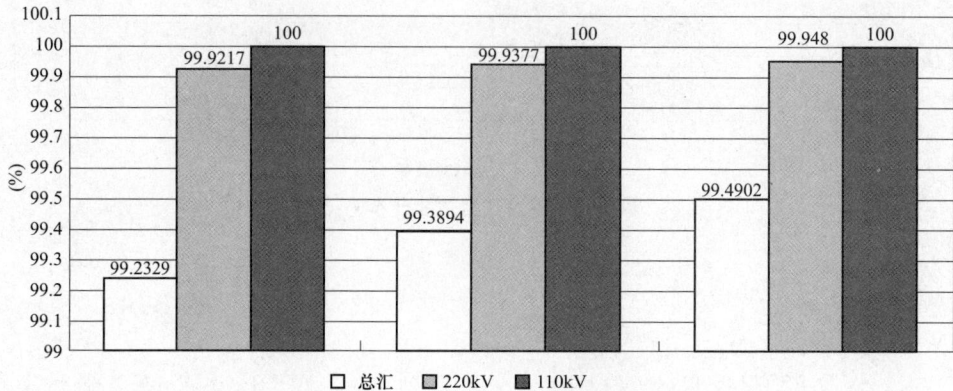

图 4-5　输电系统可用系数

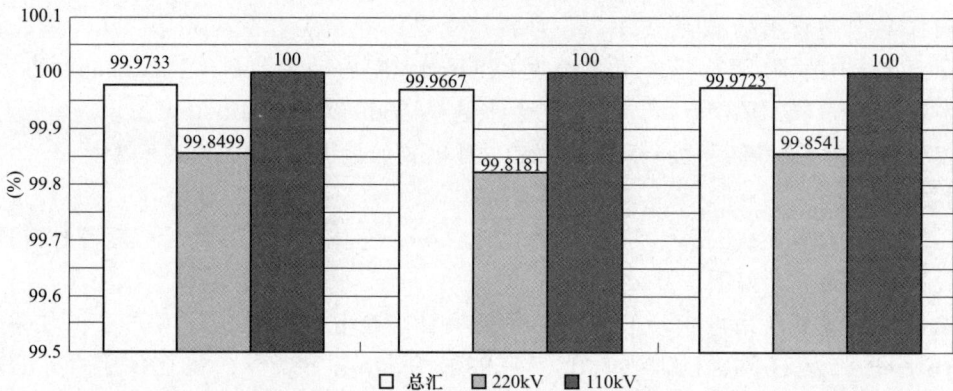

图 4-6　变电系统可用系数

相关因素监测情况如下：

从提高设计、采购、建设质量看。公司物资抽检计划完成率为 100%；监造计划完成率为 100%；公司优质工程率为 100%。

从优化运检绩效看。截至 6 月，危急严重缺陷及时消除率为 100%；重复计划停运次数为 0 次；停电检修计划执行率为 100%；继电保护正确动作率为 100%；生产大修项目完成 1539.3 万元，完成年度计划（2448 万元）的 62.88%。

各相关因素对应的部门级指标总体正常，可以较好地支撑输变电系统可用系数指标。

4. 五级以上事件次数

截至 6 月，公司五级以上事件次数为 0 次，满足目标值（0 次）要求。

相关因素监测情况如下：

从加强安全事故事前预防看。误操作安全事件次数为 0 次，变电事故率为 0 次 / 台年；

输电事故率为 0 次 / 台年；220kV 及以上变电站集中监控比例为 100%。

各相关因素对应的部门级指标总体正常，可以较好地支撑五级以上事件次数指标。

5. 单位资产售电量

截至 6 月，公司单位资产售电量为 11.38MWh/ 万元，增长趋势如图 4-7 所示。

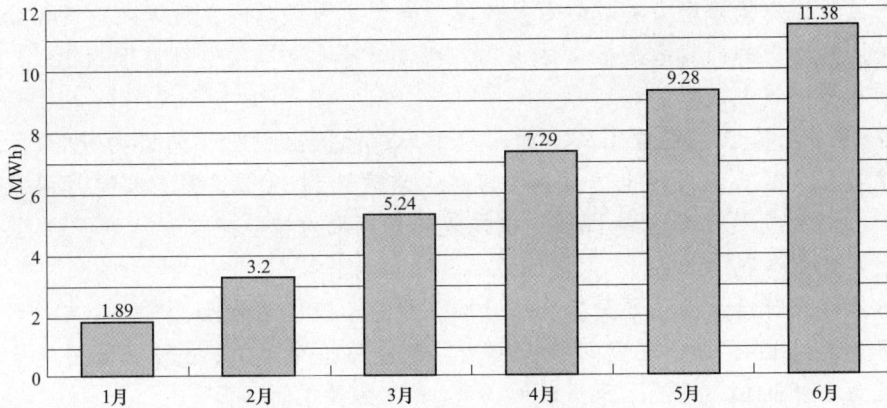

图 4-7　单位资产售电量

相关因素监测情况如下：

从提高售电量和计量水平看。客户业扩服务时限达标率 6 月达到 99.25%。截至 6 月底，线损率 2.39%；公司共查处违约用电 176 户，查处窃电 144 户，追补违约用电电量 0.02 万 kWh，追补其窃电电量 16.06 万 kWh；用电信息采集覆盖率达到 96.54%。

从延长固定资产使用年限看。各类电网主要资产，如变压器、断路器、GIS 等设备平均寿命均大于或等于 20 年。

各相关因素对应的部门级指标总体正常，可以较好地支撑单位资产售电量指标。

6. 供电可靠率

公司 1~6 月城市、农网用户供电可靠率如图 4-8 所示。其中，城市用户供电可靠率最低为 99.987%，高于目标值（99.976%）；农村用户供电可靠率最低为 99.9401%，高于目标值（99.930%）。

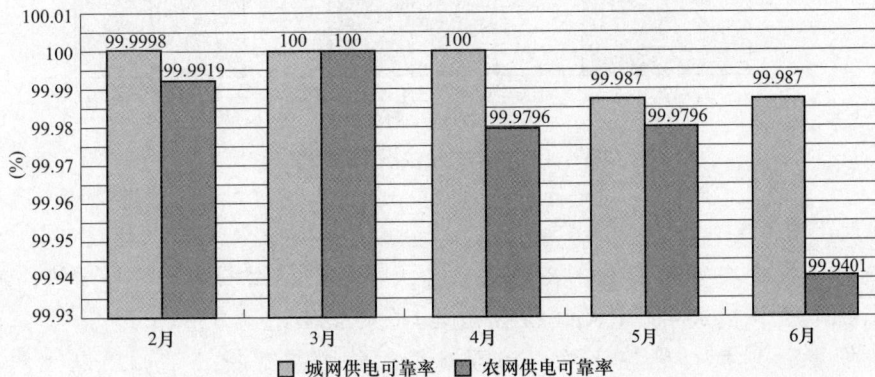

图 4-8　城市（农网）用户供电可靠率

相关因素监测情况如下：

从电网科学规划及资源管理看。城市配电线路联络率100%。

从优化运维检修策略看。输电、变电及配电的危急严重缺陷及时消除率均达到100%。

从加强不停电作业看。4~6月城市配网不停电作业分别为1470、1319、1373次，分别减少停电时户数为24491.5、74842、71504时·户。

从提高故障应急抢修能力看。4~6月故障报修到达现场时间兑现率均为100%。

各相关因素对应的部门级指标总体正常，可以较好地支撑供电可靠率指标。

7. 优质服务质量完成率

公司1~6月优质服务质量完成率如图所示，最低值出现在1月，为99.9%，总体可以达到目标值要求（目标值按供电方案答复期限兑现率达到100%；客户接电期限兑现率达到100%；客户投诉处理及时率达到100%；电能表答复期限内校验完成率达到100%具体要求）。

相关因素监测情况如下：

从故障抢修及时性、供电方案答复及时性、电能表校验及时性、客户接电及时性看。以上指标均已达到100%，处于正常可控范围内。以故障抢修为例，6月城区用户抢修到达现场平均时长为20.58min，远低于承诺时间（45min）的要求。

从投诉处理及时性看。公司4~6月95598客户投诉举报工单数为40、34、25张，未出现工单处理不及时情况。

各相关因素对应的部门级指标总体正常，可以较好地支撑优质服务质量完成率指标。

8. 资本性资金投资保障率

公司4~6月资本性资金投资保障率如图4-9所示，资本性资金投资保障率为固定资产折旧、净利润、财政拨款之和与固定资产投资计划的比值，因折旧、利润等因素与日历进度有关，该指标应随日历进度上升而上升。同时，该指标发展趋势和年度目标值（89.98%）相差一定的距离。

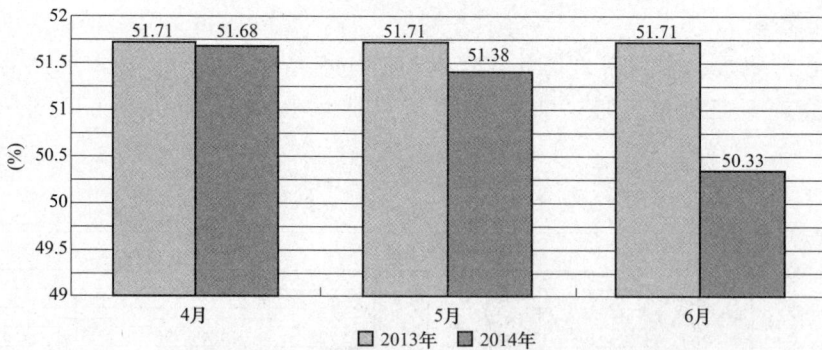

图4-9 资本性资金投资保障率

相关因素监测情况如下：

（1）从优化投资决策效果看。公司销售收入三年平均增长率为114.04%；截至6月，实现利润1.48亿元，完成年度计划（2.78亿元）的52.23%。

（2）从投资计划执行管控上看。截至6月，电网基建投资完成55.56%、小型基建23.91%，技术改造55.695%，总体与日历进度匹配。

各相关因素对应的部门级指标总体正常，可以较好地支撑资本性资金投资保障率指标。

9.综合电压合格率

二季度城市、农网综合电压合格率如图4-10所示。城市综合电压合格率最低值为99.999%，比目标值（99.988%）高0.011个百分点；农网综合电压合格率最低值为99.590%，比目标值（99.520%）高0.070个百分点。

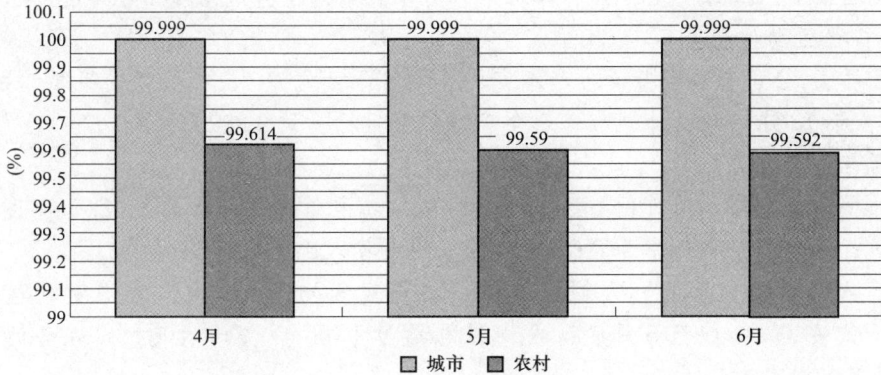

图4-10 城市（农网）综合电压合格率

相关因素监测情况如下：

（1）从电网科学规划、加强电网建设看。影响因素情况与前述一致。

（2）从优化电网运行方式及效果看。平均供电半径3.89km。

各相关因素对应的部门级指标总体正常。

10.在运设备备用率

以二季度首月和尾月为例。4月，在运设备备用率110kV为100%，220kV为100%，合计为100%；6月，在运设备备用率110kV为0%，220kV为0%，合计为0%。

相关因素监测情况如下：

从电网规划的适度超前性，以及提高运检绩效看。影响因素情况与前述一致。

从优化退役资产管理看。截至6月，公司报废资产成新率分别为59.37%；6月公司报废资产净值达到41.84万元。

各相关因素对应的部门级指标总体正常，可以较好地支撑在运设备备用率指标。

11.单位资产年度资本性投入

单位资产年度资本性投入为年度指标。截至6月底，公司折旧费发生5107.75万元，固定资产原值108.4403亿元。

相关因素监测情况如下：

从合理控制工程造价，以及提升现有资产利用能力看。影响因素情况与前述一致。

从加快固定资产转资看。工程竣工结算按期完成率为100%；工程竣工结算按期完成率为100%。

各相关因素对应的部门级指标总体正常，可以较好地支撑单位资产年度资本性投入指标。

12.经济增加值率

截至6月底，公司实现经济增加值8967.1万元，完成全年预算（14183万元）的63.22%。

相关因素监测情况如下:

从提高税后营业利润看。截至 6 月底,主营业务收入净额为 47.18 亿元;主营业务成本为 45.738 亿元。

从优化资本结构看。截至 6 月底,公司资产总额 38.829 亿元,其中在建工程为 3.98 亿元;负债总额为 38.88 亿元。

各相关因素对应的部门级指标总体正常,可以较好地支撑经济增加值率指标。

13. 全口径劳动生产率

截至 6 月底,公司全口径劳动生产率完成 41.3837 万元/(人·年),完成年度计划 [127.21 万元/(人·年)。注:年度计划与资产全寿命管理目标一致] 的 32.53%。

相关因素监测情况如下:

从增加企业工业增加值方面看。截至 6 月底,售电量增长率达为 8.42%,年度计划完成率为 45.54%;固定资产周转率为 0.65 次;成本费用收入比为 0.9708%。

从提高人员效率方面看。人均输配电线路长度 8.28 千米/人;人均变电容量本期值为 10025 千伏安/人;截至 6 月底,人均售电量为 1466.47 万千瓦时/人;全员培训率为 95.77%;用工混岗率为 0。

从优化人员结构方面看。截至 6 月底,公司人才当量密度为 1.08;高技能人才比例为 95.48%;人才引进指数为 0。

各相关因素对应的部门级指标总体正常,可以较好地支撑全口径劳动生产率指标。

14. 退役资产平均寿命

退役资产平均寿命按监测到的数据为大于 20 年,与目标值(36 年)有一定的距离。

从电网规划基于发展适度超前、优化工程过程管理、提高运检绩效、优化退役资产管理等四方面看。影响因素情况及特性与前述一致。

各相关因素对应的部门级指标总体正常,可以较好地支撑退役资产平均寿命指标。

15. 单位资产年度运维检修成本

截至 6 月底,单位资产(每万元)运维检修成本为 1165.184 元/万元,折合百分率为 11.6%。可测算年度单位资产运维检修成本达到 1500 元/万元以上,即 15%,比资产全寿命管理目标值(3.96%)高。1~6 月,单位资产年度运维检修成本如图 4-11 所示。

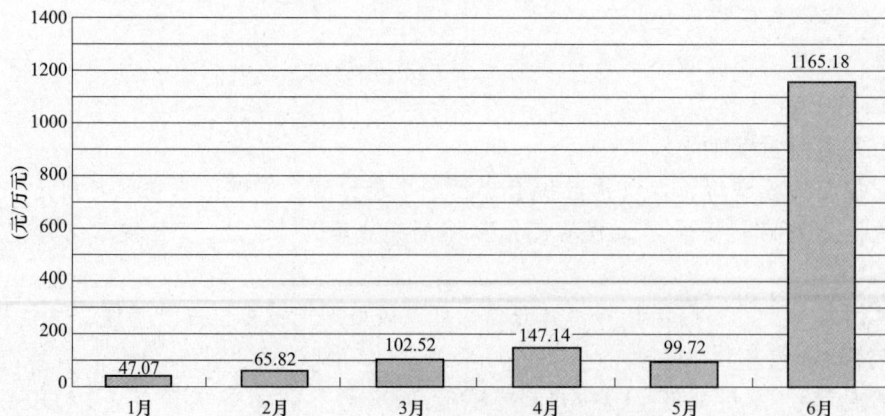

图 4-11　单位资产年度运维检修成本

相关因素监测情况如下：

从降低运维检修成本看。截至6月底，输配电成本发生63589.71万元，输配电成本中外包材料费累计为1080.41万元，外包检修费累计为6074.99万元；公司库存周转率为235.22次。

各相关因素对应的部门级指标总体正常，可以较好地支撑单位资产年度运维检修成本指标。

三、资产全寿命绩效监测总体评价

根据以上监测情况，对资产全寿命绩效监测顶层指标做出总体评价，对于不优于或劣于目标值的指标，统筹考虑指标值与目标差距的大小，以及提升工作的难度，总体综合评价结果如图4-12所示。

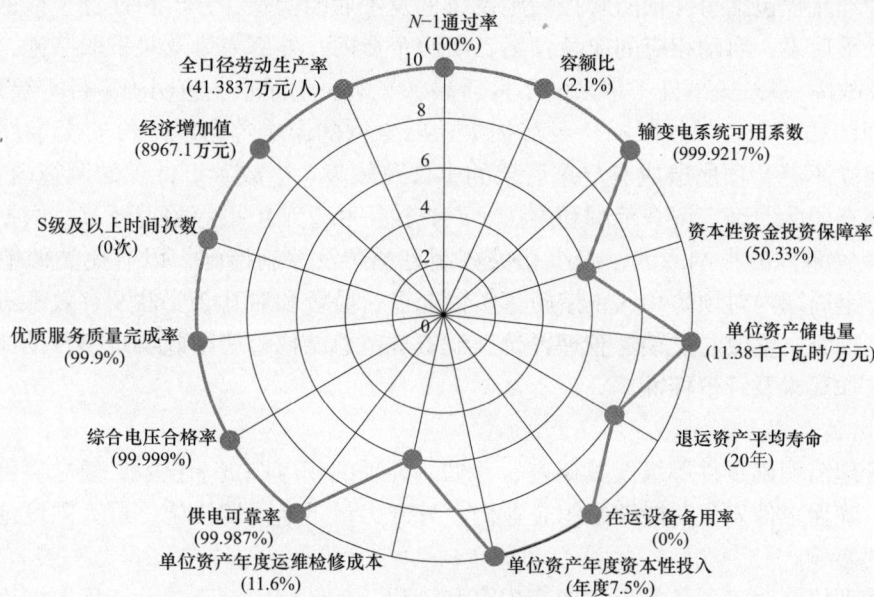

图4-12 2014年二季度资产全寿命绩效监测总体评价

总体看，公司在发展能力、资产质量、经营成本方面存在一定的不足：

发展能力方面，资本性资金投资保障率偏低；

资产质量方面，资产退役寿命达到35年以上的目标总体难以达到；

经营成本方面，公司单位资产年度运维检修成本居高，年度成本率已高过综合折旧率，运维环节作为公司资产全寿命管理周期中关键环节，成本较高。

【案例总结】

本案例为某公司资产全寿命绩效监测季报。对比目标值，公司对15项关键指标的完成程度开展监测。在具体监测工作中，将资产管理绩效目标（SEC）分为三类：安全指标、效能指标及成本指标，每个指标下又细分多个小指标。最后，案例通过雷达图的方式清晰地看到公司当前工作的不足，并进行了针对性的分析。

本案例充分体现了绩效监测分析报告需要从 S（安全）、E（效能）、C（成本）三方面开展的工作要求，同时对绩效指标进行同比和环比分析，对比预先定义的监测阈值和标准，有助于发现资产管理活动中存在的问题并提供解决方案。

第三节　事件管理常态化工作

一、工作内容

事件管理的内容包含安全事件和质量事件调查，安全事件调查范围包括电网生产安全事故、产业生产安全事故、非生产性安全事故、交通事故、火灾事故、信息系统安全事件、外包事故、农电人身事故；质量事件调查范围包括设备质量事件、电能质量事件、工程建设质量事件和服务质量事件。

事件管理流程包括事件预防管控措施及事件发生后的调查、分析和处置。根据不符合项所造成的严重后果，启动相应的应急预案，组织企业内、外部力量及时采取措施，最大限度缓解事件及故障、事故（事件）带来的不良后果和影响。电网企业应明确事件等级及其调查、评估、处理的相应职责、权限；从经济损失、对电网的影响等角度评价安全事件和质量事件等级；建立不符合项所造成有严重后果的事件及故障、事故（事件）的调查内容和流程，包括组织调查团队、确定调查范围和方法、调查执行和总结汇报等关键环节；根据调查结论确认引发相关事件的根本原因，组织相关方制订预防及控制措施，以避免类似情况再次发生，并在一定周期内对预防和纠正措施落实情况进行监督和对其必要性及有效性进行评估；通过检查、抽查、整改、反馈、管理评价、调查规范总结修订等措施实现事件的闭环管理。

二、工作要求及评价标准

（一）总体要求

事件管理需明确事件等级及其调查、评估、处理的相应职责、权限，建立事件管理应急响应机制，确保事件发生时能够组织企业内、外部力量迅速采取措施，最大限度地缓解事件引发的不利影响。

事件管理机制明确了各类事件调查内容和流程，包括组织调查团队、确定调查范围和方法、调查执行和总结汇报等关键环节。根据调查的结论，企业组织相关方制订预防及控制措施，实现规避类似事件的再次发生，并在一定周期内对预防和纠正措施落实情况进行监督，对措施的必要性及有效性进行评估。

（二）评价标准

事件管理评价标准包含程序标准和报告内容两方面。

程序标准方面，一方面要检查是否建立了事件管理程序文件，另一方面检查是否对上级下发的事件信息及时在企业内进行沟通、是否通过生产月报或安全简报等形式通报上月事件发生情况以及典型事件是否进行快报、通报及进行事件信息沟通；

报告内容方面，主要有如下 5 个标准：

（1）检查过程资料是否完整，包括事件调查人员培训记录、事件原因分析记录、事件整改措施记录、调查记录等是否及时、完整、准确；

（2）检查事件处理是否有应急响应机制，是否对每次事件进行应急措施，是否有效降低了事件的影响；

（3）检查是否与资产风险库建立关联关系，包括事件是否作为资产风险库信息及风险评级的输入之一，事件发生是否影响资产风险的评价结果；

（4）检查是否完成了闭环管理，事件调查发现的问题是否采取纠正和预防措施进行了关闭；

（5）检查事件调查要求的整改措施是否开展了后评估，是否对措施实施效果进行了评估；

（6）检查是否开展了事件原因统计分析，并开展了持续改进工作；

（7）事件统计分析的结果是否应用到以下方面：

1）纳入企业资产风险管理；

2）作为企业和下属单位绩效考核；

3）制订下阶段资产体系工作重点参考；

4）提交管理评审；

5）作为持续改进的内容。

三、工作开展

（一）工作方法

建立不符合项所造成有严重后果的事件（事故）时的应急响应机制，该机制应能组织企业内、外部力量迅速采取措施，以最大限度缓解相关事件引发的不利影响；在事件（事故）发生后及时调查，发生事件时应立即采取行动，并告知利益相关方，且这些行动应与风险控制措施保持一致，采取措施缓解事件导致的后果，避免事件进一步扩大。事件调查结果、纠正和预防措施等应与利益相关者进行沟通。

单位事件（事故）发生后，事件（事故）现场有关人员应立即上报事故情况。现场负责人接到报告后，应立即向本单位负责人报告。情况紧急时，事件（事故）现场有关人员可以直接向本单位负责人报告。

各单位接到事件（事故）报告后，应当依照规定进行定级，立即上报事件（事故）情况。任何单位和个人对事件（事故）不得迟报、漏报、谎报或者瞒报。必要时，可以越级上报事件（事故）情况。五级以上的即时报告事件（事故）均应在24h以内以书面形式提交。即时报告可以电话、电传、电子邮件、短信等形式提交。

事件（事故）发生后，事件（事故）发生单位必须迅速抢救伤员并派专人严格保护事件（事故）现场。未经调查和记录的事件（事故）现场，不得任意变动。事件（事故）发生单位安监部门或其指定的部门应立即对事件（事故）现场和损坏的设备进行照相、录像、绘制草图、收集资料。

电网企业系统各单位根据事件（事故）等级的不同组织调查，并按要求填写事件（事故）调查报告书。上级管理单位可根据情况派员督查。

事件（事故）发生后，事件（事故）发生单位安监部门或其指定的部门应立即组织当值值班人员、现场作业人员和其他有关人员在下班离开事件（事故）现场前分别如实提供现场情况并写出事件（事故）的原始材料。

电网、设备事件（事故）调查应按以下规定执行：查明事件（事故）发生的时间、地点、气象情况，以及事件（事故）发生前系统和设备的运行情况；查明事件（事故）发生经过、扩大及处理情况；查明与事件（事故）有关的仪表、自动装置、断路器、保护装置、故障录波器、调整装置、遥测、遥信、遥控、录音装置和计算机等记录和动作情况；查明事件（事故）造成的损失，包括波及范围、减供负荷、损失电量、用户性质，以及事件（事故）造成的设备损坏程度、经济损失；调查设备资料（包括订货合同、大小修记录等）情况以及规划、设计、制造、施工安装、调试、运行、检修等质量方面存在的问题。

信息系统事件（事故）调查应按以下规定执行：查明事件（事故）发生前系统的运行情况；查明事件（事故）发生经过、扩大及处理情况；调查系统和设备资料（包括订货合同、维护记录等）情况以及规划、设计、建设、实施、运行等方面存在的问题；查明事件（事故）造成的损失，包括影响时间、影响范围、影响严重程度；查明事件（事故）发生的时间、地点、气象情况，以及事件（事故）发生前系统和设备的运行情况；查明事件（事故）发生经过、扩大及处理情况；查明与事件（事故）有关的仪表、自动装置、断路器、保护、故障录波器、调整装置、遥测、遥信、遥控、录音装置和计算机等记录和动作情况；查明事件（事故）造成的损失，包括波及范围、减供负荷、损失电量、用户性质，以及事件（事故）造成的设备损坏程度、经济损失；调查设备资料（包括订货合同、大小修记录等）情况以及规划、设计、制造、施工安装、调试、运行、检修等质量方面存在的问题。

资产事件（事故）调查组在调查的基础上，分析并明确发生、扩大的直接原因和间接原因，必要时，调查组委托专业技术部门进行相关计算、试验、分析。同时，在确认事实的基础上，追溯管理原因。分析是否在人员违章、过失、违反劳动纪律、失职、渎职，安全措施是否得当，事件（事故）处理是否正确等，并确定直接责任者和领导责任者。

事件（事故）调查组提出防止同类事故发生、扩大的组织（管理）措施和技术措施，并提出人员处理意见。被调查部门/单位按制定措施进行整改，并对事件（事故）已完成措施进行抽查，开展效果评估工作。安监部门每年一次对电网企业系统内所发生的资产事件（事故）进行统计分析，与同期进行比较、归纳事件成因，并监督整改措施的有效落实。

调查完成后，安监部门形成有关调查报告书，逐级提交至国家电网公司，并下发至各基层单位对基层单位员工开展培训和宣贯。发展策划部门、运维检修部门、基建部门、物资部门、调控部门、营销部门、人资部门、财务部门、信息管理部门按照专业分工，参与业务范围内事件相关内容的调查分析，督促、协调事件处理。各部门分工如表4-14所示。

表4-14　　　　　　　　　　　　事件管理部门工作职责

部门	工作职责
安监部门	组织开展事件调查，确定事件结论和处理方案；编制事故调查报告，监督纠正和预防措施的执行；负责识别、分析业务范围内资产管理不符合项和潜在不符合项，制定纠正和预防措施并实施；负责归档事件调查过程和结果性资料
发展策划部门	参与业务范围内事件相关内容的调查分析，督促、协调事件处理
运维检修部门	
基建部门	
物资部门	
调控部门	
营销部门	
人资部门	
财务部门	
信息管理部门	

（二）工作模板

1. 人身事故调查报告书

（1）事故名称（简题）：＿＿＿＿＿＿＿＿＿＿；事故编号：＿＿＿＿＿＿＿＿＿＿＿＿＿

（2）事故单位全称：＿＿＿＿＿＿＿＿＿＿；地址：＿＿＿＿＿＿＿＿＿＿＿＿＿＿＿＿＿

（3）业别：＿＿＿＿＿＿＿＿；省电力企业（直属公司）：＿＿＿＿＿＿＿＿＿＿＿＿＿；

上级主管单位：＿＿＿＿＿＿＿＿＿

（4）事故发生时间：＿＿＿＿年＿＿月＿＿日＿＿时＿＿分

（5）事故类别：＿＿＿＿＿＿＿＿＿；主要原因分析：＿＿＿＿＿＿＿＿＿＿＿

（6）事故伤亡情况：死亡＿＿＿＿人；重伤＿＿＿＿人；轻伤＿＿＿＿人

姓名	伤害情况（死、重、轻）	工种	级别	性别	年龄	本工种	工龄	受过何种安全教育	所属单位

（7）事故经过、原因、直接经济损失：＿＿＿＿＿＿＿＿＿＿＿＿＿＿＿＿＿

（8）防止事故重复发生的对策（措施）、执行人、完成期限以及执行检查人：＿＿＿＿＿

（9）事故责任分析和对责任者的处理意见：＿＿＿＿＿＿＿＿＿＿＿＿＿

（10）事故调查组人员名单：

姓名	性别	单位	职务	事故调查组中的职别	签名

（11）附件清单（包括图纸、资料、原始记录、笔录、试验和分析计算资料、事故照片、录像、录音等）：＿＿＿＿＿＿＿＿＿＿＿＿＿＿＿＿＿＿＿

事故单位负责人：＿＿＿＿＿＿＿＿＿＿＿＿＿＿

主持事故调查单位负责人：＿＿＿＿＿＿＿＿＿

主持事故调查单位盖章：＿＿＿＿＿＿＿＿＿＿

日期：＿＿＿＿＿年＿＿＿月＿＿＿日

2. 电网事故调查报告书

（1）事故名称（简题）：＿＿＿＿＿＿＿＿＿＿＿＿＿事故编号：＿＿＿＿＿＿＿＿＿＿＿

（2）事故单位全称：＿＿＿＿＿＿＿＿＿＿＿＿＿＿＿＿＿＿＿＿＿＿＿

（3）事故等级：＿＿＿＿＿＿＿＿＿＿＿＿＿＿＿；事故类别：＿＿＿＿＿＿＿＿＿＿＿＿＿＿

（4）事故起止时间：＿＿＿＿年＿＿月＿＿日＿＿时＿＿分至＿＿＿＿年＿＿月＿＿日＿＿时＿＿分

（5）事故前电网运行工况（事故前电网实时运行方式，电网功率、电压、频率，气象条件等）：＿＿＿＿＿＿＿＿＿＿＿＿＿＿＿＿＿＿＿＿＿＿＿＿＿＿＿＿＿＿＿＿＿＿

（6）事故发生、扩大和处置情况：＿＿＿＿＿＿＿＿＿＿＿＿＿＿＿＿＿＿＿＿＿

（7）事故原因及扩大原因：＿＿＿＿＿＿＿＿＿＿＿＿＿＿＿＿＿＿＿＿＿＿＿＿

（8）事故损失及影响情况（少发电量、减供负荷及比例、停电用户数及比例、损坏设备、直接经济损失、对重要用户影响情况等）：＿＿＿＿＿＿＿＿＿＿＿＿＿＿＿＿

（9）事故暴露问题：＿＿＿＿＿＿＿＿＿＿＿＿＿＿＿＿＿＿＿＿＿＿＿＿＿＿＿

（10）防止事故重复发生的对策（措施）、执行人、完成期限以及执行检查人：＿＿＿＿＿＿

（11）事故责任分析和对责任者的处理意见：＿＿＿＿＿＿＿＿＿＿＿＿＿＿＿＿＿

（12）事故调查组人员名单：

姓名	性别	单位	职务	事故调查组中的职别	签名

（13）附件清单（包括图纸、资料、原始记录、笔录、试验和分析计算资料、事故照片、录像、录音等）：＿＿＿＿＿＿＿＿＿＿＿＿＿＿＿＿＿＿＿＿＿

事故单位负责人：＿＿＿＿＿＿＿＿＿＿＿＿＿＿＿＿＿

主持事故调查单位负责人：＿＿＿＿＿＿＿＿＿＿＿

主持事故调查单位盖章：＿＿＿＿＿＿＿＿＿＿＿＿＿

日期：＿＿＿＿＿年＿＿月＿＿日

3. 设备事故调查报告书

（1）事故名称（简题）：＿＿＿＿＿＿＿＿＿＿＿＿＿＿；事故编号：＿＿＿＿＿＿＿＿＿＿

（2）事故单位全称：＿＿＿＿＿＿＿＿＿＿＿＿＿＿＿＿＿＿＿＿＿＿＿＿＿＿＿＿＿

（3）事故等级：＿＿＿＿＿＿＿＿＿＿＿＿＿；事故类别：＿＿＿＿＿＿＿＿＿＿＿＿＿＿

（4）事故起止时间：＿＿＿＿年＿＿月＿＿日＿＿时＿＿分至＿＿＿年＿＿月＿＿日＿＿时＿＿分

（5）故障设备情况（设备规范／型号／参数、制造厂、投产日期、最近一次检修日期等）：＿＿＿＿＿＿＿＿＿＿＿＿＿＿＿＿＿＿＿＿＿＿＿＿＿＿＿＿＿＿＿＿＿＿

（6）事故前运行工况：＿＿＿＿＿＿＿＿＿＿＿＿＿＿＿＿＿＿＿＿＿＿＿＿＿＿＿

（7）事故发生、扩大和处置情况：＿＿＿＿＿＿＿＿＿＿＿＿＿＿＿＿＿＿＿＿＿

（8）事故原因及扩大原因：＿＿＿＿＿＿＿＿＿＿＿＿＿＿＿＿＿＿＿＿＿＿＿＿

（9）事故损失情况（少发电量、少送电量、设备损坏情况、直接经济损失、损坏设备修

复时间等）：＿＿＿＿＿＿＿＿＿＿＿＿＿＿＿＿＿＿＿＿＿＿＿＿＿＿

（10）事故暴露问题：＿＿＿＿＿＿＿＿＿＿＿＿＿＿＿＿＿＿＿＿＿＿

（11）防止事故重复发生的对策（措施）、执行人、完成期限以及执行检查人：＿＿＿＿

（12）事故责任分析和对责任者的处理意见：＿＿＿＿＿＿＿＿＿＿＿＿＿＿

（13）事故调查组人员名单：

姓名	性别	单位	职务	事故调查组中的职别	签名

（14）附件清单（包括图纸、资料、原始记录、笔录、试验和分析计算资料、事故照片、录像录音等）：＿＿＿＿＿＿＿＿＿＿＿＿＿＿＿＿＿＿＿

事故单位负责人：＿＿＿＿＿＿＿＿＿＿＿＿＿＿

主持事故调查单位负责人：＿＿＿＿＿＿＿＿＿＿＿＿

主持事故调查单位盖章：＿＿＿＿＿＿＿＿＿＿＿

日期：＿＿＿＿年＿＿月＿＿日

4. 信息系统事件调查报告书

（1）事件名称（简题）：＿＿＿＿＿＿＿＿＿＿；事件编号：＿＿＿＿＿＿＿＿＿＿＿

（2）事件单位全称：＿＿＿＿＿＿＿＿＿＿＿＿＿＿＿＿＿＿＿＿＿＿＿＿＿＿

（3）事件等级：＿＿＿＿＿＿＿＿＿＿＿＿＿＿＿＿＿＿＿＿＿＿＿＿＿＿＿＿

（4）事件主体类别：＿＿＿＿＿＿＿＿＿＿＿＿；事件客体类别：＿＿＿＿＿＿＿＿

（5）事件起止时间：＿＿＿＿＿年＿＿月＿＿日＿＿时＿＿分至＿＿＿＿年＿＿月＿＿日＿＿时＿＿分

（6）事件发生、扩大和处置情况：＿＿＿＿＿＿＿＿＿＿＿＿＿＿＿＿＿＿＿＿

（7）事件发生原因及扩大原因：＿＿＿＿＿＿＿＿＿＿＿＿＿＿＿＿＿＿＿＿＿

（8）事件的影响范围、损失、后果情况：＿＿＿＿＿＿＿＿＿＿＿＿＿＿＿＿

（9）事件暴露的问题：＿＿＿＿＿＿＿＿＿＿＿＿＿＿＿＿＿＿＿＿＿＿＿＿

（10）防止事件重复发生的对策（措施）、执行人、完成期限以及执行检查人：＿＿＿＿

（11）事件责任分析和对责任者的处理意见：＿＿＿＿＿＿＿＿＿＿＿＿＿＿＿

（12）事件调查组人员名单：

姓名	性别	单位	职务	事故调查组中的职别	签名

（13）附件清单（包括运行记录、系统配置、系统日志文件、机房值班记录、操作单记录、操作票记录、安全设备日志、处理过程记录、调查记录等）：_____

　　事件单位负责人：_____

　　主持事件调查单位负责人：_____

　　主持事件调查单位盖章：_____

　　日期：_____年____月____日

5.设备事故报告

（略）

6.合规性评价模板（见表 4-15）

表 4-15　　　　　　　　　　　　合规性评价模板

序号	不符合项内容描述	发生概率	严重性	不符合项风险优先级	纠正 / 预防措施内容	计划完成日期	实际完成日期	责任部门	纠正 / 预防措施验证					
									验证部门	验证日期	验证结果简要概述	纠正 / 预防措施效果评估（打 "√"）		
		1~5分	1~5分	1~25分								有效	再跟踪	再实施

四、案例分享

以 ×× 公司设备事故报告（见表 4-16）为例。

【案例总结】

本案例为某线路因大风引起异物碰线跳闸，重合成功，未少送电的事故调查分析报告。报告对事故等级、事故原因、责任单位、涉及事故设备进行了记录，分析了此次事故暴露的问题，并提出了防止问题发生的对策、负责部门及完成期限。

本案例中的事件管理报告明确了事件调查内容和流程，包括组织调查团队、确定调查范围和方法、调查执行和总结汇报等关键环节。并且，企业根据调查结论，组织相关方制订预防及控制措施，有助于规避类似事件的再次发生，能够最大限度地缓解事件引发的不利影响。

表4-16

××公司设备事故报告

设备事故报告

填报（汇总）单位（章）：	国网××供电公司	事故简要问题：×月，××省××供电公司220kV××2416线因大风引起异物碰线跳闸，重合成功，未少送电

事故编号	上级主管单位	事故单位	产权单位	业别	主要责任单位	同等责任单位	次要责任单位	考核单位	停运时间	事故起止时间	设备分类	事故等级	事故分类	气象条件	安全记录
142405060000001	××电力局	输电运维工区	××电力局	输变电	无	无	无	输电运维工区	0h00min	××-××-×× ××至××-××-××	输电设备	八级设备事件	其他	大风	不中断

主设备规范

设备编号	容量（t/h；MW；MVA）	相当容量（最高电压）	电压等级；事故压力（kV；MPa）	主汽温度	型号	制造厂	制造日期	投产日期	大修日期	少量发电（万kWh）	少送电量（万kWh）	减供负荷（MW）	直接经济损失（万元）
2416		220	220		LGJ-500/45			××-××-××	××-××-××				

设备分类及型号／事故原因及责任／损坏设备

	设备分类	部件分类	零部件分类	技术分类	型号	制造厂	原因1	原因2	责任1	责任2	设备分类	部件分类	损坏程度
一、二次设备 一次设备	交流输电	绝缘子	合成绝缘子	外力短路	FXBW4-220/100	××电气设备有限公司	异物碰线	外力破坏	1	2	交流输电	绝缘子	轻微

通信及调度自动化系统／不正确动作的保护及安全自动装置／保护装置名称

	电压等级	技术分类	错误类型	线路倒塔 基数	风电机组 故障台数	站（厂）用交、直流全停	运行状态	厂站名	电压等级（kV）	故障台数	类型	容量	有无附图、附件	相关部门
不正确动作的保护及安全自动装置													有	
保护装置名称														

续表

设备事故报告

1. 事故前设备运行工况

220kV××2416线正常运行

2. 事故原因经过、扩大、处理情况

××年×月×日上午×时×分×秒，××公司管辖220kV××2416线断路器跳闸重合成功，线路两侧纵联保护动作，故障相为C相。保护测距：××二厂侧11.1km（30~31号），××变侧30.6km（3~34号），故障录波器测距：××二厂侧13.4km（37~38号），××变侧28km（40~41号）变电所侧跳线合成绝缘子两侧均压环有损伤，连接金具、螺栓有电弧灼伤痕迹，确定故障点为××2416线33号塔。

线路故障原因分析：

（1）××线33号塔地处××虹星桥镇，杆塔呼高26.5m，全高32.5m，故障区段（30~40号）均为农田，为D1级污秽区。2012年"海葵"台风后，为加强耐张塔跳线防风偏治理，该塔C相跳线加装防风偏跳线串偏跳串采用江苏祥源电气设备有限公司生产的FXBW-220/120型复合绝缘子：绝缘子结构高度2350mm，最小公称爬电距离6340mm，爬电比距2.881cm/kV＞D1级污区（2.8cm/kV）要求，排除污闪故障。××线33号塔C相跳线绝缘子上部加装了大盘与复合绝缘子及塔材上无鸟类排泄物，现场地形地貌及故障时天气状况，外力破坏及雷击，排除雷击、外力破坏及污闪故障。

（2）根据视结果、现场检查及复核跳闸原因为大风吹起地面异物穿过跳线造成瞬间短路。

（3）根据以上初步排查分析，初步判断引起本次线路跳闸的原因为大风吹起的异物引起的故障跳闸。考虑目前合成绝缘子对线路运行暂无影响，待线路带电检修时对绝缘子进行检查、更换。

3. 暴露问题

大风异物引起线路跳闸

4. 防止对策、执行人及完成期限

（1）加强线路日常特巡，做好防异物短路的措施。尤其是针对春季防风筝活动，加强电力设施保护宣传，在线路邻近居民区树立禁止放风筝警告牌，向线路沿线乡镇居民下发远离线路放风筝、提高群众电力设施保护意识。

（2）对电力设施保护区附近的彩钢瓦等临时建筑物，要求管理者或个人进行拆除或整改。对危及电力设施安全运行的垃圾场、废品回收场所、如塑料布、锡箔纸、磁带条、生活垃圾等采取有效的固定措施。对架空电力线路保护区两侧附近的日光温室和塑料大棚，如与线路的安全距离不满足运行规范要求应进行拆除。

（3）加强电力设施保护区附近居民区的日光温室两侧附近的日光温室和塑料大棚，要求所有责任单位或个人进行拆除或整改。要求所有管理人采取加固措施，如与线路的安全距离不满足运行规范要求应进行拆除。

执行人：××；完成期限：立即

单位领导批复	安监审核		填报人		报表状态	终结报告	
地市领导批复	同意分析	××	签名	××	地市安监批复	同意分析	签名 ××
省/直属领导批复	同意分析	××	签名	××	省/直属安监批复	同意分析	签名 ××
					填报日期：	20××-××-××	××

第四节 审核的常态化工作

一、工作内容

审核是指为获得审核证据并对其进行客观的评价，以确定满足审核准则的程度所进行的系统的、独立的并形成文件的过程。建立审核机制，其目的是检查资产管理体系的实施效果是否达到了规定的要求以及资产管理体系运行的有效性和符合性，以便及时发现问题并采取纠正措施，持续改进资产管理体系的有效性和符合性。

审核工作，通过业务访谈、现场验证、资料检查三种形式了解各专业实际业务情况，并收集相应的佐证资料，编制审核报告并提交电网企业资产管理委员会，审核报告中需分析电网企业资产管理目标、策略及执行的一致性情况，法律法规符合性情况及各项措施实施的有效性情况。

二、工作要求及评价标准

（一）总体要求

对资产进行审核时，应建立审核机制，明确审核准则、范围、频次和方法，通过对资产管理体系进行定期审核，验证资产管理体系运行的有效性和符合性。

审核方案基于资产管理活动的风险评价结果及上期的审核结果制定。对资产管理体系全部内容进行审核时，需确保资产管理目标、策略及执行的一致性、法律法规符合性和措施有效性。针对审核中发现的不符合项需编写不符合报告，提出纠正与预防措施，并验证其有效性。

（二）评价标准

审核的评价标准包含了审核方案和审核内容两方面。

审核方案方面，一方面要检查方案是否达到要求。包括：审核的目标、范围、程度、数量、类型、持续时间、地点、日程安排，审核方案的程序、审核准则、审核方法、审核组的选择，资源配置，处理保密性、信息安全、监控，以及其他类似事宜的过程。另一方面，检查审核范围是否关注符合性和有效性。符合性主要指执行是否符合体系计划安排，是否符合体系管理要求、法律法规等；有效性主要指体系运行对于目标、策略的满足程度，以及用以实现合规要求的任何纠正措施。

审核内容方面，主要有如下 4 个标准：

（1）是否按规定的要求开展了审核活动，包括规定的时间间隔、方式等。

（2）不符合项审核内容：

1）开具的不符合项是否证据充足，事实描述情况是否判定准确；

2）是否进行原因分析，是否进行了整改，是否制定了纠正/预防措施并进行了验证；不符合问题对体系运行有效性的影响程度。

（3）是否编写了审核报告，报告是否提出了对资产管理体系的综合评价、结论如何，并进行发放。

（4）审核报告、审核的结果是否提交管理评审。

三、工作开展

（一）工作方法

企业协会每年 3 月启动审核工作，编制"资产管理体系审核年度计划"，当发生重大资产事故、资产管理体系有较大变更、客户和相关方有重大投诉或其他需要时，企业协会提出增加附加性审核建议，制订附加审核计划，报管理者代表批准后下发给受审的部门或基层单位。

每次审核前两周，由管理者代表任命审核组组长，审核组组长选择审核组成员。审核组组长根据"资产管理体系审核年度计划"组织编制"资产管理体系审核实施计划"，进行任务分工，并在审核实施前一周将该计划送达管理者代表和受审部门。受审核部门接到计划后应安排配合人员并做好准备工作，如果对审核项目和日期有异议，需在收到"资产管理体系审核实施计划"后三天内通知审核组，经协商后另行安排。审核组组长根据"资产管理体系审核实施计划"组织审核员按分工编制各自的检查表。

审核组组长主持首次会议，简要介绍本次审核的目的、安排、要求和审核结果的报告方法并确认日程安排；审核员依据审核准则的规定并参考"资产管理体系审核检查表"对各自所负责的审核项目进行审核，由审核组对所发现的不符合问题进行讨论、最终确定并提出资产管理体系审核不符合项；现场审核结束前审核组长召开末次会议，汇报审核结论，并汇报审核中发现的主要不符合项；审核结束后五个工作日内，由审核组组长组织编写"资产管理体系审核报告"，企业协会负责将经批准的"资产管理体系审核报告"按发放范围发放。

针对审核中发现的不符合项开展纠正与验证工作，跟踪改进措施实施情况。企业协会建立和保存"资产管理体系审核不符合项纠正措施状态控制表"；审核中发现的不符合项，由受审核方在末次会议结束后的十个工作日内提出纠正措施计划及预计的合理的完成时间，并填写在"资产管理体系审核不符合项报告"中报给企业协会；受审核方实施不符合项纠正措施，确保在纠正时限内完成整改。若在期限内无法完成整改，需及时向审核组组长提出延期完成整改要求，由审核组讨论判断是否延长整改期限；企业协会组织原审核组人员对纠正措施实施结果的有效性进行验证，遇特殊情况可由企业协会指定其他审核员实施验证；纠正措施有效性的验证结果由验证人员填写在"资产管理体系审核不符合项报告"及"资产管理体系审核不符合项纠正措施状态控制表"相应栏目中；企业协会对每次审核资料进行汇总整理，并进行归档保存；企业协会负责将审核报告、采取的纠正措施、实施效果信息，提交管理评审；企业协会负责整改措施效果跟踪，提交管理评审并进行必要措施调整。

审核工作部门职责见表4-17。

表4-17　　　　　　　　　　审核工作部门工作职责

部门	工作职责
企业协会	（1）负责制定（修订）资产管理体系审核管理办法； （2）负责编制电网企业年度资产管理体系审核计划； （3）负责统一调配电网企业资产管理体系审核资源，成立审核组； （4）负责制定审核方案，组织开展审核工作； （5）负责培训审核员； （6）负责将审核报告提交电网企业资产管理委员会； （7）负责监督审核结果的纠正及持续改进措施的落实； （8）负责归档电网企业资产管理体系审核资料

部门	工作职责
资产管理委员会	（1）贯彻落实电网企业资产审核管理的有关要求，确定与电网企业管理目标相适应的资产审核管理工作目标和任务； （2）负责资产管理审核事项的重大决策； （3）负责审批资产审核管理的重要计划、方案、报告等； （4）审批电网企业资产审核管理其他重大事项
审核组	（1）负责编制审核检查表； （2）负责审核工作实施，收集证据，并做好记录； （3）负责编制审核报告； （4）负责验证纠正和预防措施的有效性，并提交纠正和预防措施验证报告； （5）负责提出资产管理体系持续改进建议

（二）工作模板

1.资产管理体系审核年度工作计划（见表 4-18）

表 4-18　　　　国网 ×× 省电力企业资产管理体系审核年度工作计划

编号：_____

审核目的：_____

审核依据：_____

审核范围：_____

审核方法：_____

序号	部门/区域	审核月份											
		1	2	3	4	5	6	7	8	9	10	11	12

编制人（签名）：_____　审核人（签名）：_____　批准人（签名）：_____

2.资产管理体系审核实施计划（见表 4-19）

表 4-19　　　　国网 ×× 省电力企业资产管理体系审核实施计划

审核项目：_____

审核目的：_____

审核范围：_____

审核准则：_____

审核组成员：_____

审核时间：_____

审核报告发布日期及发放范围：_____

审核日程安排：_____

编制人（签名）：_____　审核人（签名）：_____　批准人（签名）：_____

3.资产管理体系审核报告（见表 4-20）

表 4-20	资产管理体系审核报告
审核开始日期：	
审核结束日期：	
受审核部门：	
审核组组长：	
审核员：	
一、审核目的	
二、审核范围	
三、审核依据	
四、审核主要参加人和审核报告发布日期及范围：	
本次审核主要参加人：	
本次审核报告发布日期：	
审核报告送达范围：	
审核综述（可另附）	

4.资产管理体系审核不符合项纠正措施状态控制表（见表 4-21）

表 4-21　　　　　　资产管理体系审核不符合项纠正措施状态控制表

序号	不符合项内容描述	发生概率	严重性	不符合项风险优先级	纠正/预防措施内容	计划完成日期	实际完成日期	责任部门	纠正/预防措施验证					
		1~5分	1~5分	1~25分					验证部门	验证日期	验证结果简要概述	纠正/预防措施效果评估（打"√"）		
												有效	再跟踪	再实施

5.资产管理体系审核检查表（见表 4-22）

表 4-22　　　　　　资产管理体系审核检查表

序号	评价项目	标准分	评分标准	查证方法	评分方法	业务类别	得分

四、案例分享

××公司体系审核不符合项报告

×月初，企业协会分会启动审核工作，编制了《××公司资产管理体系审核年度工作计划》。

×月×日，企业协会分会召集各部门、单位资产管理体系工作能力培训并考核，共有75人考核合格获得内审员资格。同时，此次培训针对资产管理体系实施工作要求与自评价工作安排进行了专题宣贯。

企业协会分会根据体系审核需要，牵头组织，协同建立了以企业协会分会秘书长为组长、各部门和单位管理体系工作人员为审核人员的审核工作组。审核组根据《××公司资产全寿命周期管理体系审核管理办法》要求，按照审核计划，细化制定了《××公司资产管理体系审核实施计划》。

×月下旬至×月底，审核组开展了省级公司各部门体系审核工作，主要通过业务访谈及部门自查的方式完成了此项工作。针对16个部门共计开展93场次业务访谈，基于访谈成果汇总形成"体系执行情况统计表"，基于各部门自查最终汇总形成"××公司自评价报告"。

×月×日至×月×日，审核组对4家地市级公司和省检修分公司的资产全寿命体系建设情况组织开展了审核。每次基层单位审核工作均按照召开首次会议、开展现场审核及基层单位自检及召开末次会议的规定要求开展。经过体系审核识别了122个一般不符合项，没有严重不符合项。

企业协会分会针对审核中发现的不符合项，要求受审核方在末次会议结束后的十个工作日内提出纠正措施计划及预计的合理的完成时间，并填写在"资产管理体系审核不符合项报告"后报给企业协会。

相关部门针对不符合项目梳理"××公司资产管理体系审核不符合项纠正措施状态控制表"，深入分析，及时整改。

【案例总结】

本案例介绍了某公司企业协会的体系审核工作。审核组成员通过选拔培训，成立了以企业协会秘书长为组长的审核工作组。审核组根据省级公司管理办法要求，制定审核计划，随后对16个部门开展93场次业务访谈，识别了122个一般不符合项，要求被审核方在规定时间内提出纠正措施并开展整改工作。

本案例体现出该公司建立了完善的审核机制，明确了审核准则、范围、频次和方法，有助于验证资产管理体系运行的有效性和符合性。此外，审核工作要求被审核对象针对不符合项编写不符合报告，提出纠正与预防措施，有利于资产管理工作的持续改进提升。

第五节　合规性评价的常态化工作

一、工作内容

合规性评价是通过对企业遵循法律法规、外部监管规定及企业相关规定而进行的定期评价。资产管理合规性评价由评价准备、评价实施、纠正预防和持续改进四个环节组成。

评价准备是法律部门制定合规性评价计划，确定评价项目、评价方式、评价时间、评价人员、评价效果；评价实施是评价组成员评价受评价方资产管理活动对法律、法规、监管条例和其他资产管理要求的遵循情况，并收集合规性评价证据；纠正预防是受评价方根据合规性评价报告进行不符合项的风险评估，制定并执行"纠正和预防措施实施计划"，法律部门负责对纠正和预防措施的执行情况进行监督检查，出具纠正和预防措施执行情况报告；持续改进是受评价方根据合规性评价结果及纠正和预防措施的执行情况识别持续改进机会，优化完善内控制度和业务流程，报电网企业法律部门备案，法律部门及时整理合规性评价记录并归档。

二、工作要求及评价标准

（一）总体要求

合规性评价通过文档化的形式明确评价的内容、频次。针对识别的法律法规、规章条例以及其他要求，对涉及的业务活动及其执行情况进行评价。

合规性评价规定了实施审核活动必须配套适当的体制、制度及标准，明确了合规性评价的目的、做法。合规性评价周期一般为一年，在合规性评价开展前要求已经完成法律法规的识别更新工作，当资产管理体系发生重大变化等特殊情况时按需开展合规性评价工作。

（二）评价标准

合规性评价标准包括覆盖范围和报告内容两方面：

（1）覆盖范围要检查是否覆盖整个资产管理体系，包括资产管理目标、计划、过程管控、绩效评价、改进、组织、能力、标准制度、法律法规、风险与应急、协同、信息改进的全过程。

（2）报告内容方面有以下5个标准：

1）特定的过程、业务、活动是否符合法律法规、条例和其他要求；

2）合规性评价的记录是否保存完整；

3）针对合规性评价发现的问题是否进行了整改，包括制定纠正/预防措施和对措施进行验证等闭环管理；

4）是否对合规性评价效果进行了评估，并采取了必要的改进措施；

5）合规性评价的结果及整改措施执行情况是否提交了管理评审。

三、工作开展

（一）合规性评价编制方法

合规性评价工作包括业务活动常态化合规性评价和资产管理体系定期合规性评价。合规性评价活动涵盖法律法规和其他管理制度要求。电网企业分析法律法规、外部监管规定及上级电网企业相关要求，将上述要求纳入企业标准制度；各基层单位、各部门建立和开展合规性评价活动，对企业标准制度执行情况进行评价，确保资产管理活动符合法律法规及相关要求。

1.业务活动常态化合规性评价

业务活动常态化合规性评价由资产管理办公室组织，法律部门、物资部门、安监部门等配合，在资产管理日常业务中开展局部性合规性评价，具体如表4-23所示。

表 4-23   业务活动常态化合规性评价部门职责

部门	工作职责
法律部门	负责审核电网企业级规章制度是否符合国家法律、法规、行政规章；审核电网企业业务往来、合同、协议是否符合国家法律、法规、行政规章
物资部门	负责监督检查电网企业贯彻执行国家法律法规、电网企业有关物资管理各项规章制度的情况
安监部门	负责对电网建设、运行及供电服务质量工作的制度执行、指标完成、管控措施落实等情况进行监督检查
运维检修部门	负责对电网建设、运行、供电服务等方面的质量管理工作开展监督检查、指标评价和考核
财务部门	负责对电网企业及所属单位财务收支的合法性和合规性、财务信息的真实性和完整性、经营活动的效率和效果、内部控制的合理性和有效性等实施的财务监督和检查
审计部门	负责对电力营销管理、工程项目管理、财务收支管理业务的真实性、合规性和效益性所进行的审计监督和评价

通过对各部门合规性评价的过程中发现的不符合项，严格按照相对应的规章制度处理。

2. 体系定期合规性评价

电网企业本部、市（直属单位）资产管理办公室组织，每年9月，逐级开展体系定期合规性评价，在合规性评价开展前要求已经完成法律法规的识别更新工作。

体系定期合规性评价包括定期评价准备、评价实施、纠正和预防等三个步骤。

（1）定期评价准备。

电网企业本部、市（直属单位）资产管理办公室每年8月制定"资产管理体系合规性评价计划"，办公室组成评价工作组，对评价组成员进行业务培训，确定评价组长，评价组制定"资产管理体系合规性评价工作方案"。

合规性评价工作方案通过电网企业本部、市（直属单位）资产管理委员会审批后，资产管理办公室下达合规性评价通知书。

（2）定期评价实施。

电网企业本部、市（直属单位）每年9月组织实施合规性评价定期评审，资产管理办公室组织召开首次会议，评价组成员及受评价方相关人员参加。

评价工作组按照既定分工实施现场合规性评价。

评价组成员按照职责分工，以抽查方式，采取核对书面资料、现场检查、访谈等方式，评价受评价方资产管理活动对法律、法规、监管条例和其他资产管理要求的遵循情况，收集合规性评价证据。

评价组成员整理、分析合规性评价证据，出具"资产管理体系合规性评价工作记录"，经评价组长审核后，送受评价方签字盖章，确认评价结果的准确性。

电网企业本部、市（直属单位）资产管理办公室组织召开合规性评价末次会议，评价工作组成员及受评价方相关人员参加，系统沟通合规性评价各项记录，就合规性评价结论交换意见。

电网企业本部、市（直属单位）资产管理办公室组织评价组撰写"资产管理体系合规性评价报告"并进行审核。

电网企业本部、市（直属单位）资产管理办公室提交资产管理委员会审批合规性评价报告。

电网企业本部、市（直属单位）资产管理委员会审批并发布合规性评价报告，市（直属单位）资产管理委员会将发布的合规性评价报告提交给电网企业本部资产管理办公室。

体系定期合规性评价实施过程如图4-13所示。

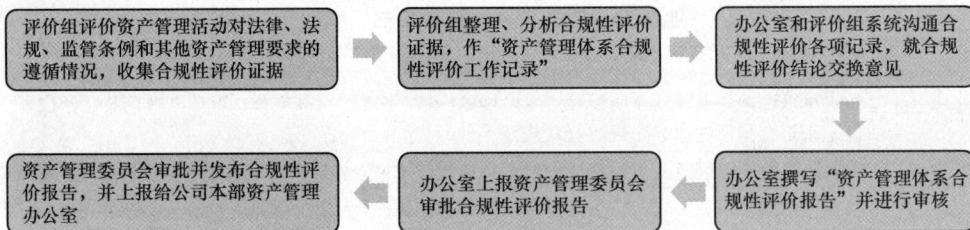

图 4-13　体系定期合规性评价实施过程

（3）定期评价纠正和预防。

受评价方根据合规性评价报告进行不符合项的风险评估，制定、执行"纠正和预防措施实施计划"，实施计划的内容应具体、详细、可操作。纠正和预防措施计划报送电网企业本部、市（直属单位）安质部监督执行。

（二）合规性评价工作模板

1.合规性评价计划表（见表 4-24）

表 4-24	合规性评价计划表	
评价目的		
评价类型		
评价范围		
评价时间		
评价人员		
工作内容及日程安排		
序号	工作内容	日程

2.合规性评价工作方案（见表 4-25）

表 4-25	合规性评价工作方案
一、工作目标	
二、评价人员范围	
三、评价依据	
四、评价内容、范围及要求	
五、评价进度安排	
六、评价工作要求	

3. 合规性评价检查表（见表 4-26）

表 4-26											合规性评价检查表
序号	部门	业务领域	法律、法规及其他规章制度名称	检查内容	检查人	是否合规	检查资料名称及内容	资料形式（信息系统/电子文档/纸质）	不符合项描述	备注
1										
2										
3										
4										
5										

4. 合规性评价报告（见表 4-27）

表 4-27	合规性评价报告

（根据情况调整，但需包含以下内容）

一、工作开展情况

二、电网企业遵守法律法规和其他要求的总体情况

三、不符合项及纠正预防情况

5. 纠正与预防措施状态控制表（见表 4-28）

表 4-28 纠正与预防措施状态控制表													
序号	不符合项内容描述	发生概率 1~5分	严重性 1~5分	不符合项风险优先级 1~25分	纠正/预防措施内容	计划完成日期	实际完成日期	责任部门	纠正/预防措施验证				
									验证部门	验证日期	验证结果简要概述	纠正/预放措施效果评估（打"√"）		
												有效	再跟踪	再实施
1														
2														
3														
4														
5														

四、案例分享

××公司建设专业合规性评价报告

（一）工作开展情况

根据公司"关于开展资产全寿命周期管理合规性评价工作的通知"要求，发展基建部门组织开展内部资产全寿命周期管理合规性评价工作，对照已经识别的建设管理相关国家法律法规、现行制度标准，遵循实事求是的原则，对本部门资产管理工作进行了认真、仔细排查。

（二）公司遵守法律法规和其他要求的总体情况

经排查，公司发展基建部门建设专业在工程建设管理中能严格按照国家法律法规和其他要求开展建设管理工作，总体情况符合要求。相关情况具体如下：

（1）关于建设土地办理问题。新建变电站严格按照土地法等有关要求，依法定程序及时办理建设用地规划许可证，严格依法定程序及时办理建设项目用地手续，并取得相关土地使用权证书。

（2）关于工程发包问题。公司严格按照国家招投标法律法规和国家电网公司两级招标管理要求开展工程招标、发包工作，工程不存在违规发包给不具有相应资质等级的施工单位或将建设工程肢解发包问题。

（3）关于工程质量验收问题。输变电工程均按照国家及国家电网公司有关要求组织验收，验收合格并经质量监督机构监督检查同意后方组织投运，不存在未组织验收或验收不合格擅自投运问题。

（4）关于合同范本使用问题。公司输变电工程合同均按规定采用国家电网公司统一合同文本。

（5）关于工程价款支付问题。输变电工程价款支付均符合法律法规及合同要求；设计质保金按规定支付。

（6）关于承包商资信评审问题。按照国家电网公司要求，公司组织开展设计、施工、监理等承包商资信评审工作，资信评审认定符合法律法规要求。

（三）不符合项及纠正预防情况

基建部门经认真仔细排查，未发现不符合项。

附件：合规性评价检查表（见表4-29）

表 4-29　　　　　××公司发展基建部门（部门/单位）合规性评价检查表

序号	部门	业务领域	法律、法规及其他规章制度名称	检查内容	检查人	是否合规	检查资料名称及内容	资料形式（信息系统/电子文档/纸质）	不符合项描述
1	发展基建部门	电网建设施工准备阶段	《中华人民共和国土地管理法》	新建变电站是否严格依法定程序及时办理建设用地规划许可证	××	合规	基建管理信息系统	基建管理信息系统	无

序号	部门	业务领域		法律、法规及其他规章制度名称	检查内容	检查人	是否合规	检查资料名称及内容	资料形式（信息系统/电子文档/纸质）	不符合项描述
2	发展基建部门	电网建设施工准备阶段		《中华人民共和国土地管理法》	新建变电站是否严格依法定程序及时办理建设项目用地手续，并取得相关土地使用权证书	××	合规	基建管理信息系统	基建管理信息系统	无
3	发展基建部门	电网建设施工阶段的法律风险		《中华人民共和国合同法》《建设工程质量管理条例》	工程是否存在违规发包给不具有相应资质等级的施工单位或将建设工程肢解发包问题	××	工程不存在违规发包给不具有相应资质等级的施工单位或将建设工程肢解发包问题	工程招标相关资料	基建管理信息系统	无
4	发展基建部门	电网建设竣工验收		《建设工程质量管理条例》	项目是否存在未组织验收或验收不合格擅自投运问题	××	合规	工程竣工验收资料	基建管理信息系统	无
5	发展基建部门	基建（项目管理）	进度计划管理	《国家电网公司基建项目管理规定》	流程是否合规	××	合规	基建管理信息系统	基建管理信息系统	无
6	发展基建部门	基建（基建质量）	电网建设工程质量	《国家电网公司基建质量管理规定》	建设管理单位（部门）质量目标的合规性	××	合规	基建管理信息系统	基建管理信息系统	无
7	发展基建部门	基建（队伍管理）	合同文本	《国家电网公司基建队伍管理规定》	合同是否按规定使用统一合同文本	××	合规	经法系统	经法系统	无
8	发展基建部门	基建（工程结算）	输变电工程结算	《国家电网公司输变电工程结算管理办法》	工程价款支付的合规性	××	合规	SAP系统	SAP系统	无
9	发展基建部门	基建（承包商资信）	资信评价结果认定	《国家电网公司输变电工程设计、施工、监理承包商资信管理办法》	承包商资信评审认定是否合规	××	合规	资信评价资料	纸张	无

【案例总结】

本案例介绍了基建部门的合规性评价报告，按照上级工作要求，基建部门对本部门工作进行排查。在建设土地办理、工程发包、工程质量验收、合同范本使用、工程价款支付和承包商资信评审等方面总体符合要求。合规性评价表中包括业务领域、需遵循的法律法规及制度、检查人检查的具体内容、检查结果以及检查资料形式等内容，评价内容完整准确。

本案例中的评价报告通过文档化的形式明确评价的内容、频次。针对识别的法律法规、规章条例以及其他要求，对涉及的业务活动及其执行情况进行评价，且基本覆盖了整个资产管理体系，满足合规性评价的管理要求。

第六节　纠正与预防的常态化工作

一、工作内容

资产管理纠正预防活动通过识别不符合项和潜在不符合项、制定措施、分析原因、实施和评估措施等过程对资产管理活动开展纠正和预防，以确保资产管理体系运转的有效性。

纠正与预防活动包括识别不符合项和潜在不符合项、开展纠正或预防措施、纠正或措施结果验证。

识别不符合项、潜在不符合项是识别资产管理体系内部审核发现的不符合项或潜在不符合项信息、专项合规性评价和审核中已发现的不符合项和潜在的不符合项等；风险分析是针对电网企业不符合项或潜在不符合项的各信息来源发现并确定需要改进的不符合项或潜在不符合项，分析问题产生的原因，并进行风险分析、评价。制定措施是本部各部门、基层单位应按各级职责范围组织开展不符合项的原因分析和措施制定；实施及结果验证则是在实施纠正和预防措施前，责任部门应明确具体措施及目标要求，记录措施实施的过程和结果，评价措施效果，对未达到目标要求的需继续实施或调整措施；沟通是管理部门将实施后的纠正措施和预防措施相关信息与相关人员进行沟通，纠正和预防措施的制定和实施应参考现场作业人员的建议。

二、工作要求及评价标准

（一）总体要求

纠正与预防针对资产管理活动中发生不符合或事件和不符合、事件、风险进行原因分析做出响应，制定纠正措施或预防措施进行控制或纠正。

资产管理纠正与预防需明确措施的内容，包括职责、进度、资源配置、沟通等要求，确保措施可操作；在采取措施前，进行风险识别和评估，确保措施可行。同时，对纠正措施和预防措施的实施效果进行评估，确保措施有效，必要时对资产管理体系进行调整。最后，保存纠正措施和预防措施制定、实施以及效果评估的过程记录。

（二）评价标准

纠正与预防评价标准包含信息来源和报告内容两方面。

信息来源方面，要检查信息是否来自以下方面，包括：资产管理体系内部审核发现的不符合项或潜在不符合项信息；合规性评价中发现的不符合项和潜在的不符合项；日常管理活动（包括各种监督、检查、验收、总结分析报告、数据分析活动等）中已发现的不符合项和潜在的不符合项；资产绩效监测和数据分析的结果和趋势判断结果；客户和利益相关方的投诉、建议、满意度调查结果。

报告内容方面，主要有如下 5 个标准：

（1）是否针对发生的或潜在的不符合、事件、风险进行原因分析，制定了纠正措施或预防措施，并落实了记录、沟通的要求。

（2）是否有针对发生的不符合项，分析问题严重性和急迫性，并分析根本原因，举一反三，制定包括短期和长期的纠正措施。

（3）是否对要实施的措施进行了风险识别和评估。

（4）制定的措施是否可行，包括职责、资源、时间等要求是否适宜。

（5）是否对实施效果进行了评估，并采取了必要的改进。

三、工作开展

（一）工作方法

1. 识别不符合项

电网企业各部门、单位收集到的不符合项，告知相关责任部门或人员，并按以下要求归口管理：属电网企业本部各部门职责的，该部门自行归口管理；属电网企业本部跨部门职责的，向同级总体归口管理部门和资产管理办公室汇报；属基层单位职责的，通知本部的归口管理部门。

对于发现的不符合项，条件允许情况下，立即在现场实施相关补救措施。各部门/基层单位在开展部门内日常资产管理活动中，如巡检、自查等发现的不符合项，按相关管理标准的要求执行纠正和预防措施。对于发现的其他不符合项，按本标准要求执行，并填写"纠正和预防措施执行通知单"。

2. 制定措施

本部各归口部门/基层单位按各级职责范围组织开展不符合项的原因分析和措施制定：首先，考虑问题严重性以及技术上的可行性和经济上的合理性，平衡风险和成本，确定是否采取措施和采取措施的时间；其次，填写"纠正和预防措施执行通知单"，记录不符合项情况，交责任部门分析原因及采取措施，如对偶然发生的影响微小的不符合项一般不需要采取措施。

责任部门分析识别根本原因及待解决的问题，针对不符合项的根本原因及待解决的问题制定纠正和预防措施。制定措施后，责任部门应判断是否有新的风险产生或是造成流程、程序上的变更。如有，需填写"纠正和预防措施风险（变更）分析表"。

3. 实施措施

在实施纠正/预防措施的过程中，归口管理部门填写"纠正和预防措施状态控制表"，确定责任者和合理的完成期限，对措施实施的状态进行监控。同时，责任部门填写"纠正和预防措施执行通知单"，明确具体措施及目标要求，记录措施实施的过程和结果，评价措施效果，对未达到目标要求的需继续实施或调整措施。

4. 措施验证

归口管理部门评审措施结果的有效性，即是否已经清除不符合项的根源；未全部清除的，再次提出采取措施的要求，直至清除不符合根源为止。

5. 措施沟通

归口管理部门将实施后的纠正措施和预防措施相关信息与相关人员进行沟通；纠正和预防措施的制定和实施应参考现场作业人员的建议；纠正和预防措施相关重要发现和建议

应提交管理层，作为管理评审的输入内容之一；纠正和预防措施中获得的相关成功经验应推广至整个电网企业。

6.输出信息

记录采取纠正措施和预防措施的结果，由各归口管理部门分别汇总，作为管理评审的输入之一。

纠正预防部门职责分工如表4-30所示。

表4-30 纠正预防部门职责分工

部门	工作职责
办公室	（1）负责纠正和预防管理办法编制和更新维护管理； （2）负责电网企业资产管理体系审核提出的纠正和预防的管理； （3）负责电网企业规章制度、法律法规合规性评价过程中的纠正和预防； （4）负责监控电网企业纠正和预防措施执行的总体情况
运维检修部门	负责技术监督过程中的纠正和预防措施的管理
安监部门	负责安全检查、安全性评价、隐患排查、反违章工作和事故（事件）调查过程中纠正和预防措施的管理
营销部门	负责客户投诉、建议、满意度调查中的纠正和预防措施的管理
法律部门	负责电网企业规章制度合规性检查过程中纠正和预防措施的管理
财务部门	负责财务稽核过程中纠正和预防措施的管理
企业协会	负责电网企业资产管理体系的审核，提出纠正和预防措施的管理
发展策划部门	负责本部门业务范围内资产管理的纠正和预防措施的管理
人资部门	
基建部门	
信息管理部门	
审计部门	
运营监测部门	
调控部门	
外联部门	

（二）工作模板

××公司纠正和预防措施状态控制表（模板）（见表4-31）

表4-31 ××公司纠正和预防措施状态控制表

序号	不符合项内容描述	风险分析			纠正/预防措施内容	纠正/预防措施的变更风险是否能接受	计划完成日期	实际完成日期	责任部门	纠正/预防措施验证						备注
		发生可能性	风险损失度	总分（=发生可能性×风险损失度）						验证部门	验证日期	验证结果简要概述	纠正/预防措施效果评估（打"√"）			
													有效	再跟踪	再实施	
		1~5分	1~5分	1~25分												

四、案例分享

公司纠正预防措施表汇总见表 4-32 所示。

表 4-32　　　　　　　　　　　　　　××公司纠正预防措施表汇总

序号	不符合项内容描述	发生概率 1~5分	严重性 1~5分	不符合项风险优先级 1~25分	纠正/预防措施内容	计划完成日期	实际完成日期	责任部门	纠正/预防措施验证				纠正/预放措施效果评估(打"√")		
									验证部门	验证日期	验证结果简要概述		有效	再跟踪	再实施
1	制定全年购置安全工器具计划时主要参照历年的投入,没有根据实际需求和月报评价结果	3	4	12	制定全年购置计划时需根据实际需求和月报评价结果,以历年投入为辅	××/××/×	××/××/×	安监部门	安监部门	××/××/×	初步建立安全工器具购置计划编制策略		√		
2	对资产全寿命周期管理的要求理解不到位;未能准确把握并落实到本部门的体系管理要求	2	4	8	建议加强资产全寿命周期管理体系建设的培训	××/××/×	××/××/×	调控部门	安监部门	××/××/×	调控部门开展了相关的知识普及和培训,确保大部分员工,对该工作有清楚的认识和了解		√		
3	不能提供二次设备的退役、报废计划	2	4	8	建议相关部门加强设备退役、报废计划管理	××/××/×	××/××/×	调控部门	安监部门	××/××/×	目前省调尚未组织二次专业填报二次设备年度退役、报废计划。下一阶段将与省级公司调控部门取得联系,根据省调意见,制定相应的设备退役、报废计划		√		
4	未细化资产全寿命周期成本模型(LCC)	2	3	6	建议根据××年开展的基于资产全寿命的电网设备运维优化方案探索与研究的基础上,细化应用并开展相关工作	××/××/×	××/××/×	调控部门	安监部门	××/××/×	目前调控部门专业人员,缺乏LCC相关的财务专业知识。需安排专业人员指导。已反馈给顾问		√		

【案例总结】

本案例为某公司纠正预防措施表。工作内容包括不符合项内容描述（涵盖文字描述、发生概率打分、严重性评级以及风险优先级）、纠正／预防的具体措施、计划完成及实际完成日期、责任部门、验证部门及结果、纠正／预防措施的效果评估。

本案例体现了识别不符合项和潜在不符合项、开展纠正或预防措施、纠正和措施结果验证三大工作内容，符合信息来源广泛性以及工作内容完整有序性的工作要求。

第七节　持续改进常态化工作

一、工作内容

持续改进指为了提高资产管理水平，满足国家电网企业资产管理要求而采取的一系列业务能力提升举措的循环活动。

持续改进的对象包括资产和资产集、资产管理体系，通过收集和分析标杆状况、行业和上级电网企业要求及发展趋势、资产管理运行绩效监控等信息识别持续改进机会。通过建立周期性的资产管理持续改进机制，各部门、基层单位收集相关信息，开展现状分析，识别持续改进机会并对识别的改进机会进行审核，根据重要程度排定优先级，并合理配置资源纳入资产管理改进计划，细化、制定持续改进项目实施计划纳入电网企业下一年度综合计划、管理计划等，并开展实施工作，对持续改进实施活动进行正式记录并归档发布。项目完成后开展实施项目效果评估及后续改进工作。定期对企业外包活动情况进行统计与分析，审核外包活动的效果、风险及成本，并根据审核结果持续改进外包活动管理。

二、工作要求及评价标准

（一）总体要求

持续改进管理工作要求电网企业建立资产管理持续改进管理机制，通过识别改进机会并结合管理现状、内外部环境及资源，评估和优化实施措施，实现资产管理体系的持续优化。

持续改进通过主动研究、调查、试用和评估等手段识别相关的改进机会，寻找并获得资产管理相关新技术和实践方法，并评估其可为电网企业带来的潜在效益，对识别的改进机会进行审核，根据重要程度排定优先级，并合理配置资源，纳入资产管理改进计划。同时，定期对电网企业外包活动情况进行统计与分析，审核外包活动的效能、风险及成本，并根据审核结果持续改进外包活动管理。

（二）评价标准

持续改进标准包含管理过程和报告内容两部分。

管理过程方面，检查持续改进是否按照计划管理的要求进行管理。包括资产管理体系改进计划、资产管理改进计划的计划编制、实施、跟踪、评价和反馈等。

报告内容方面，有以下3个标准：

（1）是否按照专业分类对外包活动情况（主要是涉及规划计划、采购建设、运维检修以及退役处置四个环节的外包活动，如设计外包、评审外包、建设外包等方面）进行记录，并定期开展统计和分析，主要是审核外包活动的管理成效、外包风险以及成本，并根据分析结果，识别改进的机会，提高外包管理水平；

（2）已经实施的持续改进是否与管理层、员工及相关方进行沟通，确保电网企业能学习和应用持续改进的成果；

（3）持续改进的评价是否按照谁负责组织实施，谁就负责组织评价的标准进行，评价活动是否按照年度开展。

三、工作开展

（一）工作方法

每年第四季度，由资产管理相关责任部门评估相应资产的运行状况，提出改进需求；每年第三季度，由电网企协牵头成立审核小组，对电网企业的资产管理体系进行审核，识别改进机会，提出改进需求；每年第四季度，由相关责任部门组织各部门、基层单位识别管理和技术中的改进点，提出改进需求。

由资产管理办公室组织各部门、基层单位根据已识别的改进机会编制资产管理体系持续改进计划；每年第四季度，由资产管理办公室汇总持续改进计划，提交资产委员会开展管理评审；经资产管理委员会审批通过后，资产管理办公室发布下年度资产管理持续改进计划。

项目承担单位根据下达的综合改进计划，安排项目实施计划，并按项目实施计划组织实施；根据审核中发现资产管理体系的不符合项，企协组织相关责任部门进行整改。

项目完成后，由责任部门组织相关人员对资产和资产集以及新方法和新技术的改进效果进行评价，并反馈评价意见；企协组织原审核组人员对纠正措施实施结果的有效性进行验证。

对于改进实施后，改进效果达到"标杆"状况的项目，由项目相关部门、基层单位总结典型经验，并进行固化推广；推荐管理类改进项目成果参加国家电网企业和外部机构创新成果发布，获奖项目由企协会同各专业部门进行推广应用。

根据持续改进实际开展情况确立沟通频率，由资产管理办公室组织，各部门、其他利益相关者参加，督促了解变更的原因、依据、内容，制定并实施资产管理持续改进计划；将持续改进的成果通过书面或口头形式进行反馈，并形成通告文件、访谈记录、会议纪要，保证持续改进成果被广泛了解及应用。内部会议与公文记录由各部门总结并归档，报纸、杂志、网络记录由外联部总结并负责归档，其他与外部利益相关方沟通记录由各相关部门总结并负责归档。

每年第四季度，资产管理办公室组织牵头组织各专业开展外包活动持续改进机会识别、持续改进项目梳理与持续改进计划的制定等工作。

持续改进部门工作职责如表 4-33 所示。

表 4-33   **持续改进部门工作职责**

部门	工作职责
资产管理委员会	（1）负责电网企业持续改进管理的规划、组织、协调工作，对重大改进事项进行决策，并且审批资产管理持续改进的重要计划、方案、报告等； （2）负责主持、领导并组织协调电网企业资产管理评审工作，组织召开资产管理评审会议，批准管理评审计划、管理评审报告等，指导实施管理评审确定的资产管理体系改进措施
办公室	（1）负责纠正和预防工作的归口管理部门，监控电网企业纠正和预防措施执行的总体情况，对纠正和预防管理办法进行编制和更新维护管理； （2）负责电网企业持续改进工作的归口管理部门，负责资产管理体系审核及相关评价过程的管理，制定（修订）资产管理持续改进管理办法，制定相关持续改进年度计划，对计划进行实施和跟踪评价并出具评价报告； （3）负责电网企业管理评审的归口管理部门，负责主持、领导并组织协调电网企业资产管理评审工作，组织召开资产管理评审会议，批准管理评审计划、管理评审报告等，指导实施管理评审确定的资产管理体系改进措施

部门	工作职责
运维检修部门	负责技术监督过程中的纠正和预防措施的管理，负责落实资产管理要求的各类计划及过程执行情况，参与管理评审会议，并提出资产管理体系改进建议，实施本部门相关改进计划，并对此进行跟踪评价
安监部门	负责本部门相关工作的处理执行情况，参与管理评审会议，并提出资产管理体系改进建议，实施本部门相关改进计划，并对此进行跟踪评价
企业协会	负责电网企业资产管理体系审核提出纠正和预防措施的管理，编制电网企业资产管理体系审核报告，参与管理评审会议，提出资产管理体系改进建议，实施本部门相关改进计划，并对此进行跟踪评价
资产管理其他相关业务部门	负责本部门相关工作的处理执行情况，参与管理评审会议，并提出资产管理体系改进建议，实施本部门相关改进计划，并对此进行跟踪评价

（二）工作模板

1.资产管理持续改进计划模板（见表 4-34）

表 4-34　　　　　　　　资产管理持续改进计划模板

（可根据实际情况调整格式，但需覆盖如下内容）

责任部门		责任人		日期	
管理评审决定事项的改进要求：					
完成时限：　　年　　月　　日				日期：	
措施计划：					
责任部门：		部门负责人：		日期：	
措施实施结果					
责任部门：		部门负责人：		日期：	
实施结果验证：					
检查部门：		检查评价部门验证人：		日期：	

2.资产管理持续改进实施报告模板（见表 4-35）

表 4-35　　　　　　　　资产管理持续改进实施报告模板

（可根据实际情况调整格式，但需覆盖如下内容）

填报部门：	审核人：	填报人：	填报日期：
任务数量：	完成数量：	未完成数量：	
未完成任务名称：			
未完成部门或单位：			
未完成原因分析：			
资产管理委员会意见：			

四、案例分享

下面以××公司资产全寿命周期管理体系持续改进计划表为例，如表 4-36 所示。

表4-36

资产全寿命周期管理体系持续改进计划表

序号	改进要求	措施计划	责任部门	主要配合部门、单位	计划开始时间	计划完成时间	责任领导	预期效果
1	深化资产管理体系与现有业务的融合，促进体系高效常态化运转	根据国家电网公司正式下发的评价标准和省级公司要求，进一步深化将资产管理体系与各业务融合，建立健全体系考核的关联关系	安监部门	公司各部门	×××-××	×××-××	××	持续完善公司资产管理体系
2	配合省级公司做好国际领先型资产管理机制的探索和实践	配合省级公司做好国际领先型资产管理机制的探索和实践	安监部门	公司各部门	×××-××	×××-××	××	实现资产评价标准规范化、程序化和科学化
3	规范完善资产全寿命周期管理体系审核	根据资产全寿命周期管理体系实施情况，进一步优化审核流程，规范审核员型，加强审核员的培训提高审核素质，提升内前审核的有效性，推动资产管理体系的持续改进	运营监测部门	公司各部门	×××-××	×××-××	××	形成资产全寿命周期管理法律法规汇总清单库（20151512版），为资产全寿命周期管理工作提供保障支撑
4	持续完善资产全寿命周期法律法规清单库	根据资产全寿命周期法律法规更新及时完善资产全寿命周期管理法律法规汇总清单库，持续完善更新法律法规清单库	办公室	公司各部门，各相关单位	×××-××	×××-××	××	形成资产全寿命周期管理法律法规汇总清单库（20151512版），为资产全寿命周期管理工作提供保障支撑
5	推进资产管理与业务的深度融合	以制度化、规范化、程序化和科学化为导向，严格按照评价体系，落实整改，明确责任，持续推进资产管理理念与方法落地，进而促进外联品牌业务的进一步提升	综合服务部门	综合服务部门	×××-××	×××-××	××	实现资产管理与业务深度融合
6	继续开展用户资产日常接收工作	继续开展用户资产日常接收工作，降低资产负债率水平	财务部门		×××-××	×××-××	××	接收用户资产，降低资产负债率
7	继续加强设备资产联动管理	持续改进设备资产联动管理水平	财务部门	运维检修部门等各实物管理部门	×××-××	×××-××	××	设备资产联动管理水平进一步提升
8	优化完善资产全寿命周期管理体系绩效监测	根据××年公司相关文件及资产管理最新工作要求，调整优化资产全寿命周期绩效监测体系	运营监测部门	公司各部门，各县级公司	×××-××	×××-××	××	形成适应于××年资产管理工作要求的绩效监测体系

续表

序号	改进要求	措施计划	责任部门	主要配合部门、单位	计划开始时间	计划完成时间	责任领导	预期效果
9	细化并执行资产全寿命周期管理体系基建部门××年管理体系建设任务计划	总结前期资产管理运行工作经验及国家电网公司的整改意见，进一步完善管理工作成果，修订××年的资产管理目标、策略，程序文件等管理体系文档，将资产全寿命周期管理体系与日常业务工作进一步融合，用资产全寿命管理理念指导日常工作	基建部门	各县级公司基建部门	×××—××	×××—××	××	实现资产全寿命周期管理体系的滚动更新，满足基建部门××年的管理要求
10	结合公司全寿命体系管理目标，全面推进××年主网工程建设任务	按照公司"更安全、更高效、更优质、更和谐、更卓越"的全寿命体系建设目标，以"依法开工、均衡投产、合理工期"的整体思路，确保全年工程依法合规开工建设投产	基建部门	各县级公司基建部门	×××—××	×××—××	××	实现里程碑计划工程建设、投产合规规范
11	围绕公司"一标三制"，进一步完善提升营销资产全寿命周期管理工作	从闭环管理、协同管理、风险管理开展资产全寿命周期管理工作提升	营销部门（农电工作部）	客户服务中心、各县级公司	×××—××	×××—××	××	资产全寿命周期管理工作得到提升
12	运用资产全寿命周期管理理论和方法，提高营销专业管理水平	运用资产全寿命周期管理理论和方法，加强客户基础数据治理和营销业务处理效率和质量	营销部门（农电工作部）	客户服务中心、各县级公司	×××—××	×××—××	××	各项分解指标得到提升
13	依据计量箱列入资产管理要求，将计量箱列入资产管理	将计量箱的寿命周期管理列入营销系统，等同于计量装置管控	营销部门（农电工作部）	客户服务中心、各县级公司	×××—××	×××—××	××	计量箱列入资产管理
14	简化业扩手续，提高供电效率深化	手续最简，流程最优，实行一次性告知，最大限度减少客户申报资料；精简优化流程，串行改并行；协同运作，一口对外、健全跨部门协调内机制，实行分级管理和"一口对外"服务，加快方案编审及电网配套工程建设。全环节量化、全过程管控，统一所有流程进行管控和质量要求，并纳入系统进行管控	营销部门（农电工作部）	客户服务中心、各县级公司	×××—××	×××—××	××	全面构建公司统一的"一口对外、流程精简、协同高效、全程管控、智能互动"的供电服务模式，进一步提高供电效率、工作质量和服务水平
15	完善调度风险信息库	根据电网结构变化及运行方式需求，及时更新完善调度风险信息库	调控部门	公司各部门、各供电公司	×××—××	×××—××	××	调度风险信息库完善、实用

【案例总结】

本案例为××公司资产全寿命周期管理体系持续改进计划表。计划表中包括了改进要求、措施计划、责任部门及领导、主要配合部门、计划开始及完成时间以及预期效果。

本案例体现了持续改进工作中对识别的改进机会进行审核，根据重要程度排定优先级，并合理配置资源，纳入资产管理改进计划的工作要求。符合持续改进要包括计划编制、实施、跟踪、评价和反馈的评价标准。

第八节　管理评审的常态化工作

一、工作内容

管理评审工作的开展主要分为三个阶段，分别为评审准备阶段、评审输入阶段和评审实施阶段。每个阶段具体的工作内容如下：

（一）评审准备

管理评审计划主要包含以下内容：

（1）评审时间、地点和方法；

（2）评审范围、内容和重点要求；

（3）评审所需的资料目录和提交部门；

（4）出席人员。

（二）评审输入

资产管理办公室就资产管理体系总体状况编制资产管理体系情况报告。报告内容包括：

（1）审核报告；

（2）对遵从适用的法律要求及其他要求的合规性评价结果；

（3）目标完成情况；

（4）企业资产管理绩效评价结果；

（5）客户投诉及满意状况；

（6）来自员工和其他相关方的沟通、参与和协商的结果，包括投诉、抱怨；

（7）生产运行和服务过程执行状况及符合性分析；

（8）企业客观环境的改变情况，包括与资产相关的法律法规和技术革新。

资产管理办公室研究提出有待评审决策和采取措施的主要事项，交资产管理委员会、管理者代表参考。

（三）评审实施

1.管理评审会议

管理评审活动采用会议形式进行，会议由电网企业资产管理委员会主任或管理者代表主持。

管理评审会议的议题应包括：电网企业组织机构和资源的适宜性和充分性；电网企业制定的资产管理总体目标、策略、计划的适宜性及满足程度；电网企业供电质量及服务满足社会和用户需求的程度；电网企业资产管理满足法律法规和相关方要求的程度；电网企业资产管理体系及其过程的适宜性、充分性和有效性；纠正、预防和改进措施实施结果的有效性；其他需评审的内容。

2. 评审报告

管理评审报告包括：管理评审日期；管理体系运行现状的综合评价；管理体系的后续改进要求；改进措施、实施部门和时间要求，以及责任部门；措施实施效果的检查评价部门。评审报告发放范围为资产管理委员会主任、管理者代表、各部门。

3. 实施改进活动

管理评审后提出的改进活动涉及的范围可包括：修订电网企业的管理体系总体目标、策略和计划；调整组织机构或职责；对现有资源进行调整和补充；输变电运行和检修、电能质量、供用电服务的改进；资产管理的持续改进；增加或修改体系文件，进一步完善文件化管理体系。

改进措施的实施部门，在接到"改进措施实施计划"十个工作日内制订具体的措施计划，并协调配合部门共同完成各项措施。资产管理办公室根据"改进措施实施计划"规定的进度，组织检查评价各部门的实施效果。

二、工作要求及评价标准

（一）总体要求

首先必须明确管理评审必须具备适当的体制、制度及标准要求。管理评审的目的为最高管理者评价管理体系的适宜性、充分性和有效性，其关注的是资产管理体系的整体绩效和企业的战略规划，而不是具体细节。适宜性是指资产管理体系具有适宜于企业内外部环境的能力；充分性是指体系满足资产、资产管理的需要，资源已充分利用，过程已充分展开；有效性是指体系运行的结果达到所设定的资产管理目标的程度。资产管理管理评审根据管理体系运作情况对以下内容进行评审：内部审核和合规性评价结果、与员工及利益相关者的沟通、参与和协商的结果、企业资产管理绩效的记录或报告、资产管理目标实现的程度、事件调查、纠正和预防措施的执行情况、前期管理评审的后续工作开展情况、外部环境、技术革新对体系的影响情况和资产管理体系。

（二）评价标准

企业管理评审的策划要求符合以下要求：明确了管理评审的相关规定（包括管理评审的目的、参加范围、管理职责、评审的方式、频次、过程的记录等要求）；明确了管理评审的输入信息，明确提交的报告。

企业管理评审的实施要求符合的有：按规定开展了管理评审（包括规定的时间间隔、形式、参加人员等）；管理评审的输入信息适宜、充分，满足评价资产管理体系适宜性、充分性和有效性的要求，信息与实际实施情况符合；管理评审的会议对各项议题的评审记录完整。

最后必须明确管理评审输出的要求，包括管理评审报告、管理评审提出需要调整的方面和明确的改进要求。

三、工作开展

（一）管理评审编制方法

在评审准备阶段，电网企业每年至少进行一次管理评审会议，但是当经营环境或电网企业内部管理发生较大变化时，经资产管理委员会决定可随时安排管理评审。

资产管理办公室根据资产管理委员会主任的指示，在管理评审实施前两周拟订"管理评审计划"，经管理者代表审核后交资产管理委员会主任批准。

评审输入阶段，各部门根据管理评审计划要求，准备和提供有关资料，交资产管理办公室。

管理评审活动采用会议形式进行，可以独立开展，也可以与其他活动合并进行。企业应每年至少进行一次管理评审活动，当情况特殊时，如经营环境或电网企业内部管理发生较大变化，应增加频次。管理评审会议可按下列议程进行：资产管理办公室报告资产管理体系运行状况；各部门/基层单位可就本部门/单位的管理体系运行情况、绩效和改进机会作补充陈述；管理者代表报告管理体系总体运行情况的评价意见和主要改进需求；会议就资产管理体系与经营环境是否适应，是否持续地满足用户和相关方的需求，资产管理体系是否适宜、充分和有效以及改进机会和措施等事项进行讨论；资产管理委员会主任做出评审结论，提出后续改进措施要求。资产管理办公室根据评审会议记录，在管理评审会议后五个工作日起草"管理评审报告"，管理者代表审核，资产管理委员会主任批准。由资产管理办公室根据"管理评审报告"填写"改进措施实施计划"，提出要求，经管理者代表批准后发至责任部门。

管理评审提出的改进活动可包括：修订电网企业的资产管理目标、策略和计划；调整组织机构或职责；对现有资源进行调整和补充；输变电运行和检修、电能质量、供用电服务的改进；增加或修改体系文件，进一步完善文件化管理体系。

监测评价与改进实质上遵循了 PDCA 的闭环工作原则，管理评审是这一闭环的关键一步。

管理评审流程如图 4-14 所示。

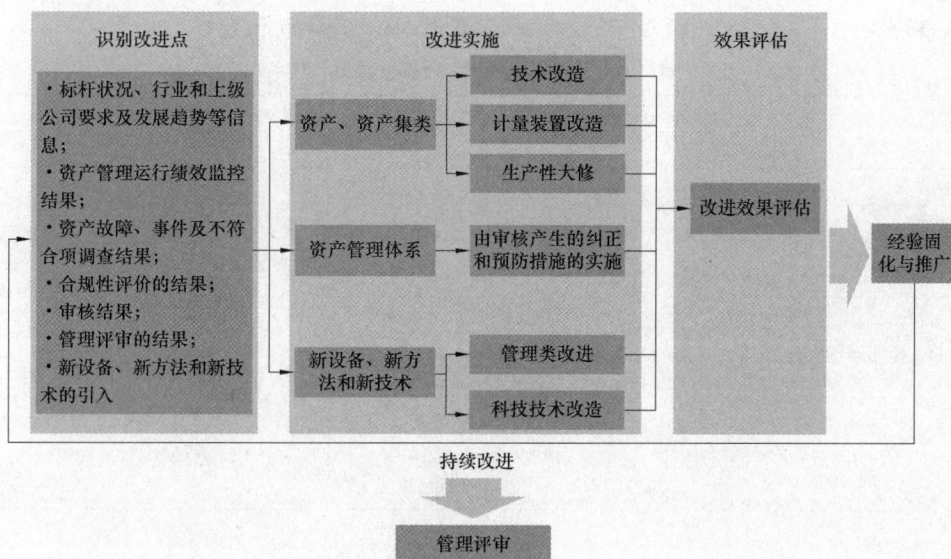

图 4-14　管理评审流程

（二）管理评审工作模板

1. ××公司资产全寿命周期管理体系管理评审计划（见表4-37）

表4-37	××公司资产全寿命周期管理体系管理评审计划
	（可根据实际情况调整格式，但需覆盖如下内容）

评审时间：

评审地点：

评审人员：

评审的具体内容：

评审输入资料：

评审输出：

编制人（签名）：	审核人（签名）：	批准人（签名）：
编制日期：	审核日期：	批准日期：

2. ××公司资产全寿命周期管理体系管理评审报告（见表4-38）

表4-38	××公司资产全寿命周期管理体系管理评审报告
	（可根据实际情况调整格式，但需覆盖如下内容）

评审主题：

管理评审时间：

评审主持人：

评审具体内容：

参加评审人员：
高层管理者/管理者代表：

各部门主任：

评审结论：

编制人（签名）：	审核人（签名）：	批准人（签名）：
编制日期：	审核日期：	批准日期：

3. ××公司资产全寿命周期管理体系改进措施实施计划（见表4-39）

表4-39　　　　××公司资产全寿命周期管理体系改进措施实施计划

（可根据实际情况调整格式，但需覆盖如下内容）

责任部门		管理者代表签署		日期	
管理评审决定事项的改进要求：					
完成时限：　　年　　月　　日					日期：
措施计划：					
责任部门：		部门负责人：			日期：
措施实施结果：					
责任部门：		部门负责人：			日期：
实施结果验证：					
检查评价部门：		验证人：			日期：

四、案例分享

××公司资产全寿命周期管理体系管理评审计划如表4-40所示。

表4-40　　　　××公司资产全寿命周期管理体系管理评审计划

记录编号：　　　　　　　　　　　　　检索编号：

评审会议时间	××年××月××日-××日		
评审会议地点			
评审目的	（1）检查公司资产管理体系是否符合《资产管理管理手册》和程序文件的要求。 （2）检查公司资产管理体系是否得到有效实施和保持。 （3）检查公司体系是否满足"领先型"的要求		
参加评审人员	资产管理委员会及办公室成员、内审员等		
评审准备工作及要求	各部门工作要求详见《××公司资产全寿命周期管理××年监督评价——评价方案及评价标准》		
评审会议议程	（1）各部门汇报工作完成情况 （2）汇报体系常态化运行情况 （3）检查体系深化应用情况 （4）汇报公司重点突破工作情况 （5）汇报公司实物资产管理情况与账卡物对应率 （6）汇报公司三项工作机制的梳理与落地应用 （7）审核公司资产管理评审报告 （8）检查公司资产管理各项业务的执行情况		
编制人		审核人		批准人	
日期		日期		日期	

【案例总结】

本案例为某公司资产全寿命周期管理体系管理评审计划。评审计划中包括评审会议时间及地点、评审目的、参加评审人员、评审准备工作及要求以及评审会议议程几个方面，完整展现了管理评审工作计划的工作内容。

本案例主要介绍管理评审中的前期准备及管理评审会议报告阶段，较完整地体现了该阶段的管理要求。此外，管理评审工作还包括评审信息的输出以及会议结束后提出需要调整的方面和明确的改进要求。

第五章

组织与能力

第一节　组织常态化工作

一、工作内容

资产全寿命组织架构旨在建立包括决策层、管理层、执行层在内的不同层级的组织架构，并明确相关职责，支撑资产管理体系各项业务的有效运作；明确体系建设、实施、评价、改进的组织架构，确保有效支撑资产管理体系运作；明确电网企业领导对资产管理体系的职责；通过宣传、沟通提高员工投入资产管理的积极性，保持生机和活力；确保资产管理资源充分；与电网企业其他体系不相违背。

1.决策层

电网企业资产管理委员会为资产管理体系决策层。资产管理委员会由电网企业总经理、相关副总经理和副总工程师组成。资产管理委员会行使电网企业资产管理体系的总体决策职能，负责资产管理总体目标、策略、执行目标的审批、发布；审核资产管理体系改进计划；负责主持开展管理评审工作，批准评审计划和评审报告；对资产管理工作的重大问题做出决策；为资产管理活动提供资源保障。

2.管理层

电网企业资产管理办公室为资产管理体系管理层，由分管副总经理、副总工程师及各部门主要负责人组成，由副总经理担任办公室主任，日常工作由安监部门归口负责。资产管理办公室贯彻落实资产管理委员会重要决策，总体推进协调资产管理体系建设、运行、评价及持续改进；建立健全电网企业资产管理体系制度规范；提出电网企业资产管理总体目标、资产管理策略、体系改进计划；组织开展资产管理体系管理评审；协调解决关键资产及重大风险管理问题。

管理层在决策层对资产管理提出的总体目标下对资产管理的各个方面提出具体的要求，制定相应的标准、制度，确保为执行层提供充足的资源，并对其进行管理及监控。

3.执行层

电网企业资产管理执行层为负责具体资产管理工作执行的人员及组织，包括各部门成员和电网企业各基层单位。执行层负责根据管理层制定的规章制度，对具体的资产管理活动进行操作及管理。

资产全寿命周期管理组织机构图如图 5-1 所示。

二、工作要求及评价标准

（一）工作要求

资产全寿命组织架构有以下 3 点要求：

（1）明确牵头组织。根据体系建设，分析资产管理需要在电网企业层面进行协调的工作内容，如资产管理目标统一，策略协调，跨部门业务衔接等，建立资产管理牵头组织（如资产管理委员会等），明确职责，并发文确定牵头组织的职能。

（2）优化本部部门资产管理职能。根据体系建设中涉及跨部门的业务协调及衔接需要，进一步明确相关部门的职责，要求各部门梳理相关资产管理的管理标准，岗位工作标准，根据需要，在现有基础上进行修改（如可靠性策略，合规性评价，法律法规等职责），并发文确定相关部门的职能。

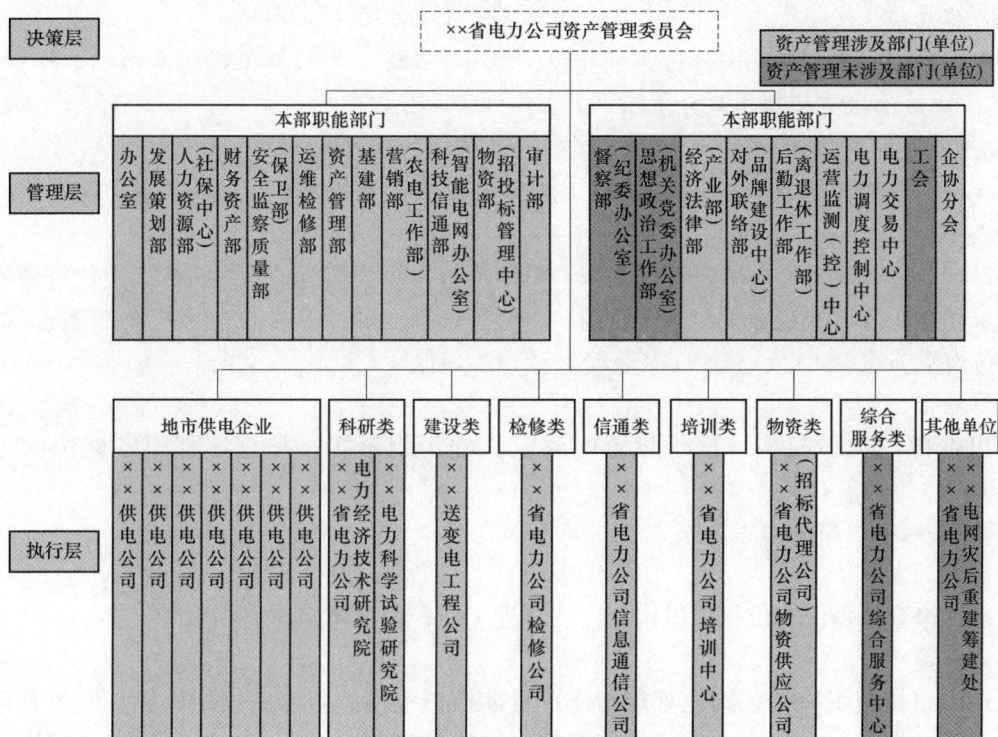

图 5-1 资产全寿命周期管理组织机构图

（3）优化基层管理职能。根据本部各部门职能划分方案，调整基层单位的职能。

（二）评价标准

组织管理的评价标准为：首先，资产全寿命组织架构能否确保有效支撑资产管理体系运作，首要观察企业组织架构的运转有效性；其次，各级组织结构的职责、权限分层是否分级进行分解，各项职责是否落实到位，是否足够明确，各部门、各岗位人员是否有了解相关职责和其权限程度；最后，各岗位对应职责与流程、制度、考核匹配程度，职责履行过程中是否有冲突或遗漏。

三、工作开展

（一）省级组织架构的实施方法

1.分管领导

指导、检查和督促电网企业组织机构、岗位管理工作；审批电网企业本部部门机构设置方案和岗位设置方案；批准省级公司本部职能部门内设机构、县级供电企业、市/县级供电企业本部职能部门及二级机构设置方案。

2.人资部门

归口电网企业组织机构、岗位管理工作；贯彻执行国家电网公司有关组织机构、岗位管理的制度、要求和办法等；组织制定电网企业组织机构、岗位管理标准、制度等；编制省级电网企业本部机构和岗位设置方案；编制市/县级供电企业新设或调整建议方案；审批市/县级供电企业新增本部、二级机构的设置方案，市/县级供电企业岗位设置方案；对电网企业及基层单位组织机构、岗位管理进行指导和监督。

3.业务部门

提出本部门内设机构、岗位设置的建议，并组织落实；拟订本部门各岗位的工作标准。

（二）市级组织架构的实施方法

1.分管领导

指导、检查和督促本单位组织机构、岗位管理工作；审批本单位班组设置方案。

2.人资部门

归口本单位组织机构、岗位管理工作；贯彻执行省级公司有关组织机构、岗位管理的制度、要求和办法等；制定本单位组织机构、岗位管理制度等；编制本单位本部机构、二级机构和岗位设置方案。

3.专业部门

提出本部门内设机构、岗位设置的建议，并组织落实；拟订本部门各岗位的工作标准。

（三）县级组织架构的实施方法

1.分管领导

指导、检查和督促单位组织机构、岗位管理工作；审批本单位班组设置方案。

2.人资部门

归口本单位组织机构、岗位管理工作；贯彻执行电网企业有关组织机构、岗位管理的制度、要求和办法等；制定本单位组织机构、岗位管理制度等；编制本单位机构和岗位设置方案。

3.专业部门

提出本部门内设机构、岗位设置的建议，并组织落实；拟订本部门各岗位的工作标准。

各组织架构工作标准如表5-1所示。

表5-1　　　　　　　　　　　各组织架构工作标准

组织结构＼各级部门	分管领导	人资部门	专业部门
省级组织结构	（1）指导、检查和督促电网企业组织机构、岗位管理工作； （2）审批电网企业本部部门机构设置方案和岗位设置方案； （3）批准省级公司本部职能部门内设机构、县级供电企业、市/县级供电企业本部职能部门及二级机构设置方案	（1）归口电网企业组织机构、岗位管理工作； （2）贯彻执行国家电网公司有关组织机构、岗位管理的制度、要求和办法等； （3）组织制定电网企业组织机构、岗位管理标准、制度等； （4）编制省级公司本部机构和岗位设置方案；编制市/县级供电企业新设或调整建议方案； （5）审批市（县）级供电企业新增本部、二级机构的设置方案，市/县级供电企业岗位设置方案； （6）对电网企业及基层单位组织机构、岗位管理进行指导和监督	提出本部门内设机构、岗位设置的建议，并组织落实；拟订本部门各岗位的工作标准

各级部门 组织结构	分管领导	人资部门	专业部门
市级组织结构	指导、检查和督促本单位组织机构、岗位管理工作；审批本单位班组设置方案	（1）归口本单位组织机构、岗位管理工作； （2）贯彻执行省级公司有关组织机构、岗位管理的制度、要求和办法等； （3）制定本单位组织机构、岗位管理制度等；编制本单位本部机构、二级机构和岗位设置方案	提出本部门内设机构、岗位设置的建议，并组织落实；拟订本部门各岗位的工作标准
县级组织结构	指导、检查和督促单位组织机构、岗位管理工作；审批本单位班组设置方案	（1）归口本单位组织机构、岗位管理工作； （2）贯彻执行电网企业有关组织机构、岗位管理的制度、要求和办法等； （3）制定本单位组织机构、岗位管理制度等；编制本单位机构和岗位设置方案	提出本部门内设机构、岗位设置的建议，并组织落实；拟订本部门各岗位的工作标准

四、案例分享

下面以××公司资产全寿命周期管理体系建设组织机构为例。

××公司资产全寿命周期管理体系建设组织机构

为贯彻落实××公司关于资产全寿命周期管理体系建设推广的决策部署及工作要求，推进公司资产全寿命周期管理体系建设工作，经研究，决定成立××公司资产全寿命周期管理体系建设组织机构，现将有关事项通知如下：

（一）领导小组组成及主要职责

组　　长：××

副组长：××

成　　员：××

领导小组的主要职责：贯彻落实××公司关于资产全寿命周期管理体系建设和运行中的各项决策和工作部署，负责决策公司资产全寿命周期管理体系建设的战略目标、工作方案和实施策略，负责协调和处理资产全寿命周期管理体系建设方面的重大问题，研究资产全寿命周期管理体系建设涉及的重大问题等。

领导小组下设资产全寿命周期管理体系建设办公室和工作小组。

（二）资产全寿命周期管理体系建设办公室组成及主要职责

主　　任：××

副主任：××

成　　员：××

办公室主要职责：负责体系建设整体工作进度、质量的管控；负责协调各相关部门、单位开展日常工作，并组织开展工作监督和检查；负责将建设过程中重大事项提交领导小组协调、处理。

（三）工作小组组成及主要职责

工作小组下设体系建设组和专业实施组。

1.体系建设组

体系建设组负责公司资产管理体系框架设计，各专业相关设计成果汇总；组织开展现状分析及诊断；组织制定体系建设详细重点工作计划；制定公司资产管理总体目标；完善资产管理业务体系，建立资产管理流程体系；负责整体工作进度、质量的管控，跨专业事项协调。组织开展资产管理体系自评价、管理评审、持续改进。组织编写、整理、归档预评价、正式评价相关材料。安监部门牵头组织运维检修部门、信息管理部门、调控部门、营销部门、办公室、外联部门、后勤部门、基建部门、物资部门。

组　长：××

成　员：办公室、发展策划部门、人资部门、财务部门、安监部门、营销部门、党群部门（工会办公室）、调控部门、运维检修部门（物资部门）联络员及业务骨干。

体系小组的主要职责：按照公司统一部署，在公司资产全寿命周期管理体系建设领导小组指导下，具体负责资产全寿命周期管理体系建设工作的部署与实施，负责与上级对口部门衔接，负责协调和处理资产全寿命周期管理体系建设过程的重要问题，组织资产全寿命周期管理体系建设培训。

2.专业实施组

专业实施组内部划分七个专业组，分别为决策管理体系组、业务执行体系组、绩效改进体系组、资产风险管理体系组、制度标准体系组、资产信息体系组、基础保障体系组。决策管理体系组由基建部门牵头负责、业务执行体系组由安监部门（保卫部）牵头负责、绩效改进体系组由人资部门牵头负责、资产风险管理体系组由安监部门（保卫部）牵头负责、制度标准体系组由办公室牵头负责、资产信息体系组由运维检修部门（信通）牵头负责、基础保障体系组由人资部门牵头负责。各专业组组长由牵头部门主要负责人担任，副组长由各相关业务部门分管负责人担任，小组成员由公司本部各部门业务骨干组成。

（四）保障措施

（1）加强计划安排落实。各专业组负责将体系建设办公室布置重点工作进行细化分解，对专业组资源进行充分调配，确保工计划有效落实，并组织审核。

（2）加强工作协同。建立协调工作流程，对于一般问题尽量在专业组内解决，涉及跨专业组的问题递交体系建设办公室组织协调，重大问题由体系建设办公室提交领导小组协调处理。

（3）建立工作通报及管控机制。建立例会制度、通报制度，由体系建设办公室对各专业组工作计划的执行情况进行监督、检查，管控工作进度、质量。

（4）建立绩效考核机制。由体系建设办公室对各专业组工作进行监督、考核，各专业组负责组内工作及基层单位工作的监督与考核。

（5）建立新闻宣传机制。加强公司资产管理体系建设工作进度、成果的宣传力度，并将有关工作动态及时提交省市级公司。

【案例总结】

本案例为某公司资产全寿命周期管理体系建设组织机构的介绍。公司将组织结构由上至下划分为领导小组（包括组长、副组长和组员）、资产管理办公室（包括主任、副主任和成员）、工作小组（分为体系建设小组、专业实施小组）三个层次。除组织架构外，还安排了保障工作方面的内容，包括计划的落实、工作的协同、工作通报管控、绩效考核机制以及新闻宣传机制，保障组织高效有序开展工作。

本案例清晰呈现出组织架构中决策层、管理层以及执行层三个组织层次，并明确各层的相关职责，有效支撑资产管理体系各项业务的有效运作。此外，通过宣传、沟通等机制提高员工投入资产管理的积极性。同时，本案例符合明确牵头组织、优化本部部门资产管理职能以及优化基层管理职能三个管理要求。

第二节 人员能力的常态化工作

一、工作内容

资产全寿命人员能力包括电网企业人员各岗位职责标准，以及资产管理相关岗位从业人员的资质资历要求、知识及能力要求、教育培训经历或从业经验等。个人能力包括想象力、记忆力、观察能力、联想能力、组织能力、沟通能力、领导能力、创新能力、学习能力、号召能力，适应能力等。

二、工作要求及评价标准

（一）工作要求

应对资产管理各岗位的人员能力提出明确要求，确保相关从业人员的资质资历符合岗位要求，并通过科学合理的方法定期对员工能力进行评价。具体应满足以下要求：

（1）应明确资产管理相关岗位及服务供应商所应具备的知识和能力要求；

（2）应确保员工、服务供应商在从事资产管理相关活动中具备相应的教育培训经历或从业经验；

（3）应建立员工能力评价方法和流程，定期评价人员能力，评价结果应与相关方进行沟通，并作为培训需求制定的依据；应制定外包商资格预审流程，制定不同外包工作的外包商应具备的能力意识及资源等的资格预审流程，包括人员技能要求、装备要求、资格预审方式等；

（4）应动态评估现在或者未来资产管理体系对能力的要求以及变化，并更新岗位能力要求。

（二）评价标准

电网企业根据员工知识及能力要求、教育培训经历或从业经验等来确定其相关资产管理工作岗位。与此同时建立资产管理培训机制，根据不同员工培训需求，编制培训计划，明确岗位职责、权利和义务，确保员工在从事资产管理相关活动时具备与其岗位相适应的意识及能力。加强建立员工能力与培训的关联关系，从管理类、技术类、技能类三方面进行不同专业员工能力的评价，明确员工能力评价方法和流程，定期进行人员能力评价，评价结果作为培训需求制定的依据。

三、人员能力工作开展

（一）操作方法

根据电力企业的业务特点和价值链分析，并结合电网企业对岗位管理的要求，将知识和技能要求相同或相似的岗位归并，划分岗位族群和序列，将所有岗位分为管理、专业支持、规划、建设、电网运行维护、营销6个族群，族群又细分为27个序列和73个专业。

在此基础上，根据专业知识、沟通/协调、解决问题能力、贡献/领导能力、业务领域影响五个维度，划分并建立了员工职业生涯路径的阶梯（能力层级），共10个能力层级，其中G1级为市局最高领导，G10级为职业生涯起始级。

职业生涯体系借鉴了国际先进企业能力管理的最佳实践，并结合××省电力的具体情况，采用事实评价法作为能力评估的工具，实现对员工能力评估的量化。事实评价法是指员工举出工作中具体的事实证明自己的某项能力的特定展现达到层级的要求，由评审人员根据员工的陈述，判断员工是否达到该能力层级的要求。其理论依据是虽然能力不能直接量化衡量，但是可以通过具体的行为展现出来的。在评价员工的能力时，由能级认证委员会根据员工提供的事实陈述，评价员工是否达到某项能力的展现要求。在实际的评审过程中，采取事实评价法结合现场技术问答、仿真机测试、无领导小组讨论等手段，实现对能力评估的量化。以事实评价为核心的能力评价体系内容包括三个步骤：

第一步，优化能力模型。能力模型分员工核心能力、专业能力和领导力三大部分，其中专业能力包括族群通用能力和序列知识技能两个部分。在继电保护及自动化装置能力模型中，将该工种应具备的工作能力分解为通用能力、基础知识、专业知识、基本技能和专业技能。其中通用能力包括综合协调、团队管理、创新等综合能力，基础知识和专业知识包括电工基础、电力系统、二次回路、整定计算等继电保护和自动化工种常用的理论知识，基本技能和专业技能包括仪器和仪表的使用、工作票、二次回路事故处理等日常工作必须使用到的专业技能。

第二步，设定岗位工种能力标准。依照能力模型，通过相关业务专家反复研讨，将岗位工种应具备的各项能力分为指导下应用、独立应用、精通与技能权威四个层级分级描述。

依照能力模型，设定胜任岗位图谱上各岗位工种必须达到的能力标准，澄清岗位工种应展现的行为，解决了如何客观、公正地衡量和评价员工的能力这一人力资源管理的难题。员工则根据企业提供的标准，结合自身工作业绩，填写申报材料，完成参加能力评审的各项准备工作。

以继电保护及自动化装置能力模型中"二次回路工作"能力项为例，其指导下应用、独立应用、精通与技能权威四个等级的具体要求分别如下：

指导下应用：能看懂二次回路图纸，并能在指导下按图进行二次回路安装、试验，正确使用二次回路工器具；

独立应用：能独立按图进行二次回路安装、试验施工，独立完成简单二次回路故障排除工作；

精通：精通二次回路安装、试验施工，完成复杂二次回路故障排除工作，能根据现场实际设计部分二次回路；能够指导他人学习此项技能；

技能权威：精通所有二次回路安装、试验、排除故障工作，能发现二次回路缺陷并制定解决方案，能处理二次回路与装置的综合异常；能传授此项技能。

第三步，以事实评价法为手段，实现对能力评价的量化。

（1）将员工负责工作项目的数量和在其中的角色作为考评重要标准之一，员工对各能力项进行自评时，要求列出翔实的工作经历作为支撑；

（2）分不同等级、岗位工种成立若干能级认证组，以能力模型和认证标准为依据，以员工申报材料和现场能力表现为对象。能力评审过程中，不仅关注员工的职称、论文、获奖等显性业绩，还设计了无领导小组讨论、辩论、仿真操作等环节，对员工在模拟环境下的行为表现进行现场能力评审。

（二）工作模板

1. 专业族群及序列分类（见表5-2）

表5-2　专业族群及序列分类

管理族群	专业支持族群						规划建设族群	规划族群	建设族群							电网运行维护族群					营销族群				
经营管理序列	安全监察序列	人力资源序列	科技管理序列	财务管理序列	审计管理序列	行政事务管理序列	党群管理序列	规划计划序列	规划计划序列	工程管理序列	设计序列	物资管理序列	招投标管理序列	设计序列	土建施工序列	线路施工序列	变电施工序列	电力调度序列	输电序列	变电运行序列	变电检修序列	配电网序列	通信信息序列	营销管理序列	客户服务序列	电费抄核收序列	电能计量序列	农电序列

2. G2-G9级能级定位（见表5-3）

表5-3　G2-G9级能级定位

能级G	管理	技术	技能
2	相当于三级及以上人才候选	相当于三级及以上人才候选	相当于三级及以上人才候选
3	相当于主任/四级人才候选	相当于主任/四级人才候选	相当于四级人才候选
4	相当于副主任/四级职员/五级人才候选	相当于副主任/四级职员/五级人才候选	相当于五级人才候选
5	相当于五级职员/六七级人才候选	相当于科长/五级职员/六七级人才候选	相当于班组长/六七级人才候选
6	相当于六级职员/八级人才候选	相当于副科长/六级职员/八级人才候选	相当于副班长/专业工程师/八级人才候选
7	相当于七级职员	相当于七级职员	相当于安全员/工作负责人
8	相当于八级职员	相当于八级职员	相当于班长/熟练工
9	相当于九级职员	相当于九级职员	相当于学徒

四、案例分享

××公司人才发展通道实施

第一章 总 则

为切实××电力企业（以下简称公司）"三个建设"，深入推进"两个转变"，进一步加快推进人才队伍建设，满足电网快速发展要求，根据公司实际，特制定本办法。

公司建立企业人才库，构建人才发展通道，引导员工多渠道成才，形成以能力和业绩为导向的各类人员职业发展晋升机制。

（一）公司建立"普通员工—基层单位人才称号—公司人才称号—省级（国家电网公司）人才称号—国家级人才称号"的管理、技术、技能等三条人才发展通道。在通道中设置若干级别，吸引、留住、激励员工立足本职岗位成长成才、有为有位，构建公司系统一体化的人才梯队。

（二）公司建立"普通员工—地市级（公司）劳模—省部级（国家电网公司）劳模—国家级劳模"的劳模职业发展通道。充分发挥劳模的示范、带头作用，引导员工学习劳模、争当劳模，营造"比、学、赶、帮、超"的氛围；加强各级劳模的培养，引导劳模在管理、技术、技能等职业发展通道中成为公司乃至国家级管理、技术、技能人才的同时，争当更高级别的劳模。

公司建立健全人才培养与开发、绩效考核和职业发展"三位一体"的管理机制，坚持员工职业发展与企业发展相统一，与电网发展相统一，拓宽员工职业发展通道。同时，人才的选拔坚持公平、公正、群众公认的原则，严格标准，绩效优先并突出能力。

第二章 管理通道的设置

管理通道共设置11个专业，八个级别，从管理一级至管理八级，一级最高，八级最低。其中：

（一）管理一至五级称为首席管理师；

（二）管理六至七级称为一级管理师；

（三）管理八级称为二级管理师；

（四）管理一至五级设置100名并分解至各专业；管理六至八级的职数由基层单位根据本单位的实际情况确定，其中管理六级原则上按照每个专业1~2名进行总量控制；

（五）根据公司干部管理有关规定，对其中符合条件的首席管理师，履行必要程序后纳入公司后备干部管理。

第三章 技术通道的设置

技术通道共设置7个专业，八个级别，从技术一级至技术八级，一级最高，八级最低。其中：

（一）技术一至四级称为首席专家；

（二）技术五级称为首席工程师；

（三）技术六至七级称为一级工程师；

（四）技术八级称为二级工程师；

（五）技术一至五级设置200名并分解至各专业；技术六至八级的职数由基层单位根据本单位的实际情况确定，其中技术六级原则上按照每个专业2~4名进行总量控制。

第四章 技能通道的设置

技能通道共设置6个专业，八个级别，从技能一级至技能八级，一级最高，八级最低。其中：

（一）技能一至五级称为首席技师；

（二）六至七级称为一级技师；

（三）技能八级称为二级技师；

（四）技能一至五级共设置 400 名并分解至各专业；技能六至八级的职数由基层单位根据本单位的实际情况确定，其中技能六级原则上按照每个专业技能人员的 3%~4% 进行总量控制。

第五章　劳模通道的设置

劳模通道共设置三个级别，依次为国家级劳模、省部级（国家电网公司）劳模、地市级（公司）劳模。

人才发展通道实行分级管理。公司负责通道一至五级的选拔、聘任与考核，地市级公司及直属单位负责通道六至七级的选拔、聘任与考核，负责组织县级供电企业（含工区）通道八级的选拔、聘任与考核。劳模通道的选拔与管理参照公司劳模管理的相关规定进行。

第六章　选拔范围

管理通道适用于公司系统各单位从事管理工作的在职人员，不包括公司党组管理的领导干部及县级供电企业领导班子成员。地市级公司及直属单位管理的中层干部参加五级及以上的选拔，县级供电企业管理的中层干部参加七级及以上的选拔。

技术通道适用于公司系统各单位从事工程技术工作的在职人员，不包括公司党组管理的领导干部、地市级公司管理的机关各部门中层干部以及县级供电企业领导班子成员。县级供电企业管理的中层干部参加七级及以上的选拔。

技能通道适用于公司系统各单位班组从事生产技能工作的在职人员。参加五级及以上选拔的人员必须是班组的正副班组长或单位在聘的技师、高级技师。

劳模通道适用于公司系统所有员工。

公司机关各部门（中心）员工从管理、技术通道的五级开始逐级选拔。

第七章　选拔条件

凡入选公司人才库且考核期内培训积分达标的人员，符合以下关于职业道德、年度绩效、学历、专业技术资格、职业技能等级、专业年限、人才称号、业绩等方面规定要求的，均可参加五级及以上人才的选拔。

职业道德要求：思想道德素质高，遵纪守法，廉洁自律，作风正派，有强烈的事业心和责任感。考核期内，无违反规章制度受到行政处分的行为。作为评标专家，年度和届满考核称职及以上且不存在终止评标资格情形的。

年度绩效要求：参加各级人才选拔，考核期内各年度绩效考评结果必须为良好及以上。

学历、专业技术资格、职业技能等级、专业年限方面的要求：

（一）管理、技术通道：

（1）进入八级的应具有中级及以上专业技术资格、大学专科及以上文化程度、从事所申报专业工作 3 年及以上；

（2）进入七至六级的应具有中级及以上专业技术资格、大学本科及以上文化程度、从事所申报专业工作 5 年及以上；

（3）进入五级及以上的应具有中级及以上专业技术资格、大学本科及以上文化程度、从事所申报专业工作 12 年及以上（因组织安排跨专业岗位交流的，从事所申报专业工作 5 年及以上）；或者，进入五级及以上的应具有博士及以上文化程度、从事所申报专业工作 3 年及以上。

（二）技能通道：

（1）进入八级的应具有高级工或助理工程师及以上职业技能等级或专业技术资格、从事所申报专业工作3年及以上；

（2）进入七至六级的应具有技师或工程师及以上职业技能等级或专业技术资格，从事所申报专业工作5年及以上；

（3）进入五级及以上的应是班组的正、副班组长或单位在聘的技师、高级技师，从事所申报专业工作12年及以上。

（三）专业年限是指员工从事《××省电力企业人才发展通道专业设置表》中"申报专业"所含"专业范围"内的工作年限。

（四）对于有突出贡献的优秀管理、技术和技能人员，考核期内符合以下条件之一的（同一获奖项目作为破格选拔仅限使用一次，不可重复使用），可不受职称、职业技能等级、学历和专业年限的限制破格参加五级及以上人才选拔。

（1）获国家自然科学奖、技术发明奖、科学技术进步奖、企业管理创新奖的人员。

（2）获中国电力科学技术奖、企业管理创新成果三等奖及以上，排名五名以内的人员。

（3）获省级科学技术奖、企业管理创新成果或国家电网公司科技进步奖二等奖及以上，排名五名以内的人员。

（4）获公司科学技术奖（科技进步奖、成果推广应用奖和群众性创新奖）、企业管理创新成果一等奖或特等奖，排名五名以内的人员。

（5）获得中电联及以上技能竞赛个人总成绩前二十名、国家电网公司（含省级）技能竞赛个人总成绩前十名、华东电网公司技能竞赛个人总成绩前五名、公司技能竞赛个人总成绩前三名的人员。

（6）获得国家电网公司级或省级及以上技术能手称号。

（7）对于在基层单位实际工作中业绩特别突出的人员，经单位领导班子研究决定并出具推荐意见。

（8）其他经公司批准的破格条件。

（五）对于在基层单位实际工作中业绩特别突出的人员，经省级公司相关职能部门提议并出具推荐意见，可不受职称、职业技能等级、学历、专业年限等一项条件的限制，允许破格推荐参加五级及以上人才选拔。

人才称号要求：进入管理、技术、技能通道一级至三级的，必须获得以下对应级别及以上的人才称号（见表5-4）。

表5-4　　　　　　　　　　　　　各级别人才称号

管理、技术通道级别	人才称号
一级	国家级专家、院士
二级	国家电网公司级科技领军人才、专业领军人才
三级	省级专家、国家电网公司级优秀专家人才
技能通道级别	人才称号
一级	国家级专家、中华技能大奖
二级	全国技术能手、国家电网公司级专业领军人才
三级	省级专家、国家电网公司级优秀专家人才

（1）以上院士指中国科学院院士与中国工程院院士。

（2）以上国家级专家指国家级有突出贡献的中青年专家、入选国家级百千万人才工程、享受国家级政府特殊津贴的人员。

（3）以上省级专家指入选××省百千万人才工程、获得钱江技能大奖、××省首席技师等称号的人员。

（4）以上国家电网公司级科技领军人才、专业领军人才、优秀专家人才指国家电网公司选拔的科技领军人才、专业领军人才、优秀专业管理专家人才、优秀工程技术专家人才和优秀生产技能专家人才。

业绩要求：五级及以上人才业绩按照《职业发展通道人才选拔与考核量化评审标准表（五级及以上）》（附件2）评审，六级及以下人才业绩要求由各单位根据实际情况参照制定。业绩量化评审结果分优秀（80分及以上）、合格（60~80分）和不合格（60分以下）三个等级。

原则上参加上一级人才选拔的人员必须是在聘的下一级人才。

自然当选。获得"院士"、国家级专家、省级专家、国家电网公司级人才（科技领军人才、专业领军人才、优秀专家人才等）、中华技能大奖、全国技术能手等称号且符合选拔范围的人员，经公司审核同意后，自然当选为一级至三级人才。对于如公司卓越项目的主要负责人等工作表现突出并符合五级人才条件的优秀人才，经公司审核同意后，可自然当选五级人才。对于已被评为五级及以上人才的，在专家人才年度考核中获评优秀，并在聘期届满后优先推荐参加下一届公司专家人才评选。

第八章　组　织　机　构

公司成立人才发展通道评审委员会，负责五级及以上管理、技术、技能通道人才的选拔工作。

公司人才发展通道评审委员会下设办公室，办公室设在公司人资部门。主要负责公司管理、技术和技能通道人才工作的组织、协调以及管理、培养考核等工作，指导各单位做好人才选拔管理工作。

在公司人才发展通道评审委员会统一领导下，根据评审需要，分类组建管理、技术、技能人才专业评审组，具体负责有关候选人的审核与选拔工作。

各地市级公司及直属单位、县级供电企业分别成立人才发展通道评审委员会，开展相应级别人才候选人的推荐以及本单位人才的选拔工作。

第九章　选　拔　程　序

人才的选拔按照逐级推荐、分级评审、组织审定的程序进行。

公司所属单位按照公司的统一部署和选拔条件，组织选拔并向公司推荐五级及以上人才候选人。

公司人才发展通道评审委员会组织有关专业评审组，对各单位推荐的五级及以上候选人进行审核、评审，评审结果报公司总经理办公会议研究确定，并以一定方式公示无异议后，由公司发文聘任。

参加五级及以上人才选拔须填写《国网××省电力企业人才发展通道选拔与考核登记表》（附件3），具体评审细则由公司负责制定。

第十章　考　核　与　管　理

各级人才实行聘任制，聘期三年。聘期届满自动解聘，重新选拔。

人才的考核分为日常考核、年度考核、届满考核三种方式，考核以定量考核为主，定性考核为辅。具体考核管理办法公司另行发文公布。

管理和技术人才在任期内调离选拔范围或所从事专业、技能人才在任期内调离生产一线或所从事工种的，保留称号，停发相应人才待遇。

各级人才有下列情况之一者，经查实，取消其人才称号并停发相应人才待遇。

（一）对触犯国家法律法规、危害国家利益、违反职业道德、损害公司利益和荣誉的；

（二）违反规章制度，按照公司有关规定受到行政或党纪处分的；

（三）安全事故负主要责任的；

（四）违反公司评标专家管理办法规定，被终止评标资格的；

（五）因工作失误，玩忽职守，给公司带来重大经济损失和造成不良社会影响的；

（六）弄虚作假，隐瞒真相，骗取荣誉的；

（七）因其他原因应该取消资格的。

各级人才离岗退养、退休、解除或终止劳动合同的，自动解除聘任。

为更好地发挥公司各级人才的作用，鼓励人才继续发挥余热，对在聘期内退休的三级及以上人才，因工作需要，身体健康，本人自愿，经所在单位申请，提交公司审批同意后，可以返聘在相应岗位上工作，一级人才最多可返聘两年，二级和三级人才最多可返聘一年。退休返聘期间的待遇按照公司的有关规定执行。返聘期满后，所在单位应及时办理解聘手续，并不再续聘。

××公司人才发展通道选拔与考核登记表

工作单位

姓　名

申报专业

通道类别

通道级别

申报用途：□选拔　　　□考核

选拔类型：□破格选拔　□破格推荐　□自荐

填表日期　　年　　月　　日

国网××省电力企业制

填表说明：

1.本表供××公司人才发展通道选拔及考核时填报。

2.填写内容要具体、真实，所有填报内容一律使用"宋体五号字"。

3.填写时，如内容较多，可另加附页。

4.封面："申报专业"指《人才发展通道专业设置表》中所列"专业序列"中对应的专业；"通道类别"指管理通道、技术通道和技能通道；"通道级别"指通道一级至八级；"申报用途"请在"选拔"和"考核"中勾选一个；若作"选拔"用，"选拔类型"请在破格选拔、破格推荐和自荐中勾选一个。

5."从事现专业年限"是指从事现专业的实际年限（以周年计）。

6."角色"：在"专业管理或安全生产与优质服务""管理创新、科技创新或技艺革新"和"合理化建议"项目中指独立、主持、主要参与、参与；在建章立制中指起草、审核、批准；在"公开出版著作"中主编、编委。

7."排序"为N/X，N为本人排名，X为项目人员总数。

8."获奖情况"应注明获奖类别和等级。

9."个人荣誉"分为"综合类荣誉"和"专项类荣誉"。"综合类荣誉"主要是由各级政府或者省级公司、国家电网公司授予的荣誉；"专项类荣誉"主要是各级政府部门或者省级公司部门、国家电网公司部门授予的专项荣誉。请在"荣誉类别"中注明是"综合类荣誉"还是"专项类荣誉"。

10."所在单位意见"中："年度个人绩效情况"应填写考核年度内每一年的绩效等级，分为A（优秀）、B（良好）、C（合格）、D（需改进）四个等级；"是否有违反职业道德的行为"、"公示期是否有异议"应由所在单位根据实际情况实事求是地作评价。

11.工作业绩、成果以及时间均必须在考核年度内方为有效。

12.贴照片处贴近期一寸彩色照片。

13.本表一式两份。

人才发展通道选拔与考核登记表如表5-5所示。

表5-5　　　　　　　　　　　人才发展通道选拔与考核登记表

姓名		性别		出生年月		相片
籍贯		民族		身份证号		
工作部门		职务（岗位）		现从事专业（工种）		
政治面貌		参加工作时间		从事现专业年限		
最高学历		毕业院校		专业		
毕业时间		学制		学位		
专业技术资格		取证时间		批准单位及时间		
职业技能等级		取证时间		批准单位及时间		
外语水平			计算机水平			
通信地址						
联系电话			邮政编码			
主要工作简历						
起止时间	工作单位、部门		职务（岗位）		从事工作或项目	
专业管理或安全生产与优质服务						
起止时间	工作内容			业绩或贡献		角色

【案例总结】

本案例为某公司人才发展通道实施制度。总则部分介绍了管理、技术以及技能三条人才发展通道以及一条劳模发展通道，并分别介绍了各条线的专业设置及等级划分。之后，介绍了各类人才的选拔条件及素质要求，管理组织机构及相应的选拔程序。最后，阐述人才任用后的考核管理。

本案例体现了人员能力管理工作要确保相关从业人员的资质资历符合岗位，并通过科学合理的方法定期对员工能力进行评价的管理要求，详细介绍了人才选拔的完整流程及可参考文件及体系。

第三节 培训的常态化工作

一、工作内容

资产全寿命周期管理培训，主要包括培训需求识别、培训计划管理、培训实施管理及培训效果评估。通过建立培训管理机制明确各岗位职责、权利和义务，确保员工在从事资产管理相关活动时具备与其岗位相适应的意识及能力。

（一）培训需求识别

人资部门每年5~7月组织开展培训需求调查，调查对象包括：电网企业及基层单位各部门所有管理人员及技术人员和服务供应商所有施工人员及技术人员；调查内容包括组织机构要求、岗位职务需求、新技术新发展、与项目相关的业务内容要求、业务流程和范围以及员工能力要求及水平差距、员工能力现状等；调查方式包括开展理论和技能测试、岗位考核、查阅绩效记录、访谈领导及员工征求意见、现场跟踪观察、问卷调查等。

电网企业本部根据培训需求调查由培训中心与基层单位人资部门协助省级电网企业人资部门编制下年度需求分析报告，明确培训对象与能力差距。

培训中心与基层单位人资部门负责组织与需求部门进行需求目标、需求时间、需求内容的沟通与确认，确保培训的必要性与实效性。

人资部门依据培训需求分析报告与沟通确认情况，根据需求的紧急程度和重要程度对培训需求进行审核，确定年度培训需求。

（二）培训计划管理

各级专业部门根据电网企业发展战略规划，结合年度重点工作，编制职工培训项目需求；各级培训机构开展培训开发项目需求及可研编制，并报本级人资部门审核。培训需求提报单位根据审核后的年度培训需求编制培训可行性说明书，内容包括培训项目的规模、资源、时间及费用预算等。具体参照《××公司培训质量管理办法》的有关规定执行。培训可行性说明书经培训需求提报单位主管部门审核后，提交省级公司人资部门审定，经人资部门审批后进入项目储备库。

在项目储备库基础上，由人资部门根据电网企业业务发展及年度工作要求，从培训项目储备库遴选出优先项目，提交国家电网公司主管部门审批。人资部门根据国家电网公司下达的调整意见，对计划建议进行修改调整后再次提交国家电网公司。经国家电网公司主管部门再次审批后下达年度培训计划。省级公司人资部门负责监督和检查培训中心与基层单位培训项目主管部门按照国家电网公司下达的年度教育培训项目计划执行培训项目。

培训中心与基层单位培训项目主管部门可依据实际情况，在规定时间内向电网企业人资部门提出计划调整申请。电网企业人资部门审核后，向国家电网公司报送年度教育培训项目计划调整申请，经国家电网公司批准后方可进行计划调整。

（三）培训实施管理

培训中心与基层单位培训项目主管部门组织制定培训实施方案。实施方案内容包括培训目标、课程设置、教材选定、课程大纲确定、培训师配置、培训方式、培训周期、质量要求评估等。培训实施方案经省级公司人资部门审定批准后，由培训中心与基层单位培训项目主管部门将培训通知发送至培训单位，由各单位组织学员报名并汇总至培训中心与基层单位培训项目主管部门。

培训中心与基层单位培训项目主管部门在培训实施过程中对整个培训项目实施流程进行监督和检查，项目实施过程中的相关资料应及时归档。

（四）培训效果评估

建立学员在训情况反馈制度，及时向学员所在单位反馈学员的受训纪律、学习状态等情况；培训项目结束时，培训师制定培训课程考核内容，对学员进行水平测试，形成培训课程成绩单，结合培训前的能力水平进行对比，考量学员培训成效，并维护到员工个人培训及职业能力档案中。

培训师评估。通过与学员座谈、学员填写《课程教学质量调查表》和建立培训督导部门听课制度等对培训师的培训效果进行评估，将评价结论及时反馈给培训师和培训管理部门，并计入培训师业绩考核。

学员所在单位评估：培训项目实施结束后，由学员用人单位人资部门对学员培训前后工作行为和能力进行对比，做出培训效果的评估，提出改进建议，对培训出现的偏差予以调整，实现对培训项目质量的闭环管理。

培训效果评估分反应评估（一级）、学习评估（二级）、行为评估（三级）和效益评估（四级）四个层次。反应评估和学习评估由培训承办单位在培训结束时组织实施，分别形成《培训反应评估及改进意见书》、《培训学习评估和改进意见书》；行为评估和效益评估由省级电网企业人资部门组织学员所在单位在培训结束后 1~6 个月内实施，分别形成《培训行为评估和改进意见书》、《培训综合评估和改进意见书》。针对不同性质的培训进行不同等级的培训效果评估。

电网企业系统举办的培训班均应进行培训质量的一级评估。电网企业重点监控项目或培训方案有明确要求的须进行培训质量的二级评估。对电网企业重大培训项目或培训 方案有明确要求的须进行培训质量的三级评估，三级评估在二级评估的基础上进行。 对电网企业生产经营和科技进步影响较大、培训成本较高的培训项目，一般应做四级培训质量评估，四级评估在三级评估基础上进行。

二、工作要求及评价标准

（一）工作要求

资产全寿命周期管理体系建设对培训管理的要求主要体现为建立资产管理培训机制，识别培训需求，编制培训计划，明确岗位职责、权利和义务，确保员工在从事资产管理相关活动时具备与其岗位相适应的意识及能力。在培训的项目过程中，应包括培训需求的确定、设计和策划培训、提供培训和评价培训结果等环节，培训质量的管理就是对上述环节进行管理和控制，以满足员工能力提升要求的过程。对培训质量的管理应制度化、标准化和程序化，管理的各相关环节工作应落实责任人，各项管理指标的实施要有据可查，从而使质量管理工作做到可测、可控和有效。

（二）评价标准

资产全寿命体系建设评价标准主要表现在培训需求识别、培训计划管理、培训实施管理、培训效果评估四大方面，评价是否能够帮助员工树立其相应的岗位职责意识。

（1）培训需求方面主要体现在：

1）是否对相关岗位人员能力进行评估；

2）是否就相关岗位人员培训需求进行分析；

3）是否有向上级反馈培训分析意见。

（2）培训计划管理方面主要表现为形成的培训计划是否是建立在各级岗位人员需求的基础上，相应的计划是否能经过审批。

（3）培训实施管理方面主要表现为是否有针对资产管理开展相关培训课程，并形成具体的培训方案，是否有按照培训计划安排实施培训项目，包括师资的配备、考核的设置等（具体可抽查培训项目的实施记录，培训通知、签到表、课程内容、考核记录、培训效果评估等）。

（4）培训效果评估方面主要考察在培训项目结束后是否有针对培训管理开展有效性的评估。

三、培训工作开展

（一）建立培训流程

人资部门牵头建立资产管理培训机制，主要包括培训需求识别、培训计划管理、培训实施管理及培训效果评估。通过建立培训管理机制明确各岗位职责、权利和义务，确保员工在从事资产管理相关活动时具备与其岗位相适应的意识及能力。

培训需求识别方面，人资部门每年组织针对电网企业及基层单位各部门所有管理人员及技术人员，开展一次及以上培训需求调查。××公司培训中心与各单位协助开展需求分析，编制需求分析报告，并由人资部门进行审核。

培训计划管理方面，各单位依据培训需求和人员现状进行分析，编制培训可行性说明书，经人资部门审批后，形成年度培训项目需求计划（纳入项目库）。经国家电网公司人资部门审批后纳入年度培训计划。

培训实施管理方面，××公司培训中心与基层单位培训项目主管部门组织制定培训实施方案，并在培训实施过程中对学员及教学过程进行管理，对培训过程及考核结果进行记录，并建立员工个人培训档案。

培训效果评估方面，培训评估包括学员培训期间的评估、培训师的评估、学员所在单位的评估，分别是培训师对学员进行评估，学员对培训师评估，学员用人单位对学员能力评估。

（二）制定培训方法

培训项目的具体实施由相应单位的培训中心（基地）承担，包括培训教学准备、培训招生、培训过程管理、学员管理等环节。

应根据培训计划编制项目实施方案，包括培训项目计划书、培训课程大纲，经相关业务部门审定后执行。培训项目计划书应明确培训目的、培训对象、课程设置和培训形式、考核与发证，明确考核要求和方式，发证类别和验印部门、培训评估类别和实施者。

（三）培训工作模板

1.年度教育培训计划

年度应急培训计划表如表5-6所示。

表5-6			年度应急培训计划表				
序号	单位	培训项目	主要培训内容	培训对象	培训期次	计划完成时间	备注

2. 评分表

述职、无领导小组讨论、辩论现场评分如图 5-2 所示。

现场能力评审评分表

评分细则：
1. 本层级要求是申请人的基准得分
2. 加分项：当申请人出现该行为给予加分
3. 减分项：当申请人出现该行为给予减分
4. 在评审时，请评委仔细观察申请人的表现，对其出现的加减分行为予以记录，不能通过现场测评测出的能力项，结合平时的工作表现进行评价（在相应的位置打勾），并最终计算总分。

评审专家：
评审方式：
评审日期：

		申请人姓名										
沟通协调能力	基准分	倾听别人的意见、观点，以开放、真诚的方式接收和传递信息，能清晰表达主要观点，尊重他人，对于自己不同意见见能用适合的方式和评委沟通	14分									
	加分项	能针对不同的对象，迅速沟通方式，使自己的观点更容易被理解和接受	加1分									
		积极发言，善于提出新的见解和方案，在强调自己的观点时有说服力	加1分									
		善于听取不同意见，用合理的方式阐明自己的观点	加1分									
		善于有效倾听，并准确理解信息，给予积极有成效的反馈	加1分									
	减分项	不尊重评委或对手，存在过激言论、随意打断别人的讲话、显示出轻视	减1分									
		不主动与评委或队友沟通，在整个沟通过程中表现被动	减1分									
		以自我为中心，不注意倾听他人意见	减1分									
		表达观点含糊不清，不能被他人准确理解	减1分									
		沟通协调能力总分											
专业问题处理能力	基准分	能够根据问题，经过系统的思考，能提出全面的解决方案，切中问题要害，寻求出解决问题的根本办法，提供专业性的意见	14分									
	加分项	运用分析工具和先进的分析方法进行分析，恰当地运用已有的知识、技术等多种手段权衡多种观点的优劣，逻辑性清晰多角度分析问题，客观反映问题的本质	加1分									
		能够系统、全方位分析所涉及的各种因素，并能将复杂的问题迅速提炼出简明扼要的观点	加1分									
		在没有充分时间的情况下，能够周密分析，准确判断，做出可能的最有效解决方案	加1分									
		用发展的眼光先分考虑对企业的影响和结果，结合嘉兴电力局的实际情况，提出符合实际情况的观点	加1分									
	减分项	缺乏独立思考。无主见、没个性、缺乏独立精神	减1分									
		缺乏系统的方法去分析问题的原因；思路不清晰、论述问题逻辑性欠缺	减1分									
		不法提出自己的观点，缺乏事实和理论依据	减1分									
		针对评委或对手提出的问题，忽视并不能从有效地组织语言进行合理回答	减1分									
		专业问题处理能力总分											
团队管理能力	基准分	设立团队目标，了解团队成员的特长和优势，合理调配资源，有效地调动团队成员协调一致开展工作，营造团队工作氛围，创造和谐的工作环境，关注团队成员的个人发展，激发团队成员的工作积极性、主动性，以取得良好的团队绩效	14分									
	加分项	能在团队中建立自己的影响力，系统地整合多种方法激发团队士气	加1分									
		鼓励队员自发形成合作组织意识完成重要任务	加1分									
		主动解决团队内部矛盾与冲突，鼓励各团队成员，凝聚团队力量，共同实现团队目标	加1分									
		以团队成功为重，能主动为团队提供信息并分享交流	加1分									
	减分项	对团队目标关注度不高，单打独斗，不善于协调自己与他人的工作	减1分									
		团队配合中过于注重个人表现，团队意识淡薄	减1分									
		不赞成或者不愿意为团队目标做出贡献	减1分									
		拒绝团队的建议，不善于和他人和谐工作	减1分									
		团队管理能力总分											
学习创新能力	基准分	不断主动更新知识和技能，快速理解和接受新事物，积极跟踪行业新技术、新设备、新工艺和新的管理办法，了解行业发展动态	14分									
	加分项	深入研究业务领域新知识	加1分									
		对与业务相关的新知识非常敏感	加1分									
		能够将这些知识及时运用到研究和工作中去	加1分									
		探究和发现解决问题的新方法	加1分									
	减分项	抱有旧知识、旧经验、旧技能，以各种借口不学习、不提高自己，不求进取	减1分									
		不能灵活运用培训或研讨的知识与技能，不能根据业务流程的变化，更握新的方法	减1分									
		对于以前没有遇到的不寻常的问题，不能借鉴成功经验快速地学习处理，拒绝创新	减1分									
		学习效率低，对新知识的接受能力差，对知识的领悟能力低	减1分									
		学习创新能力总分											
专业知识和技能	基准分	精通有关的知识和技能，有丰富实际工作经验，能在实际业务工作中熟练成功应用；有能力指导其他同事应用有关的知识和技能	14分									
	加分项	对评委或对手提出的专业知识能结合实际工作情况对答如流，并能将所掌握的知识延伸到相关领域	加1分									
		回答专业不拘泥于表面现象，更能对问题的原理和理论进行深入掌握	加1分									
		对评委或对手提出的专业问题，能够回答的全面易懂，并在具体专业问题上有一定的见解	加1分									
		回答专业问题时思路清晰，直语自信	加1分									
	减分项	不能将专握的知识应用到应该掌握的相关领域的知识，知识面不够宽	减1分									
		仅能从表面回答，但对问题的原理和理论不清楚或者掌握有限	减1分									
		对评委或对手提出的专业问题，回答不全面或者不会回答	减1分									
		回答专业问题时思路不够清晰，不自信	减1分									
		专业知识和技能总分											
综合素质	基准分	根据要求准时出席评审，举止得体，尊重评委	10分									
	减分项	未着工装	减2分									
		未准时出席	减2分									
		回答问题声音小，口齿不清，不使用普通话	减2分									
		坐姿不端正，举止不得体	减2分									
		评审过程中手机响等	减2分									
		综合素质总分											
		个人总分											

图 5-2　述职、无领导小组讨论、辩论现场评分

3.培训计划（见表 5-7）

表 5-7						培训计划表					
序号	项目名称	一级分类	二级分类	三级分类	实施范围	培训期数	每期天数	每期人数	总人数	总人天	项目主要内容

4.培训项目评估资料

《培训项目反映评估及改进意见书》（一级）见表 5-8。

表 5-8			《培训项目反映评估及改进意见书》（一级）			
培训项目名称：			编制人：		时间：	
培训班名称			培训时间		人数	
项目		指标	评价			
			满意	较满意	不满意	
培训质量满意率	培训内容	培训内容先进性				
		培训内容针对性				
		培训内容实用性				
	教学水平	培训内容组织				
		教师教学能力				
		采用培训方式				
		培训效果总体评价				
	课程评价	课程一				
		课程二				
		课程三				
		课程四				
		课程五				
综合服务满意率	培训教学服务	培训时间安排				
		培训设施配置				
		教学资料准备				
		培训教学管理				
	后勤服务	住宿条件及服务				
		餐饮质量及服务				
		卫生条件				
		综合服务总体评价				
其他建议		（你觉得哪些培训内容最有用，有何建议？）				

《培训项目学习评估及改进意见书》（二级）见表5-9。

表5-9　　　　　　　　　《培训项目学习评估及改进意见书》（二级）

培训项目名称：　　　　　　编制人：　　　　　　　编制时间：

序号	评估点	最低得分	最高得分	平均得分	掌握度及原因分析
1	知识点（行为点）1				
2	知识点（行为点）2				
3	……				
	总体评价 （培训内容、教师、教材、培训设施和培训目标达到程度等）				
	培训改进建议				

《培训项目行为评估和改进意见书》（三级）见表5-10。

表5-10　　　　　　　　　《培训项目行为评估和改进意见书》（三级）

培训项目名称：　　　　　　编制人：　　　　　　　编制时间：

培训内容应用情况调查，主要内容：
1. 所学知识技能实际应用的范围
2. 所学知识技能使用频率
3. 可衡量的工作成就和改进
4. 用人单位的满意度和支持度

培训目标达到程度评价

培训改进建议

四、典型案例

××年资产全寿命周期管理专项培训计划表如表5-11所示。

表 5-11 　　　　　　　　　　×× 年资产全寿命周期管理专项培训计划表

序号	项目名称	项目主要内容	培训对象	办班期数	办班月份	主办部门
1	资产全寿命周期管理体系深化建设与应用工作方案和工作计划	对省级公司（体系深化应用与评价工作方案）进行讲解，同时对 ×× 年 ×× 公司的资产管理工作开展计划和工作要求进行说明和安排	各部门负责人和专职人员	1	6月	体系办
2	资产全寿命周期管理体系标准讲解	以国家电网（资产全寿命周期管理体系规范）为基础，结合省级公司原有课件，对资产管理体系12项要求和25个要素开展体系基础理论知识培训	各专业负责人和专职人员	1	7月	体系办
3	如何开展现状评价	讲解现状评价的内容和要求，如何与资产管理体系相结合，固定资产评价报告和部门自评价报告的撰写要求	各部门指定人员	1	7月	体系办
4	业务提升与领先实践总结	讲解领先实践和业务提升（持续改进）的含义，两者之间的区别，与日常业务工作的关系；同时，对省级公司提出的（业务提升报告）（领先实践总结）的撰写要求进行说明	各部门指定人员	1	8月	体系办
5	资产管理方法应用	采用省级公司 ×× 年相应的培训课件，对资产管理方法在各部门专业的应用进行讲解和说明	各专业负责人和专职人员	1	8月	体系办
6	工作手册和管理手册	说明资产管理总体运行方式和相关岗位的职责要求	全体人员	长期（网络培训）	7月开始	体系办
7	目标、策略和工作流程	省级公司目标、策略和程序文件里所阐述的和本职工作相关的要求	全体人员	长期（网络培训）	8月开始	体系办
8	资产管理文档体系	资产管理要求和公司文档记录的关联性（手册、策略目标、程序文件、标准制度以及记录的层级关系）	全体人员	长期（网络培训）	9月开始	体系办
9	通用技术方法	对各类通用技术方法模型进行讲解（风险模型、LCC成本模型、资产墙模型等）	各部门专职人员	1	10月	体系办

【案例总结】

　　本案例主要介绍了某公司资产全寿命周期管理专项培训安排，具体内容包括了培训项目名称、培训的主要内容、培训面向的对象、办班期数、培训时间以及主管部门。

　　本案例体现了在培训计划管理阶段需求识别以及项目资源时间安排等要求。此外，培训工作还包括培训的实施管理以及培训效果评估与反馈两个阶段。

第六章

法律法规与标准制度

第一节 法律法规的常态化工作

一、工作内容

法律法规及其他要求包括法律、行政法规、地方性法规、规章与由监管机构、上级单位、工会等提出的要求，以及其他与资产管理相关的企业必须遵从的强制性标准。法律法规工作评价包含但不限于以下内容：本单位资产管理业务相关法律法规识别清单，法律法规相关培训宣贯记录等。

二、工作要求及评价标准

（一）工作要求

法律法规工作的开展必须按照适用部门确定法律法规的识别评价部门，在各部门、各基层单位各部室指定专人管理，并随时跟踪法律法规及其他要求的最新信息，定期获取法律法规及其他要求，开展法律法规及其他要求所对应的工作。在识别法律法规时应把相关的法律法规整理在一起，然后对其进行分析、归纳，提炼出具体的、明确的要求。同时定期组织回顾、考察相关法律法规及其他要求的有效性，通过持续改进，防范违反资产管理有关的法律法规风险，每年对法律法规及其他要求进行更新，并根据更新情况，每年发布废弃的法律法规及其他要求清单。对于存在变更的法律法规，在必要时进行内部通告。

（二）评价标准

评价法律法规工作是否到位的标准在于：首要观察是否建立了能识别适用的法律法规、监管条例及其他要求的流程或制度，能否明确规定识别资产管理的法律、法规、条例及其他要求的职责和途径，是否了解法律法规对资产活动可能产生的影响；其次检查是否将识别的法律法规及其他要求告知相关方，以确保相关人员了解、掌握、遵守适用的法律法规或强制性要求的必要性以及违反可能产生的后果；同时应定期审查相关法律法规及其他要求的有效性，并进行动态更新、维护。最后检查出台的法律法规管理是否满足《规范》的要求。并确保法律法规的相关要求能够融入到资产管理体系中。

三、法律法规工作开展

（一）工作方法

1. 部门职责

法律部门是资产管理法律法规体系的归口管理部门，负责按适用部门确定法律法规的识别评价部门；负责法律法规实施管理监督与考核；负责协助收集法律、法规和其他要求。

营销部门、人资部门（社保中心）、财务部门、物资部门、运营监测部门、审计部门、外联部门、企业协会、运维检修部门、信息管理部门（智能电网办公室）是与本专业相关法律法规实施的具体责任部门；负责与本专业相关法律法规及其他规范性文件的业务实施（学习贯彻、调整制度、优化流程）；负责评价评估本专业相关法律法规及其他要求的适宜性；负责建立和保持与本专业相关的法律法规及其他要求目录等。

2. 具体开展

（1）梳理与资产管理相关的法律法规及其他要求，建立法律和相关要求文档体系。电网企业通过各级政府、电力监管机构、国家电网公司、行业协会及其他资产管理相关机构网站公告、发文，识别通用的法律法规及其他要求，法律部门在收集到法律法规后，进行适用性评价，通过电网企业内部邮件途径流转给各相关业务部门，适用部门在收到法律法规后，由部门负责人主持，在 10 个工作日内对企业是否符合法律法规要求进行符合性评价，并做好学习贯彻、调整制度和优化流程，如果已经适用的法律法规如有重大修改的，当作新法律法规来开展识别与适用性、符合性评价，因法律法规变化而引起的文件修改，适用部门应按规章制度要求进行修改。

（2）分析内外部需要相应信息的部门及人员，建立沟通培训机制。法律部门在法律法规及其他要求符合性评价完成后，摘录适用的法律、法规和其他要求通过适当途径发布，以便普及法律法规与其他要求方面的知识，同时各专业部门在法律法规及其他要求符合性评价完成后，在学习会议、专题活动时安排普及和培训；对于企业内员工，可通过将法律法规学习教育内容列入年度员工培训计划，组织员工采取集中培训、自学等方式，沟通宣传法律法规的内容；对于企业外部有关机构、人员，可利用法制宣传、客户走访、用电检查、电力交易、合同谈判等机会，向其宣传法律法规的内容。对电网企业关系重大的法律法规及其他要求由人资部门安排培训计划，培训中心具体负责进行普及培训。

（3）持续将法律及其他要求的更新融入到资产管理体系中。法律部门对法律法规和标准制度识别的及时性、有效性进行检查。对识别工作开展不力的部门、单位提出考核意见；对法律法规和标准制度的沟通宣传进行不定期检查；对沟通宣传工作履行不到位的部门、单位和个人，提出考核意见。积极组织规章制度执行情况检查，可采用实地检查、问卷调查、专家评估、专项调研等方法进行，重点检查规章制度执行落实情况，并收集管理对象、执行部门对规章制度的意见建议。

（二）法律法规工作模板

1. 法律法规及其他要求一览表（见表 6-1）

表 6-1		法律法规工作目标		
法律				
序号	文件名称	发文号／编号	审议机关	实施日期
行政法规				
序号	文件名称	发文号／编号	审议机关	实施日期
部门规章				
序号	文件名称	发文号／编号	审议机关	实施日期
地方性法规				
序号	文件名称	发文号／编号	审议机关	实施日期
地方政府规章				
序号	文件名称	发文号／编号	审议机关	实施日期
地方性规范性条例				
序号	文件名称	发文号／编号	审议机关	实施日期

2.××公司制度标准体系目录表与法律法规对应清单（见表6-2）

表6-2　　　　　　　　　　制度标准体系目录表与法律法规对应清单

序号	制度标准体系名称	责任部门	参考的法律法规规章

四、案例分享

法律法规清单见表6-3。

表6-3　　　　　　　　　　　　法律法规清单

法律				
序号	文件名称	发文号/编号	审议机关	实施日期
1	中华人民共和国节约能源法	主席令第七十七号	全国人大常委会	2008.4.1
2	中华人民共和国安全生产法	主席令第七十号	全国人大常委会	2009.8.27
3	中华人民共和国合同法	主席令第十五号	全国人大	1999.10.1
4	中华人民共和国企业国有资产法	主席令第5号	全国人大常委会	2009.5.1
5	环境影响评价法	主席令第七十七号	全国人大常委会	2002.10.28
行政法规				
序号	文件名称	发文号/编号	审议机关	实施日期
1	生产安全事故报告和调查处理条例	国务院令第493号	国务院	2007.6.1
2	电力供应与使用条例	国务院令第196号	国务院	1996.9.1
3	电力安全事故应急处置和调查处理条例	国务院令第599号	国务院	2011.9.1
4	建设项目环境保护管理条例	国务院令第253号	国务院	1998.11.29
5	建设工程质量管理条例	国务院令第279号	国务院	2000.1.30
部门规章				
序号	文件名称	发文号/编号	审议机关	实施日期
1	国家危险废物名录	环境保护部、发改委令第1号	环境保护部、发改委	2008.8.1
2	电力市场运营基本规则	电监会10号令	国家电力监管委员会	2005.12.1
3	电力生产设备评估管理办法	生产输电〔2003〕95号	国家电网公司	2003
4	中华人民共和国计量法及实施细则	国家技术监督局令第3号	国家计量局	1987.2.1
5	水利电力部门电测、热工计量仪表和装置检定管理的规定	国务院国函〔1986〕59号文	国家计量局 水利电力部	1986.6.1
地方性法规				
序号	文件名称	发文号/编号	审议机关	实施日期
1	××省城乡规划条例	××省人民代表大会常务委员会公告第51号	××省人民代表大会常务委员会	2010.10.1
2	××省电网设施建设保护和供用电秩序维护条例	2014年3月27日××省第十二届人民代表大会常务委员会第九次会议通过	××省人民代表大会常务委员会	2014.7.1

地方性法规			
3	××省实施《中华人民共和国土地管理法》办法	××省第九届人大常委会第24号	××省人大常委会	2000.7.5
4	××省建设工程招标投标管理条例	××省第九届人大常委会第60号	××省人大常委会	2002.1.14
5	××省建设工程质量管理条例	××省第九届人大常委会第61号	××省人大常委会	2002.1.14

地方政府规章（地方政府发布）			
序号	文件名称	发文号/编号	审议机关	实施日期
1	××省工程建设违法行为行政处分规定	省政府令第110号	××省人民政府	1999.2.3
2	××省重点建设工程发包承包管理办法	省政府令第112号	××省人民政府	1999.4.1
3	××省电力设施保护办法（2011年修正）	省政府令第289号	××省人民政府	2011.12.31

地方规范性文件			
序号	文件名称	发文号/编号	审议机关	实施日期
1	关于印发《××省建设项目用地预审管理办法（试行）》的通知	土资发〔2005〕30号	××省国土资源厅	2005.4.22

其他要求			
序号	文件名称	发文号/编号	审议机关	实施日期
1	中华人民共和国计量检定规程－电子式交流电能表	JJG 596—2012	国家技术监督局	2013.4.8
2	交流电能表现场校准技术规范	JJG 1055—1997	国家技术监督局	1998.6.1
3	中华人民共和国国家标准－电能表检验装置	GB/T 11150—2001	国家质量监督检验检疫总局	2002.3.1
4	质量管理体系要求	GB/T 19001—2008	国家标准化管理委员会	2009.1.1
5	消防安全标志设置要求	GB 15630—1995	公安部	1995.10.1

【案例总结】

本案例详细列举了国家法律、国务院行政法规、国家部门规章、地方性法规、地方政府规章、地方规范文件等层次由高到低的各类法律法规，并进行了举例说明。

本案例主要体现在法律法规工作中的识别阶段，梳理与公司资产管理相关的法律法规及其他要求，并建立法律和相关要求文档体系。除此之外，法律法规工作还包括分析内外部需要相应信息的部门及人员，建立沟通培训机制以及持续将法律及其他要求的更新融入到资产管理体系。

第二节 标准制度的常态化工作

一、标准制度工作内容

省级电力企业标准制度主要由国家电网公司通用制度、国家电网公司非通用制度、通用制度差异性条款、国家电网公司非通用制度实施细则、公司补充制度、技术标准、管理标准、岗位职责说明书组成。

根据流程体系建设成果及标准制度管理规范要求，电网企业编制与标准流程相配套的标准制度体系框架，确保各项工作有标准、有要求；各规章制度之间、标准规范之间层次分明，要求相符，不存在重叠、重复定义甚至相互矛盾的情况。具体包括如下几项：

（1）梳理制度。依据资产管理程序文件、资产管理要求以及国家电网公司通用制度要求，检查现行的资产管理标准制度内容，形成资产全寿命文档清单。

（2）梳理管理标准。根据资产管理相关的管理标准，待国家电网公司后期下发的通用制度后，对现有管理标准进行逐步替换。

（3）梳理技术标准。依据资产管理要求，全面梳理资产管理相关技术标准。要求资产管理相关技术标准承接国家电网公司标准，并保持有效性、一致性。

二、标准制度工作要求及评价标准

（一）工作要求

根据资产全寿命周期管理理念，标准制度建设应该满足如下几点要求：

（1）应建立一套与资产全寿命周期管理管理流程、岗位相配套的、统一协调的标准制度，确保各项工作有标准、有要求；各规章制度之间、标准规范之间层次分明，要求相符，不存在重叠、重复定义甚至相互矛盾的情况。

（2）明确各层级、各部门之间的工作关系，特别强调各部门间的接口和协调，根据流程体系建设成果及制度标准管理规范要求，编制与标准流程相配套的制度标准体系框架，建立制度标准与业务流程、风险点、管控措施、岗位职责间的对应与联动关系，规定各项资产全寿命周期管理活动的负责部门、配合部门、固化部门的岗位职责，直接规范和指导资产全寿命管理各环节、各活动的开展，实现管理的纵向贯通和横向协同。开展体系认证，对制度体系文件进行审核，对执行情况与管理制度的符合性进行评价，促进制度体系的真正建立。

（二）评价标准

标准制度评价主要从三方面进行评价审核：

（1）标准制度管理记录，通过查标准制度管理记录，包括编制、审批、发布、修订等过程观察是否符合程序文件及国家电网公司规定；

（2）标准制度定义，查看标准制度，查看各规章制度之间、标准规范之间是否有存在重复规定，重复定义或冲突情况存在；

（3）标准制度匹配性，查看标准制度是否与各基层单位、员工工作流程、岗位相匹配，与实际操作相一致性情况。

三、工作开展

（一）标准制度编制时间与方式

法律部门牵头组织办公室、安监部门、发展策划部门、基建部门、调控部门、营销部门、人资部门、财务部门、物资部门、运营监测部门、审计部门、外联部门、企业协会、运维检修部门、信息管理部门根据规章制度实际执行情况和业务需要，于每年12月底之前，进行本专业、本部门制度的有效性、适应性、对应性和覆盖性分析，拟订本年度的规章制度新建、修订和废止的年度计划报法律部门，明确与资产全寿命周期管理管理流程、岗位相配套的、统一协调的标准制度。

法律部门对各部门报送的规章制度建设年度计划汇总调整，形成电网企业规章制度年度计划，报规章制度管理委员会批准。

电网企业每年 2 月底前编制形成年度规章制度建设计划，于年中调整一次。

基层单位与电网企业本部同步进行规章制度的规划与计划，并在每年 2 月底前交电网企业法律部门审批。

（二）标准制度编制做法

电网企业各职能部门从电网企业总部、行业协会、生产商及其他资产管理相关机构网站公告、报纸、杂志、发文等途径获取标准制度的文本和文件。各部门评审确定各自经营管理中需遵从的标准制度，编制各部门标准制度清单，并交由法律部门汇总发布。同时应定期（如每年或者必要时）开展一次对获取的标准制度的适用性评审和回顾工作，根据评审结果，识别适用的标准制度，建立企业适用的标准制度名录。

（三）标准制度工作模板

1. 制度体系目录表（见表 6-4）

表 6-4	制度体系目录表	
××公司规章制度清单		
支撑文件名称	支撑文件类型	支撑文件牵头部门

2. 资产管理三级核心流程梳理表规章制度对应表（见表 6-5）

表 6-5	资产管理三级核心流程梳理表规章制度对应		
二级流程节点	部门	三级业务流程名称	对应规章制度

四、案例分享

制度清单如表 6-6 所示。

表 6-6　　　　　　　　　　　　　　　制度清单

单位	文件属性	子属性	专业	状态	发文日期	附件名称
国网××省××市供电公司	非通用制度实施细则	县级公司级单位实施细则	工会管理	现行有效	2012-8-20	××市供电局局长联络员联系制度（建电政〔2012〕208号）
国网××省××市供电公司	非通用制度实施细则	县级公司级单位实施细则	纪检监察	现行有效	2012-8-20	××市供电局"三重一大"决策实施细则（建电党〔2012〕21号）
国网××省××市供电公司	非通用制度实施细则	县级公司级单位实施细则	发展规划	现行有效	2012-7-30	××市供电局电厂接入系统管理办法工作管理办法（建电发展〔2012〕189号）

续表

单位	文件属性	子属性	专业	状态	发文日期	附件名称
国网××省××市供电公司	非通用制度实施细则	县级公司级单位实施细则	行政办公	现行有效	2012-11-27	××市供电局特种载体档案整理细则
国网××省××市供电公司	非通用制度实施细则	县级公司级单位实施细则	行政办公	现行有效	2012-9-19	中共××市供电局委员会议事规则（建电党〔2012〕23号）
国网××省××市供电公司	非通用制度实施细则	县级公司级单位实施细则	行政办公	现行有效	2012-9-19	××市供电局工作规则（建电办〔2012〕233号）
国网××省××市供电公司	非通用制度实施细则	县级公司级单位实施细则	行政办公	现行有效	2012-8-3	××市供电局公务用车管理办法（试行）（建电办〔2012〕188号）
国网××省××市供电公司	非通用制度实施细则	县级公司级单位实施细则	行政办公	现行有效	2012-8-14	××市供电局印章管理办法（建电办〔2012〕200号）
国网××省××市供电公司	补充规章制度	县级公司级单位独立补充规章制度	后勤管理	现行有效	2014-7-15	国网××市供电公司生产民工雇用管理办法（试行）
国网××省××市供电公司	补充规章制度	县级公司级单位对接省级公司级单位补充规章制度	对外联络	现行有效	2012-11-2	××市供电局品牌传播工作管理办法
国网××省××市供电公司	补充规章制度	县级公司级单位独立补充规章制度	对外联络	现行有效	2012-10-25	××市供电局新闻宣传工作考核管理办法
国网××省××市供电公司	补充规章制度	县级公司级单位独立补充规章制度	工会管理	现行有效	2012-8-20	××市供电局工会小组长工作考核办法（建电政〔2012〕208号）
国网××省××市供电公司	补充规章制度	县级公司级单位对接省级公司级单位补充规章制度	纪检监察	现行有效	2012-8-20	××市供电局"三重一大"决策监督管理办法（建电政〔2012〕208号）
国网××省××市供电公司	补充规章制度	县级公司级单位独立补充规章制度	安全监督	现行有效	2013-2-21	××市供电局移动视频监控工作管理规定
国网××省××市供电公司	补充规章制度	县级公司级单位独立补充规章制度	安全监督	现行有效	2012-8-14	××市供电局机动车停放管理规定（建电安运〔2012〕195号）
国网××省××市供电公司	补充规章制度	县级公司级单位独立补充规章制度	安全监督	现行有效	2012-8-15	××市供电局机动车辆燃油使用管理办法（建电安运〔2012〕201号）
国网××省××市供电公司	补充规章制度	县级公司级单位对接地市级公司级单位补充规章制度	安全监督	现行有效	2012-8-28	××市供电局交通安全管理办法（建电安运〔2012〕216号）
国网××省××市供电公司	补充规章制度	县级公司级单位独立补充规章制度	运维检修	现行有效	2013-6-21	××市供电局低压配电线路设备管理细则.doc
国网××省××市供电公司	补充规章制度	县级公司级单位独立补充规章制度	运维检修	现行有效	2012-8-8	××市供电局防误操作装置管理规定（建电安运字〔2012〕3号）
国网××省××市供电公司	补充规章制度	县级公司级单位独立补充规章制度	人力资源	现行有效	2013-8-12	国网××省××市供电公司职工学历教育管理办法
国网××省××市供电公司	补充规章制度	县级公司级单位独立补充规章制度	人力资源	现行有效	2013-5-6	××市供电局中层干部考核办法

【案例总结】

本案例介绍的是某公司的制度清单，内容包括制度来源单位、制度属性（包括非通用实施细则和补充规章制度两方面）、制度的专业范围、发文日期以及有效性。

本案例体现了标准制度工作中梳理制度、管理标准和技术标准三个方面的内容。此外，标准制度工作还需要明确各层级、各部门之间的工作关系，强调各部门间的接口和协调，要建立制度标准与业务流程、风险点、管控措施、岗位职责间的对应与联动关系，规范和指导资产全寿命管理各环节、各活动的开展，实现管理的纵向贯通和横向协同。

第七章

风险与应急

第一节　风险管理常态化工作

一、工作内容

风险管控工作是指根据风险管理策略制定的一系列包括资产风险识别、风险评估、风险控制、风险监督等内容在内的风险预防工作。

（一）资产风险识别

由电网企业资产风险管理归口管理部门统一资产风险分类框架，组织相关业务部门参与风险识别，电网企业资产风险主要分为管理风险、电网和设备风险以及环境风险。在日常资产管理活动中，电网企业管理层、各部门和基层单位均应积极对资产全寿命周期各阶段管理活动可能存在的风险进行识别，如在基建施工、设备日常巡视、检修预试、电网调度运行、电网年度和临时运行方式安排、在线监测和状态评估、安全性评价或安全标准化查评和变更管理等工作同步开展风险识别，收集各类资产风险信息。应注意全面识别资产管理风险，不仅考虑影响安全、健康、环保目标的事件，同时也应考虑影响电网企业经营目标、社会声誉等的事件。

（二）资产风险评估

对风险的结果进行评价，为风险管理计划的制定和实施提供依据，风险分析的目的是为了查明项目在哪些方面，哪些地方，什么时候会出现问题，哪些地方潜藏着危险。在查明风险的基础上提出减少风险的各种行动路线和方案。

（三）风险控制

办公室组织业务部门根据资产管理风险评估结果，结合风险承受度和风险偏好，确定风险管理策略，制定风险解决方案，明确控制时间和责任人，制定详细的控制措施，针对重大风险视情况制定相应的专项解决方案。

（四）风险监督

在决策主体的运行过程中，对风险的发展与变化情况进行全程监督，并根据需要进行应对策略的调整。

风险管理工作内容如图 7-1 所示。

二、工作要求及评价标准

（一）工作要求

资产全寿命风险管控工作规范要求制定风险管理机制，明确相应部门及岗位职责；建立完整的风险信息库，管理范围要求风险识别的范围应至少覆盖电网、设备和人身安全风险、管理风险、环境风险以及变更风险，并覆盖资产全寿命周期各业务环节（规划、设计、采购、建设、使用、退役和处置等）。风险闭环管理机制要求风险管理流程应包括风险识别、风险评价和分析、风险管控和风险监控等环节，流程应覆盖资产全寿命周期的各个阶段和资产管理活动的各个方面。同时应建立风险评估的实施工作计划，并明确风险评估工作任务、完成时间、责任人员，确保实时把控风险管控工作。针对后续的风险评价结果应制定、实施控制措施和解决方案，重点关注对重大风险的管控。将资产管理风险评估信息应用到后续的工作之中，如：指导资产管理目标、策略和计划的制定；指导企业资产配置；指导资产管理执行；指导人员技能培训等。

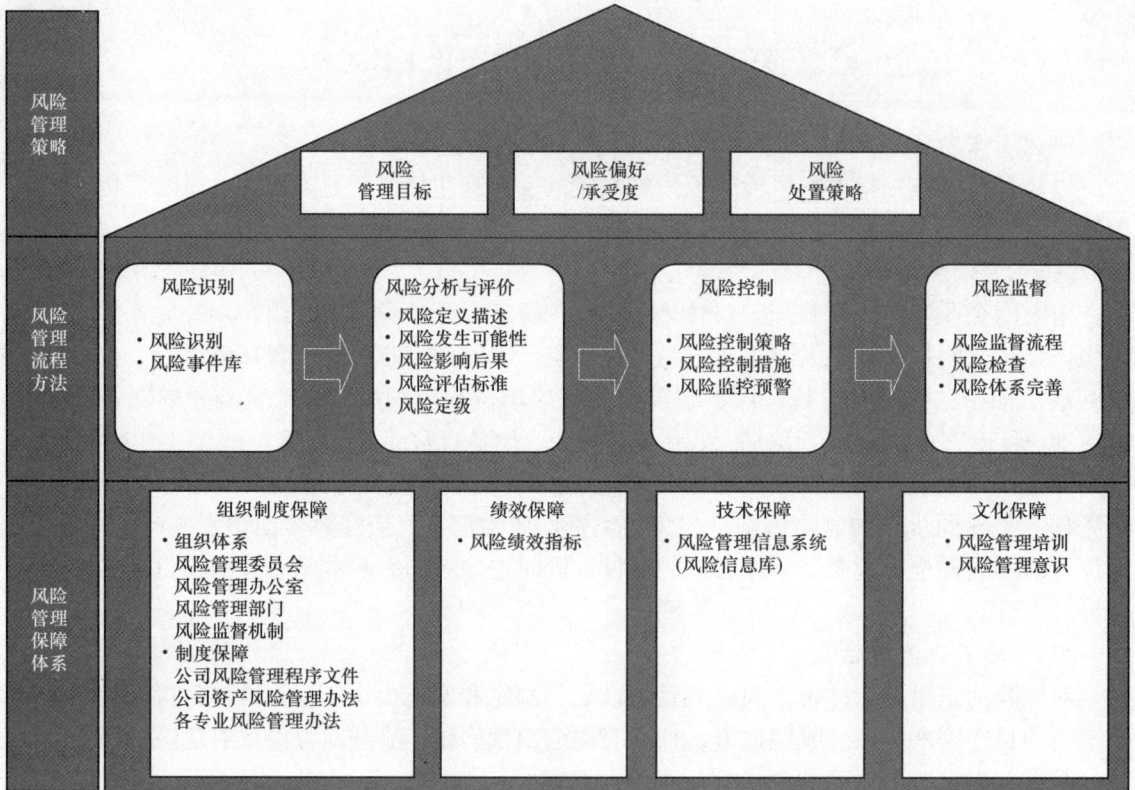

图 7-1 风险管理工作内容

（二）评价标准

企业风险管理工作开展是否符合资产管理要求，是否有效运作并持续改进，主要从风险识别、风险评估、风险管控、风险监控及信息应用四个方面展开评价。

1. 风险识别

检查相关文件的适宜性，安保风险是否建立风险管理的相关制度，是否明确相应部门及岗位职责，是否制定、实施并维护相关流程以识别、分类、评估风险，是否在资产寿命周期全过程明确风险管控措施，是否明确定期维护风险信息的要求。查看《资产风险管理办法》《全面风险与内控管理办法》等文件，检查其中对于安保风险企业是否建立了风险管理方法，是否包含了资产风险管理的范围、资产重要度评价方法、资产风险的分类、资产风险识别方法（时间）、资产风险评估方法、资产风险管控措施及容忍度、风险库、风险动态更新等内容。

2. 风险评估

检查企业是否建立了风险信息库，风险信息库是否覆盖安保风险类型，如人身安全风险、生产外包风险、境外作业风险、安全监督风险等；风险库里的内容是否包括风险程度、发生的概率、可能的后果、管控措施、容忍度以及相关职责；风险信息库是否定期维护、更新、审核。

3. 风险管控

是否基于风险评价结果实施了风险管控，是否制定、实施并维护管控策略、控制措施和解决方案。检查风险报告和风险信息库，从中抽取并查看若干已关闭的安保风险记录，检查是否存在以下风险：

（1）由于操作人员安全意识不足、防护措施落实不到位等原因导致的人员作业安全隐患，最终给企业带来人员伤亡、企业声誉下降的风险。

（2）在与承包商的合作过程中由于对承包商审核和监督的不力，给电网企业电网安全运行带来威胁的风险。

（3）由于外包项目安全管理不到位，安全监督难以执行，外包作业人员技术和安全素质水平难以控制等原因导致的现场作业人员作业安全隐患，最终给电网企业带来人身、设施、财产及国家、公司声誉的风险。

（4）由于安全监督不力、安全事故处理不当等原因，给电网企业电网安全运行带来威胁的风险。

（5）上述风险是否得到了及时有效的识别，识别后是否得到了科学准确的评价，评估方法是否采用通用方法，使得不同类别的风险可进行分级排序，包括是否综合考虑了事件发生的可能性和后果的严重性，是否对风险进行合理定级，并随时间、环境等条件变化对评价结果进行更新。

4.风险监控及信息应用

基于风险管控结果实施了风险监控，检查对相关风险是否已进行识别并管控，检查方法包括以下几个方面：

（1）是否对已经识别的风险进行监控管理，并对风险情况跟踪监测，及时掌握风险随时间变化的情况；是否对风险管理工作进行检验，及时发现不足并改进；

（2）查看风险和风险管理活动是否记录完整，询问并核实是否将风险信息有效用于后续的工作中；

（3）资产管理策略、资产管理目标、资产管理计划是否有清晰的制定；

（4）资源配置、人员培训和技能认证需求依据是否清晰；

（5）是否管控资产全寿命周期活动；

（6）是否有应用于指导资产管理执行；

（7）是否更新完善企业全面风险管理框架。

三、风险管理工作开展

电网企业管理层、各部门和基层单位应定期开展资产风险识别工作（收集相关法律、法规、规章、规范、条例、标准及其他要求，以及国家电网公司相关规章制度、操作规程等信息，作为资产风险识别的依据）。电网企业管理层每年至少开展一次资产风险识别工作。各部门和基层单位可根据具体业务情况确定资产风险识别的频率，满足以下要求：

一般可按周、月、季度为周期进行识别，至少每年开展一次风险识别工作；

对于临时开展的新工作、引入的新技术、管理方法更新、设备新增、技改、大修、作业方法新创等需要按照风险识别的要求，在变更发生之后立即进行风险识别，再开展相关工作。

各部门工作职责如表7-1所示。

表 7-1   各部门工作职责

部门	工作职责
资产管理委员会	（1）贯彻落实电网企业资产风险管理的有关要求，确定与电网企业管理目标相适应的资产风险管理工作目标和任务； （2）督导资产风险管理体系建设工作，审核电网企业资产风险信息库，风险评价标准，特大、重大风险管控策略及解决方案，批准资产风险管理相关规章制度及报告； （3）审批电网企业资产风险管理其他重大事项
资产管理办公室	（1）监督、落实资产风险管理体系建设工作，组织编制、修订电网企业资产风险管理标准； （2）审核电网企业级资产风险信息，组织跨部门的风险识别、评价和处置工作； （3）组织研究、制定电网企业资产风险管控措施； （4）应用资产风险信息指导电网企业资产管理活动； （5）组织资产风险管理考核和资产风险管理体系运行效果评价，总结推广相关工作经验； （6）负责资产管理体系自身的风险管理工作
安监部门	（1）牵头制定电网企业资产风险管理策略； （2）牵头汇总电网企业资产风险信息，建立电网企业层级资产风险信息库，并报资产管理办公室审核； （3）组织召开资产风险管理工作会议； （4）组织编制电网企业资产风险管理报告； （5）监督落实各专业资产风险管控措施； （6）负责本部门的资产风险管理工作
其他各部门	负责本部门的资产风险管理工作。 对资产风险进行识别、评价、分析，制定并实施控制措施，建立、维护专业资产风险信息库，对资产风险信息进行整理、评价、排序和审核，应用资产风险信息指导本部门资产管理活动，考察资产风险管理的效果，提出改进措施，编制本部门资产风险管理报告，负责本部门资产风险管理工作的宣贯、培训以及经验推广，配合制定电网企业资产风险管理策略，参与跨部门的资产风险识别、评价和管控工作，组织基层单位的资产风险识别、评价和管控工作

四、案例分享

风险管理表如表 7-2 所示。

【案例总结】

本案例为××公司风险管理报告表。报告将风险管理分为风险识别和分析、风险评价、风险管控以及风险监督四个阶段。具体报告内容又包括风险管理责任部门及责任人、风险对象、风险信息、风险原因分析、发生概率及影响后果、风险等级、风险管控措施等。

本案例体现了风险管理工作中风险识别、风险评估、风险控制及风险监督四大环节，符合风险闭环管理机制的要求。

风险管理表

表7-2

编号	责任部门	责任人	一级分类	二级分类	风险对象	风险信息（含影响）	风险原因	识别业务来源	信息系统来源	发生概率	影响后果	风险等级	预控措施	风险管控方式	发生概率	影响后果	风险等级
	风险识别和分析									风险评价（控制前）			风险评价（控制后）				
1	基建部门	××	管理风险	工程建设风险	公司基建部门	工程安全管理组织机构不健全的安全风险，因缺乏管理的组织机构，无组织机构及预防及处理安全事故，一旦发生安全事故，造成人身伤亡和经济损失，将严重损害公司利益及形象	（1）业主项目部项目经理或配备的业主项目部各专责人员不满足工程实际需要，不具备相应业务能力和实践经验，执业资格不能按照业务要求履责，导致业主项目部人员不满足预防及处理安全事故。（2）工程项目未建立相应的工程安全管理机构或安全管理机构成立的工程管理人员资质不符合要求，造成人数及资质管理疏漏，无法有效处理预防及处理安全事故	工程安全管理机构成立	/	2	3	6	（1）进一步加强安全管理队伍建设，加强业主项目经理及其他人员的业务培训。（2）落实各工程项目安全管理机构的建立，有效处理安全事故闭环，有效处理安全事故	××企业电力供电公司人身伤亡事件应急处置预案	1	2	2
2	基建部门	××	管理风险	工程建设风险	公司基建部门	工程设计、施工方案制定不合理风险及施工工程施工安全无法满足工程安全要求的安全隐患，一旦造成安全事故，带来人身伤亡，并带来经济损失，并将严重损害公司形象	（1）因初步设计深度未达到要求，与工程建设环境不符，考虑不全面，与工程"三通一平"应用要求不符合，设备选型不符合工程建设实际需要，初步设计概算费用计列不准确或超过初步可研设计概算等，导致使工程初步设计方案必要的安全措施不合理，从而造成人身安全隐患。（2）因施工图设计深度未达到要求，与施工方案不符，设备、与施工图设计方案不合理，设计方案考虑不全面，与工程建设环境不符，施工图预算未准确编制初步设计概算必要的安全措施不合理，导致工程中断，设备损坏或造成人身安全隐患，从而造成供电中断，设备损坏以及投运后安全隐患。（3）盲目追求采用新技术、新工艺、新材料，无法及时、准确识别相关设计的缺陷及不足，带来工程安全隐患	工程初步设计图会审、施工图审、施工方案编制	/	2	2	4	在设计和审查环节严格落实国家电网公司"通用设计"和"通用设备"等相关标准建设新技术"等标准化建设成果，按照施工图设计内容深度、施工图内容深度的规定，提高设计深度	××企业杭州电力供电公司人身伤亡事件应急处置预案	1	1	1

第二节 应急管理常态化工作

一、工作内容

应急管理机制是电网企业根据国家法律法规要求与资产管理规范要求，依据电网企业资产管理现状，由安监部门牵头制定的，该机制规定了应急管理工作的流程并明确各部门职责，以应对突发事件和紧急情况，保持电网企业重要资产管理行为的连续性。整个应急工作的管理可分为预防（准备）、预备（培训、演练）、响应和恢复四个阶段，主要包括应急准备、应急培训、应急演练、应急响应及处置、事后恢复与重建5个主要步骤。

二、工作要求及评价标准

（一）工作要求

应急工作全面规范和加强电网企业应急管理工作，健全应急体系，完善应急机制，提高应急能力，切实防范和有效处置对电网企业和社会有严重影响的各类安全生产事故和社会稳定事件，减少事故灾害和突发事件造成的影响和损失，保障国家安全、社会稳定和人民生命财产安全，维护电网企业正常生产经营秩序。开展应急管理工作主要包含以下几方面的内容：

（1）开展应急管理的方案策划，包括应急管理面对的内外部环境、应急所需资源的配置、应急培训和演练等；按照应急管理的方案，制定完善相应的应急预案，包括总体应急预案、专项应急预案和现场应急处置方案，应急预案和应急处置方案应该考虑全面；并明确规定应急管理的评价考核要求；

（2）明确应急管理体系所包含的业务内容以及组织层级，建立各业务的流程和制度；明确应急管理体系内组织中不同层级的职责、业务接口和内容；

（3）按照应急演练计划开展应急培训和演练，编制演练方案，并在演练完成后进行演练效果评估；

（4）建立应急指挥中心等场所，明确应急资金、应急物资保障工作要求，并实际运转。

（二）评价标准

应急管理工作评价标准包含程序标准和报告内容两方面。

程序标准方面，一方面要检查应急处置工作开展是否建立应急管理程序文件，包括应急事件识别、应急组织结构、应急预案编制和评审、应急培训与演练、应急资源配置、应急响应、回顾等要求。另一方面要确定应急处置是否符合资产管理规范要求。同时要检查应急培训组织是否得力，应急处理能力是否持续提高。

在报告内容方面，主要有如下六个方面的内容：

（1）应急计划是否包括如下内容：应急响应触发条件确认、报告流程、内部应急队伍团队、外部相关方参与、需要保护的设施、外部沟通要求、应急设施要求、人员搜救、环境保护安排、后勤安排、用户保护、应急恢复等。

（2）是否对所有已识别的突发事件建立应急预案，预案是否明确以下内容：

1）风险与资源分析；

2）应急响应等级；

3）应急资源准备；

4）应急组织与人员职责；

5）应急响应程序；

6）外部的联系和支援；

7）应急培训与演练周期及要求；

8）现场恢复程序。

（3）是否按照计划开展了应急演练，是否完成以下事项：

1）明确了演练目的和开展方式；

2）编制了演练方案；

3）指定了参演、控制、模拟、评价人员；

4）编写了评价报告；

5）演练人员进行了自我评价；

6）针对不足项、整改项及时制定改进措施并确保措施实施。

（4）应急处置沟通机制建设是否完备、落实有效，是否与新闻媒体、政府相关部门等建立了应急联动管理机制。

（5）应急物资是否配备满足需求。

（6）是否建立了完善的应急组织机构，组建应急队伍，并明确了各级应急负责机构、人员的职责。

三、应急管理工作的开展

（一）应急管理操作方法

1. 应急准备

安监部门牵头组织运维检修部门、信息管理部门、调控部门、营销部门、办公室、外联部门、后勤部门、基建部门、物资部门等部门建立电网企业的应急预案体系，包括电网企业总体应急预案、专项应急预案及现场处置方案，识别出可能引发电网安全、人身安全、设备设施安全、网络与信息安全、社会安全等各类突发事件的风险，编制相应的应急预案，明确事前、事发、事中、事后各个阶段相关部门和有关人员的职责、应急响应触发条件（预警级别及相应行动）、报告流程等。

应急预案体系符合国家有关法律法规、电网企业规章制度等要求，与企业资产管理目标要求和企业面临的资产风险相适应，与企业内、外部环境的变化趋势相一致。安监部门组织电网企业各相关部门对应急预案进行定期修订审核，以确保其适用性。为保障应急工作顺利开展，电网企业为应急管理提供所需的资源，包括各级应急指挥中心、电网备用调度系统、应急电源系统、应急通信系统、特种应急装备、应急物资储备及配送、应急后勤保障、应急资金保障以及应急救援等。

2. 应急培训

针对多种应急情况，明确应急培训机制，设计并构建应急培训流程，包括职责、主要业务活动、时间要求等；明确培训对象，并定期开展应急培训；配备应急物资和各类应急装备。培训结束后，由培训实施部门评估应急培训的效果，指出培训存在的不足项目，针对不足项及时制定改进措施与计划，并确保措施实施，为下次的应急培训提供重要反馈参考意见，以提升培训效果。

3. 应急演练

根据电网企业应急管理要求，各相关部门定期制定应急演练计划并组织实施演练；

根据应急预案，建立应急演练流程，包括各相关方的职责、参与人员、演练的主要内容、形式、范围、日程等；应急演练的过程需要全程记录。每项应急演练的牵头部门组织各相关部门对应急演练进行评价，主要从人员表现及应急演练工作效果两个维度开展。同时电网企业邀请相关方参与应急演练评价，并根据评价结果对应急管理进行持续改进，包括修订预案等。

4. 应急响应及处置

电网企业严格按照各项应急预案的要求启动应急响应，实施具体的内外部应对措施。根据响应级别，应急响应和处置相关责任人应各负其责，行使权力及履行义务。每项应急响应及处置工作的牵头部门组织各参与部门开展应急处置评价工作，评价主要从人员表现及应急处置工作效果两个维度开展。同时电网企业邀请参与应急处置工作的外部相关方参与应急处置评价，并根据评价结果对应急管理进行持续改进，包括修订预案等。

5. 事后恢复与重建

应急处置工作结束后，电网企业各单位对突发事件的起因、性质、影响、经验教训和恢复重建等问题进行调查评估，开展事件处置过程的分析和评估，提出防范和改进措施，并监督落实。事后恢复与重建工作结束后，事发单位应当及时做好物资、资金的划拨和结算工作。

（二）应急管理工作模板

1. 年度应急培训计划（模板）（见表7-3）

表 7-3　　　　　　　　　　　年度应急培训计划（模板）

序号	单位	培训项目	主要培训内容	培训对象	培训期次	计划完成时间	备注

2. 年度应急演练计划（模板）（见表7-4）

表 7-4　　　　　　　　　　　年度应急演练计划（模板）

序号	单位	项目名称	主要演练内容	演练类型	参演人数	计划演练场次	计划完成时间	备注

3. 应急评估记录（模板）

×× 应急评估记录

一、突发事件概况

二、企业受影响情况

三、应急处置情况

（一）应急准备
（二）预警及响应
（三）应急处置
四、存在问题及改进措施

评估单位：××公司
评估日期：××年××月××日

四、案例分享

××年××公司突发事件舆情应急处置实战演练评估报告

为认真贯彻落实国家电网公司、省级公司的有关精神，确保电网安全稳定运行，确保公司和谐稳定发展，×月×日，国网××供电公司组织××公司、××公司、××公司、客户服务中心、变电运维室、变电检修室、输电运检室、配电运检室开展突发事件舆情应急处置实战演练，各单位提前部署和配备人员，11名参演人员按时到岗，做到人员到位、通信顺畅，确保实战演练顺利进行。

本次突发事件舆情应急处置实战演练旨在全面检验公司各单位舆情监测、舆论引导、舆情应急处置工作机制和对舆情应对的重视程度，考察在应对突发事件中的应变能力和应对手段，提升舆情管理应对处置工作水平和应急工作能力，为今后公司进一步加强品牌维护管理工作，妥善应对突发事件，有效化解舆情风险积累实践经验，确保公司舆情整体平稳，为公司发展营造和谐稳定的内外部环境。

演练分信息检索、舆论引导、综合演练三个部分依次展开，未提前设置脚本，采用定时直接向各单位下发演练题目的方式进行。三部分演练内容分别要求各单位参照演练程序及要求，在规定时间内完成规定动作并提交。

信息检索部分要求各单位检索近年来被曝光的城管负面事件信息和电力系统被曝光的负面信息，提交时要同时标明使用的检索网站、关键词、信息检索条件特殊设置等内容，主要检验各单位面对负面舆情时信息收集能力。

舆论引导部分要求各单位对出现在网络上的2篇电力负面主题帖子进行评论回复，正面引导舆论，维护公司形象安全。主要检验各单位面对舆情危机时舆情研判机制及抓重点、要点进行舆论引导的能力和水平。

综合演练部分以某市主城区突降暴雨造成某条110kV线路跳闸导致城区大面积停电，从而引发外部舆论危机为虚拟背景，要求各县级公司规定时间内制定新闻应急处置预案、新闻发布词、新闻通稿，各基层单位结合自身实际明确在处置该突发事件过程中的重点注意事项及相关人员的工作职责。

整个演练持续约三个半小时，各参演人员均坚守岗位，表现出积极的工作态度，能够按时完成负面信息的检索收集和针对性开展舆论引导任务。面对虚拟的大面积停电事件，各位舆情管理人员发挥出良好的舆情应对处置水平，大部分能够遵循突发事件舆情应急处置工作中的第一时间、公开透明、第三方、坦诚等原则，做到组织有序、配合有力。但在预案中明确重点注意事项、细化工作小组及人员分工，明确职责等方面仍需进一步完善。

此次实战演练重点检验了公司各单位对突发事件的新闻应急响应速度、处置机制和工作能力，进一步强化了对突发事件舆情的掌控和舆论引导工作，有效提升了公司舆情管理人员应对突发事件紧急开展新闻处置的水平和危机化解的能力，取得了较好的预期效果。

【案例总结】

本案例为某公司突发事件舆情应急处置实战演练评估报告。报告首先介绍了演练的背景、时间、参与人员及概况。演练过程分为信息检索、舆论引导、综合演练三个部分依次展开。最后，报告总结了演练的成果及后续改进内容。

本案例展现出应急管理工作中预备阶段的演练阶段，制定演练计划，编制演练方案，开展了应急演练工作，并在演练完成后进行演练效果评估，在演练程序及内容方面符合标准。此外，应急管理还包括预防准备、应急响应和事后恢复三个阶段。

第三节　沟通的常态化工作

一、工作内容

（一）沟通的内容

资产全寿命"沟通"是指确保资产管理信息在企业内外部提供、接收和理解，有效的沟通是自上而下、自下而上和横向协同的，包括部门与部门、基层各单位之间的沟通，企业与外部利益相关方之间的沟通，资产全寿命沟通主要包括如下几方面的内容：

（1）资产管理总体目标、策略和计划的决策活动；

（2）管理规范、工程技术标准、制度及流程；

（3）风险评估与管控决策；

（4）事件调查和发布；

（5）资产状况和绩效；

（6）应急管理；

（7）资产管理执行过程；

（8）资产管理体系的持续改进。

（二）沟通的频率

资产全寿命的日常沟通协商沟通频率应该根据实际业务需求确定并通过管理制度进行规范；其余工作的沟通协商也应当根据各业务管理规定及实际情况开展。

二、工作要求及评价标准

（一）工作要求

沟通是为了一个设定的目标，把信息、思想和情感在个人或群体间传递，并且达成共同协议的过程。有效的沟通，必须包含信息的传递与反馈，必须明确沟通范围及内容、沟通时效、沟通对象以及明确、清晰、有效的沟通渠道；确保资产管理相关信息能够在管理者、员工以及其他利益相关方之间有效传递和反馈；建立双向交互的沟通方式；在与员工、客户和其他利益相关方沟通重要资产管理信息时，应对过程及结果信息进行记录、归档并根据结果改进沟通方式。

（二）评价标准

资产管理沟通的评价标准主要分为沟通内容以及沟通中的实施与控制两方面。

资产管理沟通内容方面主要查看资产管理沟通程序文件，职责分工是否明确，工作内容及要求是否满足5W1H。沟通过程中是否明确识别沟通需求、沟通范围、渠道、时效、对象等，是否明确了必须进行沟通的重要资产管理活动，以及这些沟通的方式、渠道（如目标、策略、计划等）。

资产管理沟通的实施和控制方面主要观察沟通管理的实施是否符合规范要求，管理有效；针对已明确需要进行沟通的重要信息是否按规定进行了沟通，沟通有效；规定的沟通范围是否充分，采取的沟通方式、沟通渠道是否有效；后续是否有对沟通效果进行评估，并采取必要的改进措施。

三、工作开展

（一）沟通工作开展方式

办公室负责沟通实施过程中的监督和检查，要求各部门按照沟通计划完成沟通工作，根据沟通完成情况以及沟通效果进行考核，总结和完善沟通工作，发现存在的问题和不足，提出改进意见，确保沟通达到效果。各部门在沟通结束后，根据存在的问题和不足，按照改进意见纠正和完善，使沟通内容更具有针对性和有效性。

各部门应开展相关培训，学习宣传、督促提高员工沟通管理技巧和能力，使相关人员熟练掌握本部门所辖专业相关知识，熟知相关专业制度办法规定，提高沟通的技巧与方法，保障沟通的有效性。办公室负责电网企业沟通工作的归口管理；负责电网企业信息的传递、处理及与外部机构的沟通；负责来信、来访处理；负责会议管理；负责公文管理。

（二）制定沟通方法

1.内部沟通的渠道

包括会议、公文、邮件、公司报纸、杂志、网络等内部媒体的报道和讨论等方式。会议是沟通协商的重要方式。办公室组织各业务部门按照《省级电力企业工作规则》《国家电网公司会议管理办法》等规定，规范公司各类会议（活动）的计划、组织和管理；各业务部门通过公文管理系统进行正式文件的收发、处理，按照相关规定进行公文的有效流转；各业务部门通过各业务管理系统（如生产管理系统等）展现资产、工程等信息，并通过系统工作流程通知、接收、审批相关业务工作；各业务部门通过通信系统，包括热线固定/移动电话通信、短信平台及电子邮件等方式进行日常工作的通知、反馈；各业务部门通过开展培训等方式，开展新流程、新系统、新规定、新技术的宣贯学习等；各业务部门建立公司新闻网站、企业知识一体化平台、报刊、电子/实体公告栏等，发布公司相关信息；各业务部门按照规定要求及时、准确报送公司发生的重大事故（事件）。

2.外部沟通的渠道

包括管理层拜访、走访活动、新闻发布会、听证会等会议，公司门户网站、服务网站及报刊、电视电台等社会媒体，公告、通知等书函。各业务部门通过公文收发及特定的通信电话与当地政府部门、相关单位进行信息沟通；各业务部门通过会议形式进行相关工作的协商；各业务部门建立网站、报刊、公共信息栏，发布企业相关信息；各业务部门开展专项宣传、客户调查活动及大客户走访方式，对公众进行电力设施保护、电力环保、用电知识等的普及，了解客户对公司的服务需求；各业务部门通过招投标方式、采购合同的签订，与服务（物资）供应商进行相关要求的沟通。

（三）沟通工作模板

1. 会议纪要

×× 会议纪要

一、阶段体系深化工作情况

（一）体系深化应用

（二）关键业务提升

（三）领先实践

二、工作中存在的问题

三、体系建设重点工作计划及下一步工作安排

四、体现建设评价标准

2. 会议申请表（见表 7-5）

表 7-5		会议申请表			
申请部门		用途		人数	
申请使用时间		时间		填表人	
会议室地点		备注			
主管意见					
领导人意见					

3. 利益相关方清单（见表 7-6）

表 7-6		利益相关方清单			
序号	部室	外部利益相关方名称	内部利益相关方名称	重要利益相关方	沟通的方式、渠道、对象、人员、频率等描述

四、案例分享

×× 公司 ×× 年资产全寿命周期管理体系建设例会会议纪要

×× 年 ×× 月 ×× 日下午，国网 ×× 供电公司在公司 N305 会议室召开资产全寿命周期管理体系建设第一次例会。会议由安监部门主持，×× 副总经理，×× 总会计师，×× 副总工程师，公司各单位安监部门、办公室、发展策划部门、人资部门、财务部门、审计部门、运维检修部门、基建部门、营销部门、调控部门、信息管理部门、运营监测部门、物资公司、经研所、配电运监室、变电检修室、输电运检室等部门负责人及相关联络员参加会议。会议介绍了目前体系建设的开展情况，对公司各部门资料的反馈情况进行了总结，

对下阶段工作开展制定了计划，并做了重点部署。会议纪要如下：

1．××公司汇报工作开展情况

（1）完成18个部门的培训及访谈，并完成相关访谈纪要；

（2）根据各部门反馈情况，整理部分部门的岗位职责；

（3）按体系建设文审要求，整理标准、制度性文件350个；

（4）完成省级公司第一次检查后提出的纠正预防措施表；

（5）完成公司自评价报告的初稿；

（6）梳理各部门资料反馈情况，并制定后续工作计划。

2．各部门情况反应

运维检修部门：建议各部门岗位清单由办公室统一给出，然后进行反馈整理。

财务部门：相关专职人员不在，资料收集整理工作存在困难；海宁和桐乡两个县级公司财务的资产全寿命账卡物对应率指标未达到省级公司要求，请咨询人员配合解决。

经研所：对省级公司的宣传手册进行了学习，会按要求进一步完善相关工作；在形成××公司各部门自评价报告时希望参考××供电公司自评价初稿。

物资公司：物资公司基本按要求提供了相关资料，但是在"三集五大"岗位职责调整后，岗位及现有制度与工作标准无法对应，与省级公司下发的资产全寿命管理体系所规定的岗位职责有冲突，如果按原岗位梳理，则可以实现对应，请确认按哪种方式对应。

发展策划部门：请资产管理办公室明确所缺资料清单，咨询省级公司检查工作的重点。

基建部门：目前基建部门已整理70%的相关资料清单，按体系建设要求收集近2年的支撑材料，基建部门需提供的资料较多，是否可以列举其中一些典型材料；相关专职人员被抽调省级公司，资产管理办公室能否结合人员外出与在岗的时间进行沟通。

营销部门：资产全寿命管理体系以实物资产为主，相关工作职责只涉及营销部门部分人员，而且营销部门工作量较大，相关工作能否从简。

运营监测部门：运营监测部门成立才1年，需提供近2年的相关记录、资料较少；资产管理办公室下发各部门所缺资料清单最好明确细化。

调控部门：目前人员被抽调省级公司，访谈后的主要资料已经反馈，后续主要完成部门自评价报告。

信息管理部门：由于省级公司抽调人员，导致人员不固定，同时体系建设的工作较为复杂，信息部门的岗位与省级公司无法对接，需资产管理办公室具体落实工作内容。

输电运检室：加强对资产管理的访谈学习，按要求完成相关工作，做好体系建设的支撑工作。

配电检修室：访谈结束后，设立了专人专职来开展体系建设的工作，后续工作中一是结合营配贯通数据，进一步梳理配网数据的准确性，二是结合大修技改工程，选取部分典型项目，开展闭环工作。

办公室：办公室是一个汇总部门，包括法律法规、相关制度、与利益相关方的沟通等工作，面比较宽，需要汇集各种资料；我们会加大人员力度，调整人员，做好相关工作。

人资部门：资产管理办公室最好提供各部门PDCA流程填写的模板；岗位对接表中部分需地市级公司落实的，地市级公司需要落实，如果没有写明需地市级公司落实是否需要落实；××年人力资源的培训计划，年初尚未制定资产全寿命周期管理方面的培训，需要增补相关培训计划；能力模型请咨询人员确认是否需要进行完善；部门人员被抽调，希望与省级公司及时联系，共享成果。

3.公司领导对体系建设的开展做了重要指示

××总会计师：

（1）资产全寿命周期体系涉及面广，与公司各部门的工作紧密结合，做好标准制度的落地与PDCA流程的执行；

（2）现阶段省级公司抽人集中办公，需要各部门进行协调，确保力量的投入，部门领导参与工作的开展，支持体系建设；

（3）体系建设的牵头部门与咨询机构需要对工作予以落实，消除各部门对后续工作、效果存在的顾虑，充分发挥各部门的效能。

××副总经理：

（1）体系建设是一项全局性、全覆盖的工作，目前各部门已经完成了大量的工作，取得一定的成效，各部门提出相关的问题及建议；

（2）国家电网公司对省级公司的要求，××公司需要做到位，涉及资料的内容格式或者模板需要规范化、具体化；

（3）按计划完成工作，周计划具体到每日的工作，各专业部门在计划时间内，完成专业自评价报告，然后再完善××公司自评价报告；

（4）实施操作手册的制定，各部门认真完善，不仅在现阶段使用，做到以后的管理能够继续采用；

（5）各专业的自评价报告，需要反映真实情况，做到有则改之无则加勉，没有问题的部分作为卓越绩效的亮点，各部门存在的问题真实地向省级公司反映；

（6）各部门的典型经验选取典型案例作为亮点，PDCA的流程实例选取工作亮点；

（7）被抽调的人员在帮助省级公司开展工作的同时，要将相关信息反补××公司，也不能落下××公司的工作；

（8）体系建设中关于制度性的文件，由办公室负责把关确认。

【案例总结】

本案例为××公司资产全寿命周期管理体系建设例会会议纪要。例会由安监部主持，各部门负责人及相关联络员参加，进行了体系建设情况的沟通交流。会议开始阶段，各部门汇报工作开展情况，包括培训访谈、梳理的制度文件、评价报告等内容。之后，各部门反映体系建设问题并提出改进意见。最后，领导层对问题进行回答，并提出后续工作开展意见。

本案例中的沟通为例会形式，是典型的内部沟通渠道，沟通过程体现出自上而下、自下而上和横向协同的要求，实现了部门与部门、基层各单位之间的沟通。

第八章

信　息

第一节 体系文档的常态化工作

一、体系文档的工作内容

一份完整的体系文档是依据电网企业所建立的资产管理手册、程序文件、标准制度体系的三层文档体系框架建立而来的。主要分为内部文档和外部文档,内部文档包括:资产管理手册、程序文件(26个管理办法)、制度标准体系文件(涵盖规章制度、技术标准、管理标准、岗位职责文件)、记录表单;外部文件包括:国际、国家、行业、地方标准;国家、地方的法律、法规、行政行规、上级文件和客户或供方提供的图样、技术资料、合同、协议、业务往来文件、安全或质量保证文件等。

电网企业基于资产管理手册,形成体系对应的程序文件,将程序文件要求落实分解到电网企业规章制度体系中,基于与业务流程对应联动的标准制度形成相应的过程记录,实现文文相符、文标相符、文实相符的闭环管理。

电网企业同时应建立资产体系文档的管理机制,资产管理办公室组织对文件的编制、审查、批准、贮存、保管、归档、作废工作。明确文件发布前要得到批准,并对文档进行及时更新和维护,针对重要内容予以宣贯。文档管理机制要求必要时对文件进行评审和更新,并再次批准;确保文件保持清晰,并易于识别;确保策划和运行资产管理体系所需的外来文件得到识别,并控制其分发;避免文件被不正当地使用,避免泄密,得到充分地保护;按照相应的密级进行管理;明确对文件进行版本控制,防止作废文件的非预期使用;如需保留作废文件,应对这些文件进行适当标识;明确文件存储方式,妥善进行归档。

体系文档工作内容如图8-1所示。

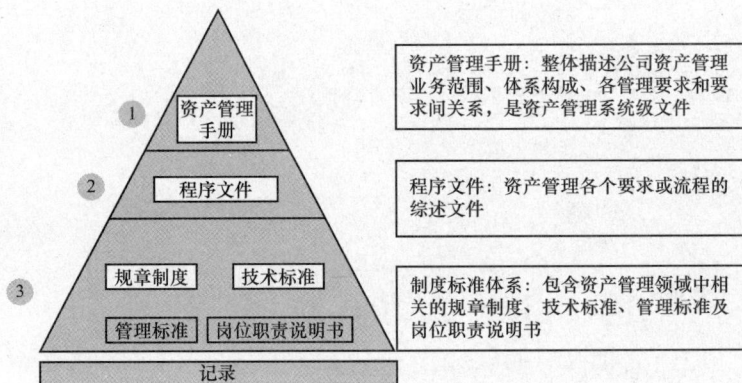

图 8-1 体系文档工作内容

二、体系文档工作要求及评价标准

(一)工作要求

建立体系文档工作的开展要求电网企业所有文件和外部的法律法规与电网企业相关要求一致。电网企业将有关管理过程固化、落实在文档上,并对发布的资产管理文档进行宣贯,支持员工及时、全面理解资产管理体系的相关要求，主要要求包括以下五个方面：

（1）应全面覆盖体系规范要求，构建层级清晰、正式完整的书面文件体系，各要素之间应体现关联性，密切相关的要素在相关体系文件中应有衔接描述。

（2）应建立体系文档管理机制，明确文件的识别、分发、版本控制、存储和密级要求，体系文件应履行审核、批准流程，并按要求及时更新。

（3）应在管理手册、程序文件中，对各项体系规范要求相关部门的职责有清晰描述。

（4）体系文件的规定应与法律法规和电网企业规章制度要求保持一致，并符合"5W1H"要求，体系文件的可执行、可操作性强。

（5）体系文件应与电网企业现行规章制度体系深度融合，突出体系对资产管理中跨专业、跨部门协同点的管控要求，并满足"五位一体"协同机制要求。

（二）评价标准

体系文档评价标准包含体系文档建设和体系文档管理机制两方面。

体系文档建设方面，一方面要求企业体系文档管理机制及形成的文档体系符合资产管理规范要求；另一方面要求构建多层级的资产管理体系文档结构，清晰说明各管理要素间的逻辑关系；同时对资产管理文档进行宣贯。

体系文档管理机制方面，建立资产体系文档管理机制，以明确各类文件的控制要求。评价标准如下：

（1）文件发布前要得到批准；

（2）必要时对文件进行评审和更新，再次批准；

（3）确保文件保持清晰，并易于识别；

（4）确保策划和运行资产管理体系所需的外来文件得到识别，并控制其分发；

（5）避免文件被不正当使用，避免泄密；

（6）按照相应的保密等级对文件进行管理；

（7）对文件进行版本控制，防止作废文件的非预期使用；如需保留作废文件，应对这些文件进行适当标识；

（8）明确文件储存方式，妥善进行归档。

三、体系文档工作开展

（一）操作方法

电网企业资产管理办公室牵头建立资产管理体系文档管理机制，对文档的编制、审查、批准、贮存、保管、归档、作废，以及外来文件的管理控制进行管控；建立资产管理体系文档名称、编号、版本等清单，并根据体系文档的性质和管理要求进行更新和维护。

（二）体系文档工作模板

1.法律法规及其他要求一览表（见表8-1）

2.法律法规及其他要求汇总表（见表8-2）

3.制度标准体系目录表与法律法规对应清单（见表8-3）

4.资产全寿命周期管理文档清单（见表8-4）

5.资产管理三级核心流程梳理表规章制度对应表（见表8-5）

表 8-1   法律法规及其他要求一览表

法律				
序号	文件名称	发文号 / 编号	审议机关	实施日期

行政法规				
序号	文件名称	发文号 / 编号	审议机关	实施日期

部门规章				
序号	文件名称	发文号 / 编号	审议机关	实施日期

地方性法规				
序号	文件名称	发文号 / 编号	审议机关	实施日期

地方政府规章				
序号	文件名称	发文号 / 编号	审议机关	实施日期

地方性规范性条例				
序号	文件名称	发文号 / 编号	审议机关	实施日期

表 8-2   法律法规及其他要求汇总表

序号	法律法规和其他要求文件名称	发文号/编号	发布单位	实施日期	本公司适用条款	本部部门															
						办公室	发展策划部门	人资部门	财务部门	安监部门	运维检修部门	基建部门	营销部门	科信部	物资部门	审计部门	经法部	外联部	调控部门	运控中心	企协

表 8-3   制度标准体系目录表与法律法规对应清单

序号	制度标准体系名称	责任部门	参考的法律法规规章

表 8-4 资产全寿命周期管理文档清单

序号	管理工作要求与内容	程序文件名称	支撑文件名称	支撑文件类型	支撑文件牵头部门	记录名称	记录类型	省级公司归口部门	体系组档	省级公司部门归档	基层单位归档	基层单位	存储介质	保密级别	存储期限

表 8-5 资产管理三级核心流程梳理表规章制度对应表

序号	业务流程名称	规章制度	部门

四、案例分享

夯实政治基础 提升队伍素质
积极构建"三集五大"政治保障工作体系

一、工作描述

全面构建"三集五大"体系是国家电网公司党组为深化"两个转变",加快建设"一强三优"现代公司,创建"世界一流电网、国际一流企业"而做出的重要决策部署,是国家电网公司生产关系适应生产力发展的一次大变革。改革工作时间紧、任务重、要求高、涉及面广,既涉及体制、机制的变革,又涉及管理模式、工作方式的创新和干部、员工等切身利益的调整,更是广大干部员工思想观念的一次大转变和工作理念的一次大转换,全面落实思想政治工作,维护企业和谐稳定责任重大、任务艰巨。

在实施"三集五大"体系建设的过程中,浙江公司高度重视深化改革以及相关配套工作,强化执行力建设,严格按照国家电网公司的工作要求和时间节点,一手抓深化改革工作,一手抓政治保障工作,确保队伍稳定、改革有序、工作推进、企业发展、人员和谐,为构建"三集五大"体系建设撑起政治保障网。

二、主要做法

省级公司坚持以科学发展观为指导,根据"三集五大"体系建设工作要求和时间节点,编制、完善配套的政治保障方案,构建了以"思想引导、信访稳定、先进引领、劳模示范"为主题的政治保障工作体系。

(一)组织保障,"提升五觉"强化队伍思想引导

浙江公司根据"三集五大"机构变革情况,按照"四个同步"工作要求建立基层党组织,积极发挥党组织的政治核心作用和战斗堡垒作用、强化"五觉",构建五个立体化机制来强化员工队伍的思想先进性,切实将党组织的政治优势和组织优势转化为推动"三集五大"体系建设工作提速、提质、提效的强大力量,确保"三集五大"体系建设顺利推进。

(1)提升"知觉",构建立体化教育机制。一是坚持"面对面"宣讲,加强思想工作前

瞻性。组织开展三级（省级公司、市局、县局）形势任务宣讲和"三集五大"知识针对性培训，运用报纸、网站等媒体及"领导干部下基层、政工干部进班组、宣传工作到家庭"等有效载体，层层宣贯"三集五大"体系建设的目的和意义，实现宣讲和教育全覆盖。二是坚持"点对点"走访，加强思想工作人文性。遵循"三贴近"原则，开展以"进基层、进现场、进工地"为主的员工思想服务活动；增加工作专业性，开展"阳光心灵家园"活动和心理咨询师培训，在各基层单位设立"心灵驿站"，切实做到每位员工的疑有人答、忧有人解、苦有处诉。三是坚持"肩并肩"帮带，加强思想工作针对性。充分发挥党员的先锋模范作用，利用党员责任区和党群工作网络，广泛开展千名党员干部"手拉手帮扶结对"和万名共产党员"1+1"做榜样等实践活动，组织公司系统各级团干部开展"1+5"联系活动，以签协议来明责任、以定细则来保落实、以强考核来求实效，全面落实"传、帮、带"工程，提升每个员工对改革重要性和紧迫性认识。

（2）提升"听觉"，构建立体化交流机制。一是搭建三级对话平台听民声。运用"网格化"管理，构筑省级公司、地市局和县局三级思想政治工作平台，建立"一对一"思想政治工作机制，推出领导与干部、干部与班组长、班组长与员工三级对话机制。有针对性做好思想工作，使干部员工放下包袱、轻装上阵，同心合拍投入到"三集五大"体系建设中。二是搭建意见诉求平台察民情。通过开展干部员工思想动态调研、建立公司领导信访接待日、征集职工合理化建议和职代会提案，建立总经理联络员和本部监督联络员制度等措施，畅通干部员工诉求渠道，引导员工畅所欲言，拉近距离，促进沟通。三是搭建信息分析平台解民意。在公司系统各层级建立"周报告、月分析、季调研"三个员工思想动态管理制度，解析民意，深挖隐藏矛盾，发现倾向性问题，全面把握大局，做好深层次的思想政治工作。

（3）提升"视觉"，构建立体化传播机制。一是耳濡目染式环境打造。公司和各基层单位有效利用橱窗、长廊、电子显示屏、网站等现有资源，实现在员工身边环境中的"三集五大"体系建设相关知识视觉全覆盖，在潜移默化中提升员工的认知度，有效推进企业文化传播。二是四通八达式网络覆盖。结合网络传播高效、快速及覆盖广等特点，在公司系统各单位网站设立"三集五大"体系建设专栏，确保信息第一时间送达、精神第一时间传达，任务第一时间下达，以搭建虚空间求得实成效。三是随时随地式手册宣传。公司系统以精简、实用为原则，先后编发企业形势任务读本和相应的"三集五大"体系建设"口袋"宣贯手册，下发到每位员工，使"三集五大"体系建设学习真正做到随时、随地、随手、随人。

（4）提升"触觉"，构建立体化引领机制。一是掀起学习先进人物活动热潮。公司在深入开展学习吕清森、解黎明、韩克勤等先进典型的同时，成功选树了江小金同志这一先进典型人物。公司系统还先后培养和选树了104名全国、省劳模及国家电网公司劳模和省级公司级劳模，实现核心价值观人格化。二是掀起"我们的价值观"大讨论热潮。以"学习雷锋精神，践行国家电网公司核心价值观"为主线，在公司系统广泛开展"我们的价值观"大讨论，引导党员干部和职工群众深化核心价值观，增强宗旨意识、使命意识和荣誉意识。三是掀起"学身边的榜样"赶超热潮。组织开展"创先争优闪光言行"评选展示，挖掘选树了65个创先争优先进集体和131个优秀个人。广泛开展"学习江小金，为民服务当标兵""我学江小金，奉献在岗位"等主题实践活动，以身边事教育身边人，培育员工责任感和使命感。

（5）提升"自觉"，构建立体化攻关机制。一是领导班子带头调研，解决全局性重点问题。建立领导班子务虚研究课题制，有针对性的落实100个重点课题项目，发挥政研会在"三集五大"体系建设中的"思想库""智囊团"作用。二是机关部门积极调研，解决业务上突出问题。公司层面各职能部门按照"三集五大"新组建后的各自工作职责和职能，结合领导干部下基层、政工师进班组，做到关口前移、重心下移，积极深入对接业务部门，抓协调、保稳定、促提高。三是基层单位主动调研，解决管理中具体问题。各基层单位对问题不等不靠、主动攻关、及时解决。通过深入一线调查研究，掌握干部员工对企业发展变革和重大决策部署的反映，摸清真实诉求，切实解决改革发展中面临的实际问题。公司和各基层单位凡涉及"三集五大"改革的重大方案，都要求提交职代会讨论通过。

（二）和谐发展，"3×3模式"确保队伍安全稳定

围绕"三集五大"体系建设队伍稳定目标，公司坚持"安全第一，稳定至上"方针，全面落实"三个注重、三个强化、三个落实"的队伍稳定工作模式，按照"以防为主"的要求，构建覆盖省市县三级的"大信访"工作格局，为"三集五大"体系建设奠定了坚实稳定的基础。

（1）以"三个注重"构建大信访格局，落实稳定是第一责任。一是注重落实信访稳定工作责任制。强化落实主要领导负总责、分管领导直接负责、其他领导"一岗双责"的稳定工作责任制，落实队伍稳定工作专门机构和专兼职人员，制定"三集五大"队伍稳定操作方案，层层签订"三集五大"安全稳定责任书，筑牢稳定责任防线。二是注重构建"大信访"工作格局。拓展信访稳定工作的覆盖面，建立健全一整套具有查处、协调、服务、信息、监督功能的科学、合理、综合的管理机制，全面实现信访部门交办、转办、督办、各职能部门和各基层单位承办、答复、反馈的闭环工作链，筑牢工作机制防线。三是注重建立"三个第一"信息网络。以信访部门为节点，建立纵向延伸至基层班组、横向辐射到同级部门的信访信息网络体系，坚持周通报、月动态、季分析的信息报送机制，苗头性问题提前介入，落实"第一时间""第一手情况""第一份资料"要求，筑牢风险预警防线。

（2）以"三个强化"筑牢信访稳定防线，践行稳定是硬任务。一是强化工作机制规范化建设。规范信访工作程序，及时发布信访工作标准，定期召开信访工作会议，全面强化对省市县三级接访、调处、答复、复查、复核等工作的规范和监管，切实履行信访事项三级终结制度和督查督办制度，扎实推进信访稳定工作的规范化运作。二是强化矛盾排查和应急处置。开展全系统拉网式职工队伍不稳定因素排查，通过问卷调查、走访了解、网上信箱、专题座谈等方式，开展"三集五大"职工思想动态调研，开展队伍稳定风险评估，编制风险评估报告和应急预案，对上访老户和串联聚集上访的牵头人，掌握动态，实施稳控。三是强化疑难信访积案调处。按照"一个案件、一名领导、一套班子、一个方案、一抓到底"的思路，明确责任主体、承办人员、化解措施、办结时限，因案施策，逐案化解，通过联合接访、集中会办、信访巡调、政策咨询、复查复核、督查通报等措施，提升"三集五大"体系建设期间疑难信访积案化解率。

（3）以"三个落实"巩固维稳工作成果，倡导稳定也是政绩。一是积极落实"源头控制"。严格执行"三重一大"决策程序，做到改革方案和职工关心的热点问题公开透明，对涉及机构人员、业务调整、电网建设等容易发生信访和职工群众急需解决的实际问题，提前进行宣传解释；对一些倾向性、苗头性的问题，提前进行谈话教育；对体制性、机制性的问题，提

前进行说明沟通；对一些历史积案和疑难信访问题，采取"现场接访、带案下访、重点约访"，把苗头问题尽早解决在基层、化解在萌芽。二是积极落实"三个转变"。变群众上访为干部下访，要求各级领导干部深入基层实际，掌握第一手材料，有针对性地解决好群众信访反映的问题。变被动应付为主动预防，层层建立矛盾纠纷排查制度，拓宽信息渠道，制定工作预案，把信访苗头消除在内部、化解在基层、解决在初始。变单纯信访为综合治理，改变以往"单兵作战"的被动局面，各级各部门做到认识到位、责任到位、措施到位、配合到位。三是积极落实"政府主导"。建立密切协作运行高效的政企信访维稳工作平台，充分发挥政企联动效能，加强与对口职能部门联系，运用信访"三级终结"共同解决处理信访疑难问题，加强各种应急突发事件处置，积极依靠公安机关，对集体上访出现阻塞交通、长期滞留、冲击公司正门等违法行为，采取强制措施，对违法上访行为起到震慑作用，推动各类信访疑难问题的妥善解决。

（三）文化引领，"学习江小金"提振员工"精气神"

江小金同志生前系宁波电业局副总工程师，是国家电网公司统一的企业文化熏陶下，扎根基层、奉献电网事业成长起来的重大先进典型。他的先进事迹先后获得李长春、王兆国、刘云山等中央领导和赵洪祝、刘振亚等省领导、国家电网公司领导的重要批示。浙江公司作为国家电网公司"五大"体系建设第一批推广单位，高度重视统一的企业文化建设，以国家电网公司"诚信、责任、创新、奉献"的核心价值观和"努力超越、追求卓越"的企业精神为指导，根据"制度管事 文化关心"的工作要求，组织开展了"学习江小金，为民服务当标兵""我学江小金，奉献在岗位"等活动，为"三集五大"体系建设提供了巨大的精神动力。

（1）创新学习载体，强化员工凝聚。在"五大"体系建设过程中，紧紧抓住"人"这一关键要素，加强宣传发动，通过江小金先进事迹巡讲、建设江小金先进事迹陈列馆、制作江小金事迹广播剧《他心中有座高山》、出版《光明使者江小金》等形式，宣传江小金同志的先进事迹，号召全体员工学习江小金同志忘我工作、鞠躬尽瘁的崇高境界，使全体员工深刻理解江小金先进事迹所蕴含的精神内涵，不断丰富自己的精神世界，正确把握人生的价值坐标，理解、支持和参与变革，在推进"五大"体系中摆正自己的位置，把学习江小金先进事迹转化为敬业、爱岗、奉献的实际行动。

（2）立足岗位服务，提升社会形象。将学习江小金与为民服务结合起来：与电力社区共建服务相结合，开展"学习江小金，为民服务当标兵"广场日活动，针对特殊群体开展表后用电延伸服务；与创建营销服务示范工作室相结合，建立了以"劳模""优秀共产党员"或"先进个人"为核心的营销服务示范工作室；与浙江电力春风行动"1+11"品牌建设活动相结合。将学习江小金内化于心，外化于形，有机地与品牌、服务队等融合一体，推动形成"人人当标兵"的良好氛围，从而提升企业服务品质，提升企业社会形象。

（3）突出榜样带动，构建长效机制。组织开展"我学江小金，奉献在岗位"主题活动，开展江小金式先进典型人物评选，构建江小金式先进典型工作的长效管理机制，培育造就了100名江小金式的好干部、好党员、好专家、好员工、好青年，10名江小金式标兵，充分发挥先进典型的示范和引领作用，鼓舞干劲，激励公司系统广大干部员工，在改革中找准定位、在岗位上奉献价值，通过榜样引领，焕发精神，把向江小金同志学习活动进一步转化为推动公司"三集五大"体系建设，加快实现"两个转变"的精神动力和实际行动，形成齐心推动改革与发展的氛围。

（四）模范带动，"劳模工作室"推动队伍素质提升

在"三集五大"改革过程中，浙江公司把创建劳模工作室作为实践公司核心价值理念的重要载体，以"进一步放大劳模品牌效应，在实践中保持和发展劳模先进性，更加有效地发挥劳模榜样的示范、引领和带动作用，充分激发广大员工的劳动热情和创新活力"为指导思想，通过建立良好的创建机制，使"劳模工作室"在凝聚队伍力量、提升队伍素质、推动企业发展中切实发挥出重要的榜样带动作用。

（1）分类创建与综合推进相结合，持续提升创建活动。按照"先分类创建、后综合推进、分类与综合相结合"的原则，分别建设"劳模创新课题组""劳模敬业示范岗""劳模技能教学点"等专门性的劳模工作室，充分发挥劳模敬业奉献精神的岗位特色和业务技能专长的示范引领，让技术革新型劳模领衔课题研究，解决生产经营中的实际问题；让兢兢业业奉献岗位的劳模发挥"老黄牛"的示范效应，引导员工爱岗敬业为民服务；让身怀绝技的劳模传道授业，培育一批批适应产业发展需要的高技能人才。在此基础上，再择优建设综合开展学劳模、提技能、比创新的综合性的劳模工作室，形成持续提升和深化创建活动的命名机制。五一前夕，省级公司在系统各单位广泛开展劳模工作室创建活动的基础上，命名了首批10个综合实力较强，团队结构合理，在活动场所、设备设施、活动经费、创新项目等方面具有良好支持条件，在本专业领域有代表性的省级、公司级综合性劳模工作室，面向公司系统传授技术技能、传播爱岗敬业精神，带动身边的员工同成长、共进步。

（2）队伍成长与企业发展相结合，深化劳模作用内涵。促进高素质员工队伍和创新型企业共同发展是省电力企业人才开发的战略目标，公司开展劳模工作室创建活动，以传承劳模精神为出发点、传授技术技能为立足点、推动班组建设为着力点、推动创新创效为突破点，通过"劳模"的激励引领和"劳模工作室"的辐射带动作用，有力地促进了员工职业道德素质、综合业务素质以及班组管理水平和企业科技水平的提升，科学推动高素质员工队伍和创新型企业共同发展。

（3）强化四项保障机制，推动劳模工作室长效发展。一是强化激励导向机制。公司对劳模工作室成果进行评比表彰，给予创新项目、创新成果和创新个人一定奖励。二是强化物资保障机制。公司在人员组成、设施配备、经费保证等方面提供支持，努力创造良好的工作条件和环境。三是强化检查考核机制。公司建立和完善了考核体系，对每一个工作室按照团队建设、创新管理、工作成效、硬件建设、基础管理等五方面进行考评。四是强化舆论宣传机制。组织编写劳模工作室典型成果，召开现场经验交流会总结推广经验，经过多层次、全方位的宣传，有效扩大了劳模工作室的影响。

三、特色亮点

（一）实施"个十百千万行动计划"

公司组织开展以"下基层、进班组"为主要载体的"个十百千万行动计划"，把党的建设、企业文化建设和队伍建设融于"三集五大"体系建设，进一步使政治保障体系建设项目化、具体化、精细化，发挥党员、领导干部和先进典型的带头表率和引领作用。

个：围绕公司"三集五大"体系建设中心任务，同步推进政治保障体系建设，组织实施"个十百千万行动计划"。

十：一是选树十个劳模工作室标兵，吸引越来越多的员工聚集到劳模工作室，努力形成"岗位奉献、岗位建功、岗位成才"的新风尚；二是培育十个企业文化传播与落地成功案例，

以项目化管理为手段，培育典型案例，充分发挥公司统一的企业文化的示范作用；三是确定十个创新研究课题，组织开展学习型党组织建设经验总结和基层党建创新成果案例评选，探索总结出"党员标杆管理""属地建组织，双重抓管理""一联双管"等基层党建管理新模式，形成一批实效性、创新性和前瞻性强的研究成果；四是形成三十个党建工作示范点，建设服务型基层党组织，其中基层党委15个，基层党支部（总支）15个，形成一批体现时代要求和企业特色的党建工作示范群。

百：一是深入开展"百名政工师进班组"主题活动，组织动员公司系统政工干部联系一个基层班组，开展组织一次形势任务课、联系一名入党积极分子等"七个一"活动；二是评选百名"我学江小金，奉献在岗位"先进典型，激励公司系统广大干部员工，把向江小金同志学习活动进一步转化为推动公司"三集五大"体系建设的精神动力和实际行动；三是组建百支国家电网浙江电力共产党员服务队，按照"三级联动"的思路，组建起由1万余名党员参加的145支国家电网浙江电力共产党员服务队，开展"走进农村、走进企业、走进社区、走进爱心领域"迎峰度夏专项行动，深化创先争优活动，实施95598光明服务工程，推动"国家电网"品牌在浙江落地生根；四是培养百名心理咨询师，组织开展百场"阳光心灵家园"活动，开展以"阳光心灵家园"为主题的心理辅导和心理互助活动，提高青年员工的"精气神"。

千：一是千名党员干部"手拉手帮扶结对"活动，组织公司系统千名党员干部分别联系结对一家基层单位（部门）或班组，通过联系结对，稳定职工队伍；二是千名团干部"1＋5"联系活动，组织公司系统一千余名团干部，每名团干部密切联系5名青年，零距离关心青年的学习、工作、婚恋和生活，及时帮助青年排忧解难，切实做好青年思想政治保障工作。

万：一是万名共产党员"1+1"做榜样，每名党员联系一名员工，全面提升公司系统广大党员的政治素质、专业素质、文明素质；二是万名共产党员网上学，创新党员教育管理新模式，利用"浙电政工网络平台"开展党员远程教育，对广大基层党员进行党的基本理论、业务技能和"三集五大"体系建设的相关内容培训，现已有17202名党员完成第一轮培训。

（二）创新信访工作"四种方法"

在实施本项实践过程中，公司立足企业实际，结合地域特色，推行了网格化管理、陪访劝访制度、特邀调解员制度、政企联动机制四种创新方法，在国家电网公司系统乃至全国范围内处于首创或领先地位。

（1）强化责任落实，推行网格化管理。一是构建立体维稳体系。从主要领导亲自批阅来信来访件，到重要信访事项亲自督办，使维稳工作形成自上而下强有力的整体推动力。各级领导干部带头严格落实主体责任，坚持"属地管理、分级负责"和"谁主管、谁负责"的原则，着重突出主要负责人是信访稳定工作的第一责任人，注重信访稳定责任向基层一线班组延伸，强化"五大"体系各专业风险评估，同步推进政治保障体系建设，有效发挥企业文化支撑，逐步完善员工关爱机制，全面构建"横向到边、纵向到底、上下联动"的立体维稳体系，建立健全"各司其职、各负其责、齐抓共管、协调联动"的信访稳定工作格局。二是注重调处节点控制。全面强化基层单位对群体性事件和重点难点信访事项规律和特点的研究，秉承"事前要敏锐、事发要敏感、事中要敏捷、事后要追踪"的节点控制工作理念，以"发现得早、控制得住、处置得好"为目标，坚持定期开展矛盾纠纷和不稳定因素排查化解工作。在针对退伍安置员工要求转为全民工的缠访事项的处理过程中，职能部门、属地单位充分发挥矛盾化解网格化优势，强化落实维稳体系各级责任，耐心细致地解释相关政策，力所能及地解决其实际困难，在强大的政策攻势和温馨的人文关怀之下，最终使该信访事项得以息访罢诉。

（2）立足真情疏导，推行陪访劝访制度。针对部分地区信访老户多、处理易反复的总体态势，试点推行陪访劝访制度，作为领导干部接待群众工作的延伸和补充。属地单位根据排查掌握的不稳定因素，由单位领导任组长，选派群众工作经验丰富的同志组成"陪访劝访工作组"。一是坚持超前预防，确保源头管控。定期开展隐患排查，及时掌握苗头性、倾向性问题，及时下访约访，深入基层一线，通过拉家常、谈思想等方式，了解其真实想法，力争将问题解决在萌芽状态。高度重视解决初信初访问题，切实做到桩桩有人管、件件有着落、事事有回音，努力把矛盾和问题解决在初始阶段。二是坚持情感互动，化解对立情绪。以"同事之情、朋友之情、亲友之情"拉近与上访人的感情距离，设身处地地关心和协助解决实际困难，耐心细致地做好说服教育规劝疏导工作，确保信访人理性地表达诉求、客观地反映情况、主动放弃不合理的过高要求，为最终的息访罢诉奠定坚实基础。三是坚持换位思考，助推积案化解。陪访劝访人员通过深入了解上访人员的利益诉求及其矛盾根源，深刻体察上访人员的实际困难，全面增强协助企业做好信访事件调处化解的主动性，扎实推进积案化解工作，遏制和杜绝越级、集体和进京赴省等非正常上访事件的发生。

（3）拓宽调解渠道，推行特邀调解员制度。创新试点特邀调解员制度，积极探索信访事项解决新思路，一是整合力量，组建调解队伍。启动特邀调解员专家库建设，整合系统退居二线人员和退休的老领导，积极吸收基层推荐的德高望重、群众基础扎实的老同志为特邀调解员。二是强化管理，规范调解流程。全国首创《信访特邀调解员工作手册（试行本）》，明确特邀调解员主要职责、工作规则及调解工作流程；同时，兼具笔记本功能，方便调解员及时记录调解过程。三是提前介入，妥善化解矛盾。对可能引发信访问题事件，通过约谈、调解会等方式，将矛盾纠纷解决在基层、化解在萌芽状态。对已发生的信访问题，积极引导信访人走调解渠道，因势利导地组织信访人和事权单位先行调解，积极发挥特邀调解员"第三方"调解作用。四是注重培训，打造优秀团队。组织特邀调解员定期开展国家法律法规、企业政策和调解技能培训，及时提供调解工作相关信息，确保渠道畅通、信息对称，保障调解工作合法、合理、合情开展，使特邀调解员在"三集五大"体系建设的过程中，发挥好改革发展的宣传员、矛盾纠纷的调解员、企业维稳的信息员的作用。

（4）坚持政府主导，推行政企联动机制。长期以来，公司始终坚持以政府为主导，调处化解历史遗留问题、突发事件的工作机制。"三集五大"建设期间，公司系统进一步加强政企联动维护稳定工作，强化与省、市、县、乡镇等党委政府及有关部门沟通联系，主动与重点对象进行约谈对话，建立24小时政企联动监控，确保将重点对象吸附在当地。针对重点信访场所进行每日驻守巡查，防止重点对象进京赴省上访，并及时做好工作记录。通过政企联动、警企联动、上下联动、多方联动的维稳工作新机制，在公司领导统一指挥下，在办公室协调督办下，各责任单位通力协作、积极作为，全面实现进京赴省上访事件零目标，圆满完成"三集五大"体系建设期间的维护稳定任务。

四、具体案例

（一）打造"学习江小金12345工程"

"1"，是组建一个先进事迹报告团，开展巡回事迹报告会，用江小金精神感召广大干部员工。由省委宣传部牵头，公司组建了一支由江小金生前单位领导、同事、家属和采访记者组成的先进事迹报告团，先后在杭州、金华、杭钢、宁波港集团等地和企业，以及公司系统各单位举行江小金同志先进事迹报告会，报告团成员还分赴华东分部及四省一市级公司、国家电网公司领军人才培训班等做报告，引起巨大反响。

"2"，是扎实推进两项活动，进一步深化创先争优活动成效。对内开展"我学江小金、奉献在岗位"专项活动，引导和动员广大干部员工比学先进找差距，立足岗位做贡献。对外开展"学习江小金，为民服务当标兵"主题活动，强化服务意识、规范服务行为、增强服务能力、提升服务品质和塑造服务品牌，推动创先争优成为企业发展的强大动力。

"3"，是认真抓好三项建设，全面彰显国家电网品牌形象。作为深入开展向江小金同志学习活动的重要载体和抓手，通过全方位推进共产党员服务队建设、标杆营业厅建设和营销服务示范工作室建设，充分发挥典型示范的引领作用，通过"传帮带"，将江小金精神辐射至身边的每位员工，形成"推动工作、提升服务、创响品牌"的浓厚氛围。

"4"，是实施"一厅、一书、两剧"四大宣传展示平台。建设"江小金先进事迹展示厅"，自开馆半年多来，已接待省内外、系统内外参观者80余批，逾3000多人次，获得了国资委纪委书记强卫东等前来参观领导的高度评价。出版《光明使者江小金》一书，时任中共浙江省委书记赵洪祝作序。而"两剧"，即江小金先进事迹广播剧和舞台剧。其中，以江小金先进事迹为原型的三集广播连续剧《他心中有座高山》还荣获2012年度中国广播剧协会专家奖金奖，舞台剧则荣获国家电网公司文艺节目评选二等奖。

"5"，是评选出5类"我学江小金、奉献在岗位"先进典型人物。公司表彰了"江小金式好干部""江小金式好专家""江小金式好党员""江小金式好员工""江小金式好青年"等5类共100名先进典型人物，并在此基础上，评选十大标兵，激励公司系统广大干部员工，把向江小金同志学习活动进一步转化为推动公司"三集五大"体系建设，加快实现"两个转变"的精神动力和实际行动。

（二）建设"劳模工作室"

公司积极开展劳模工作室创建活动，以传承劳模精神为出发点、传授技术技能为立足点、推动班组建设为着力点、推动创新创效为突破点，通过"劳模"的激励引领和"劳模工作室"的辐射带动作用，在"三集五大"期间，有力地促进了员工职业道德素质、综合业务素质以及班组管理水平和企业科技水平的提升，科学推动高素质员工队伍和创新型企业共同发展。

（1）以传承劳模精神为出发点，提升员工职业道德素质。通过劳模工作室创建，在员工队伍中积极传播劳模精神，以"精通业务"激励人、以"学无止境"带动人、以"身先士卒"感召人，使广大员工把树立远大理想与脚踏实地做好本职工作结合起来，把弘扬企业核心价值观与提高自我、实现价值的积极实践结合起来，将劳模精神、服务电力的能力，由一域引向全局，使之成为浙电员工提升职业道德素质的一块"敲门金砖"。

（2）以传授技术技能为立足点，提升员工综合业务素质。开展劳模讲堂、专题讲座、技术沙龙、论坛交流等活动，把日常生产工作中的经验、技术技能比武中的心得传播到每位职工，提高全员技术技能水平，培养选拔优秀专业人才，通过产学研结合、名师带徒弟两种培训模式，致力于开展员工技能实训、新员工岗前培训、技能鉴定考前辅导、取证教学，有效地促进了高素质员工队伍建设。

（3）以推动班组建设为着力点，提升企业班组管理水平。将劳模工作室与班组建设紧密结合、相辅相成，以"群众性技术创新活动"为载体，以创建"学习型组织"、争做"知识型员工"为目标，通过"劳模引领"充分发挥催化剂的作用，加快创新成果的转化，促进创新成果的推广应用，实现创新创效。同时，将员工学习与岗位创新、成才相结合，激励和引导员工学有所用、学以致用，使员工的上进心升华为事业心，把素质提升的成果体现在工作中，在生产实践中实现自身价值，显著提高了班组的凝聚力和竞争力，班组管理水平明显提升。

（4）以推动创新创效为突破点，提升企业科学技术水平。通过劳模工作室的创建为职工提供参与创新活动的阵地、提高技能水平的课堂、展示聪明才智的舞台，营造"创新活动得到支持、创新才能得到发挥、创造成果得到奖励"的浓厚氛围，充分激发员工的开拓动力和创新潜能，不断吸引越来越多的职工聚集到劳模周围，汲取营养，寻找动力，形成"比、学、赶、超、帮"的良好氛围，广结硕果，为推动创新型企业作出了积极贡献。

五、实践效果

公司"政治保障体系"的构建，切实发挥了思想政治工作在企业改革发展中的保障作用，有效提升了队伍的战斗力，企业的凝聚力和改革的发展力。

一是组织保障稳妥进行。根据"三集五大"机构变革情况，严格按照"四个同步"工作要求建立基层党组织，做到"组织建制及时跟进、组织关系及时到位、组织作用及时发挥、组织活动及时落实"。"三集五大"体系建设期间，25家单位同步建立或调整完成组织设置，共计新成立党组织320个，更名213个，合并24个，撤销241个，转接党员组织关系6443人次。在"三集五大"变革发展中，各级党组织稳中求进、转中求好，党组织的政治核心作用和战斗堡垒作用、广大党员的先锋模范作用得到充分发挥，各项改革顺利推进。

二是思想认识高度一致。广大干部员工对"三集五大"体系建设的重要性认识表现出高度的认同与支持。广大员工能清醒地认识到，建设"三集五大"体系，是国家电网公司推进公司发展方式转变、攀登现代电网企业管理高峰的重要战略决策；同时，能正确理解"三集五大"体系建设作为电网企业生产力、生产关系的大变革，是迈向国际一流企业至关重要的举措，也是建设坚强智能电网的体制机制保障。

三是员工队伍稳定健康。通过创新信访工作的"四种方法"，全面推行"三·三模式"，逐级落实责任，规范接访秩序，注重三级联动，创新工作机制，绝大多数矛盾在基层各单位得到了化解，公司本部职工来信来访数量与2011年同期相比下降了21%，各类来信来访事项办结率从2011年的81%上升至94%。在"三集五大"体系建设期间，公司未发生一起与体系建设相关的信访事件。

四是改革进程稳步推进。"三集五大"体系建设严格按照时间节点，合理、合规、合拍，一步一个脚印有序推进。浙江公司提前通过了国家电网公司"三集五大"体系建设验收组验收，验收组认为浙江公司改革标准高，力度大；质量好，亮点多；工作实，成效大；为国家电网公司"三集五大"体系建设全面推进发挥了优秀的示范作用。

【案例总结】

本案例为"三集五大"工作体系的介绍。在具体做法上，分别包括组织保障、安全稳定、文化模范引领三个方面。特色亮点上，有"个十百千万行动计划"和创新信访工作"四种方法"。

总结来说，体系工作的开展取得了如下四个效果：组织保障稳妥进行、思想认识高度一致、员工队伍稳定健康以及改革进程稳步推进。

本案例从背景、实施方法、亮点及效果四个维度介绍体系的建设，内容丰富充实，为其他工作体系的建设提供了很好的借鉴。

第二节 记录的常态化工作

一、记录的工作内容

资产管理记录主要载体为电子载体和纸质载体两种形式，针对资产管理过程活动中生成的过程性和结果性文档，建立了资产管理过程记录管理机制，对资产管理记录的标识、贮存、保护、检索、保存期限和处置等方面进行规定。

记录的内容主要包括以下几个方面：

（1）在事故和紧急情况下的响应及管理过程中必要的信息记录；

（2）培训的开展记录；

（3）在适当的情况下，维护、校准特殊的工具、设备及设施记录；

（4）监控和测量资产管理体系的绩效以及资产和资产集的绩效和状态的记录；

（5）评估与法律及其他要求的合规性的记录；

（6）审核结果的记录；

（7）纠正性和预防性活动的记录；

（8）管理审查开展的记录；

（9）资产管理相关的投诉记录。例如来自客户、监督者或内部员工的投诉记录；

（10）风险识别和风险评估结果的记录；

（11）相关承包商及供应商的信息；

（12）事故和不合格报告／登记；

（13）应急准备及响应的证据，包括应急规划演练的结果等。

二、记录工作要求及评价标准

（一）工作要求

记录填写时应实事求是、内容齐全。对已生效的记录进行变更时，必须经过相应的审批流程同意后才可以进行。记录的贮存、保管应满足适宜的环境条件要求，重要电子记录应备份并有加密措施。达到保存期限或失去保存价值时，由保管人填写记录销毁申请表，归档记录由负责人审批后销毁，非归档记录由保存部门（单位）经负责人审批后销毁。

企业应依据资产管理相关的标准制度，对资产管理活动过程进行记录、维护。确保过程记录能够支撑资产管理活动的开展，以及资产管理体系的评价与完善。过程记录应满足以下管理要求：

（1）资产管理相关的标准制度应明确记录管理职责，制定记录的建立、填写、标识、保管、存储、借阅、处理等管理办法；

（2）应识别、收集、整理各种记录过程。记录包含但不限于：表单、报告、会议纪要、图纸、合同、执照、指导意见、经验总结等；

（3）应保证记录的准确性、完整性、可识别性及可追溯性。

（二）评价标准

记录评价标准包含记录管理内容和记录管理实施两方面。

记录管理内容方面，一方面要明确企业记录管理机制及记录是否符合资产管理规范要求；另一方面确定记录管理职责是否明确清晰；记录是否准确及时；是否明确记录管理职责、类别、用途以及记录填写、标识、检索、保管等管理要求。

在记录管理管理实施方面，需明确记录是否符合规范要求；管理过程是否有效。有如下四个标准：

（1）在资产管理活动过程中形成的记录，是否按规定填写、标识、保管、借阅等。

（2）记录的质量是否满足预期使用，是否准确有效、可识别、可追溯。

（3）各级人员是否明确相关记录管理要求。

（4）记录是否有效安全地被内外部授权用户使用，且企业对记录使用进行风险控制。

三、记录工作的开展

（一）记录工作开展方法

开展记录工作有利于为校准、审核、事故调查、与利益相关者协商的结果、纠正和预防措施等提供依据。表8-6是各部门开展记录工作时的部门职责。

表 8-6　　　　　　　　　　　　　　记录工作部门工作职责

部门	工作职责
信息管理部门	（1）贯彻落实电网企业记录管理的有关要求，确定与电网企业管理目标相适应的资产记录工作目标和任务； （2）负责信息系统中电子记录的信息化规划建设工作
办公室	（1）负责体系文档档案、本部资产管理记录归档的管理； （2）负责本部归档的资产管理记录的保管、借阅及处置； （3）负责各单位资产管理记录归档工作的指导、监督和协调
信通分公司	（1）负责记录管理信息系统硬件及软件的运行维护工作； （2）负责本单位的资产管理记录管理工作，包括标识、建立、填写、更新、收集、保管、借阅及处置等
其他各部门	（1）贯彻执行电网企业下达的有关记录管理的规定； （2）负责本单位资产管理体系相关记录的管理，包括记录的标识、建立、填写、更新、收集、保管、借阅及处置等； （3）由资产管理记录管理部门汇总、整理资产管理体系的记录清单； （4）由档案管理部门负责本单位归档记录的保管、借阅、处置工作

（二）记录工作模板

1. 记录借/查阅登记表（参考程序文件）（见表8-7）

表 8-7　　　　　　　　　　　　　　记录借/查阅登记表

序号	记录名称	借/查阅时间	签名	备注

2.记录销毁申请表（见表8-8）

表8-8				记录销毁申请表		
序号	记录名称	记录编号	数量	申请人/日期	批准人/日期	执行人/日期

四、案例分享

应对高压触电现场处置演练记录

一、应急演练目的与要求

为全面贯彻落实"安全第一、常备不懈、以防为主、全力抢险"的方针，确保检修现场突发事件的现场处置有效，根据《××省电力企业××水力发电厂应急管理工作规定》要求，组织本次《作业人员应对突发高压触电现场处置方案》的演练。通过演练，达到熟悉和掌握应急处置方案和执行程序，提高应急处置能力的目的。并检验班员在突发事件时，对抢险业务的熟悉程度及抢险队伍在接到事故通知后，赶赴现场的速度及抢救伤员能力。

演习科目：作业人员应对突发高压触电现场处置方案

设置理由：一次人员在检修现场作业过程中，会经常碰到使用电气设备、电气工具及接临时电源等工作，发生高压触电事故的概率大。但遇突发高压触电现场应急处置时，处置方案的汇报、流程和效果尚需检验。

本次演练主要检验：

1.检验事件发生时的信息报告及处置是否与突发高压触电现场应急处置方案相适应；

2.检验突发高压触电现场应急处置方案的能力与时效；

3.检验突发高压触电现场应急处置方案的正确性、合理性。

二、应急演练场景设计（事件描述）

1.事件发生时间：××年8月26日9时30分

2.事件发生地点：××电站110kV开关站

3.事件发生前状态：班组安排检修人员进行高压设备停电检修。

4.事件描述：检修人员误入带电间隔，造成碰触带电部分，造成高压触电事件。

三、参加演练人员

1.指挥：××

2.演习监护：××

3.参加人员：××

四、场地设置

演练现场：××电站110kV开关站空置间隔

五、演练注意事项

1.演习中如遇设备异常情况，停止演练；

2.注意人身安全，不误入带电间隔及误碰带电设备；

3.在演练中信息报告时，先说明是"演习"，再做汇报；

4.参演人员佩戴红袖章。

六、演练现场保障

应急预案演习活动记录表见表8-9，应急操作卡见表8-10。

表 8-9　　　　　　　　　　　　　　应急预案演习活动记录表

编号：Q/JSD 20119-JL02　　　　　　　　　No：

演习内容	检修人员应对高压触电现场处置	演习时间	××年8月26日
演习目的	使检修人员熟悉应对高压触电时的现场处置方法	演习地点	紧站110kV开关站
演习指挥	××	演习监护	××

参加人员：××

演习情况：

1.演习各相关人员到达现场，演习指挥××宣布：演习开始！

2.工作负责人××对参演人员进行安全交底，并明确告知：这是演习，不得进入相关带电区域。然后带领工作班模拟进行高压设备检修作业，其中一工作班成员××误入带电间隔，造成高压触电。

3.负责人××立即宣布停止工作、组织布置现场人员展开施救。

4.负责人××将情况简要汇报运行值班人员，联系停电救人。

5.××同步联系110、120，××、××立即着手准备急救所需工器具。

6.××立即分别将情况简要汇报班长（并确定部门主任由班长汇报）、安监人员、医务人员。

7.××负责至路口引导救护车进入现场。

8.××负责在现场观察触电者情况，及时将情况汇报工作负责人。

9.工作负责人宣布停电完成后，现场人员一起将触电者脱离电源，简单判断伤情后，将触电者解救至地面。

10.伤者平躺地面休息，现场人员按《应急操作卡》进行现场急救，直至医务人员到达。

填写人：××　　××年××月××日

应急预案审	演习评价： 本次演习工作负责人沉着冷静，对触电现场分轻重缓急进行了妥善的安排，全体参与人员能迅速响应，并按《应急操作卡》进行现场急救，动作正确规范，基本达到了应急响应的基本要求。 填写人：××　　××年××月××日
	改进意见： 演习中各工作班成员在接令和向工作负责人汇报时声音不够响亮，应大声汇报，吐字清晰，以使工作负责人及现场全体人员均能明白事件进展情况。 填写人：××　　××年××月××日

表 8-10　　　　　　　　　　　　　　　　应急操作卡

应急事件		检修人员应对高压触电现场处置
风险预控措施	1	对有心跳、有呼吸、有知觉的触电者，不能用心肺复苏法抢救
	2	对有心跳、无呼吸、无知觉的触电者，不能对触电者施行心脏按压，应使用人工呼吸法抢救
	3	对无心跳、呼吸微弱，无知觉的触电者，立即施行心肺复苏法抢救
	4	触电者和雷击伤者心跳、呼吸停止，并伴有其他外伤时，应先迅速进行心肺复苏急救，然后再处理外伤
	5	电弧烧伤人员的衣裤应用剪刀剪开后除去

处置步骤		
施救人员	1	戴上绝缘手套，穿上绝缘靴，用相应电压等级的绝缘工具按顺序拉开电源开关或熔断器
触电者有心跳、有呼吸、有知觉	1	应将触电者抬至空气新鲜、通风良好的地方躺下，安静休息1~2h，让他慢慢恢复正常。天凉时要注意保温，并随时观察呼吸、脉搏变化
	2	条件允许，送医院进一步检查
触电者有心跳、无呼吸、无知觉	1	立即用仰头抬颏法，使气道开放，并进行口对口人工呼吸。不能对触电者施行心脏按压
	2	口对口人工呼吸，每次向伤员口中吹气1~1.5s，同时仔细地观察伤员胸部有无起伏，一次吹气完毕后，应立即与伤员口部脱离，轻轻抬起头部，以便做下一次人工呼吸
触电者无心跳、呼吸微弱、无知觉	1	立即施行心肺复苏法抢救，伤员仰面平躺，通畅气道，清除口、鼻腔中异物
	2	胸外心脏按压频率应保持在100次/min
	3	口对口人工呼吸，每次向伤员口中吹气1~1.5s，同时仔细地观察伤员胸部有无起伏，一次吹气完毕后，应立即与伤员口部脱离，轻轻抬起头部，以便做下一次人工呼吸
	4	胸外心脏按压与人工呼吸比例，成人为30:2
	5	胸外心脏按压与人工呼吸反复进行，直到协助抢救者或医护人员赶来

【案例总结】

本案例为某公司应对高压触电现场处置演练记录。记录通过文字和表格的形式记录了演练的全过程。记录内容方面，管理职责清晰、准确、及时，明确了记录管理职责、类别、用途。

第三节　信息系统的常态化工作

一、信息系统的工作内容

信息系统数据质量管理包括以下内容：

（1）信息管理部门组织协调各业务部门以保证各信息系统内关键数据的完备、准确、及时，跨系统关联数据保持动态一致；

（2）信息管理部门每月发布信息系统数据综合治理水平评价报告，确保信息系统数据质量的有效提升。

资产管理必须依靠信息系统加以支撑，建立信息系统时需要考虑以下内容：

首先，资产信息系统项目建设根据电网企业规章制度要求，应包括需求分析、计划制定、项目评审、开发实施、上线试运行、项目验收等各个阶段，与其他信息化系统建设项目一致。

其次，信息系统上下线管理包括系统建设、运行维护各阶段的平稳过渡和有序衔接，确保系统安全稳定可靠运行。系统上线应包括文档准备、3个月试运行、试运行验收等过程；系统下线应包括下线审批、数据备份、下线确认等过程。

最后，信息系统运行维护包括对电网企业信息系统运行及检修的日常管理，系统日常巡视，重要系统每日巡视 4 次，普通系统每日巡视 1 次；存储备份管理，所有系统每日备份 1 次，重要系统按需求每日备份多次；故障检修需先排定月度检修计划，按照检修计划开具两票进行检修。

二、信息系统工作要求及评价标准

（一）工作要求

电力企业通过建立资产管理信息系统，规范系统内资产信息的创建、产生、采集与处理、传递、使用、保存、归档，要求确保相关人员在常规和非常规（包括紧急）情况下可以获得必需的有意义、高质量、具有时效性的资产和资产管理信息，保证信息质量能够满足资产管理决策和业务活动需求。

在信息内容方面，电网企业责任部门建立本专业资产信息从创建（初始化）、产生、采集与处理、传递、使用、保存、归档的管理流程，设置相应职责及权限；根据电网企业资产管理要求和本专业资产管理信息系统特点，联合信息部门，设计、建立完备可行的资产管理数据治理机制，对资产关键数据及其质量要求、相应责任部门／人员做出明确规定。各业务部门甄别资产寿命周期各阶段、各业务类别所对应的关键数据；正确维护已获取的信息，保证资产管理相关信息的可控性。信息管理部门组织协调各业务部门以保证资产管理信息系统内关键数据的完备、准确、及时，跨系统关联数据保持动态一致。电网企业资产管理体系信息系统内的信息由各部门进行管控及保存，基层单位对职责范围内的资产管理、实物资产信息进行管控及保存，范围包括纸质材料信息、电子媒介和信息化数据信息。

在数据保护方面，电网企业必须建立完善的信息安全管理机制和信息备份恢复机制，明确信息使用、流转、发布权限，确保保密数据在限定范围内流转，出现突发情况时能迅速恢复原有数据。同时电网企业应建立电网企业资产信息的保密、电网企业资产管理信息系统、电子媒介存储资产信息的信息安全管理办法。针对资产管理信息系统内的数据管理，电网企业应建立并维护信息化管理制度，明确信息化各阶段相关人员工作职责，建立常态运行管理机制，具体包含但不限于：信息系统项目建设管理、信息系统数据质量管理、信息系统实用化评价、信息系统运行维护、应急管理、信息安全管理、信息系统上下线管理等；合理规划、设计、实施和维护资产管理相关信息系统；按照数据生命周期要求，按照相应的角色、职责、权限对数据的来源、使用、维护、存档、删除各环节，以及对外沟通、安全和保密进行控制；系统数据应满足准确、完整、有效、一致、唯一、可访问等质量的要求。

（二）评价标准

资产管理信息系统常态化运行的评价标准主要来源于信息系统管理相关程序文件、国家电网公司信息系统上下线管理办法、国家电网公司信息系统实用化评价办法、国家电网公司信息化建设管理办法、国家电网公司信息化架构管理办法、国家电网公司信息化项目竣工验收管理办法、信息运维管理标准、信息安全管理标准、信息系统应用考核办法、各业务信息系统数据管理规范。

评价标准主要从三方面着手，分别为信息系统建设规划、信息系统建设实施与管控和系统数据管理。具体如下：

1.信息系统建设规划

是否开展了资产管理信息系统专项分析，并进行了建设规划，明确了近期、远期建设目标和详细工作计划，以确保信息系统建设全面覆盖资产管理核心业务管控需求，重点突出信息系统集成、业务管控要求落实和高级分析工具的建设规划（如是否配合运营监测部门，针对资产管理分析需求开展数据中心建设规划计）。

2. 信息系统建设实施与管控

（1）信息化项目可研是否充分，是否与业务部门就信息系统应用和提升需求进行常态沟通。

（2）信息化项目实施过程管控机制是否健全（组建由内外部人员共同参与的项目团队，注重培养内部运维人员的知识能力，动态管理项目风险）。

（3）系统功能设计、开发、测试和操作手册等文档质量是否满足后续运维管理和应用需要。

（4）是否按照国家电网公司项目上下线管理办法动态开展文档归集整理。

（5）是否根据信息化项目实际情况常态化开展后进行评价，并将评估结果应用于后续项目中。

（6）是否常态化开展信息系统建设/运维供应商资质管理，确保外部运维团队人员资质满足要求；各信息系统运维记录/文档是否完整、规范。

3. 系统数据管理

（1）是否保存流程、维护相关信息，并确保数据质量的准确性、一致性、完整性、及时性、延续性；是否对存在问题的资产基础信息建立了整改工作计划。

（2）信息系统和文档管理是否安全可控，使各级资产管理人员恰当使用信息/文档。

三、信息系统工作的开展

（一）信息系统开展方法

信息系统常态化运行主要内容为资产信息系统管理、数据质量管理和数据生命周期管理。

1. 资产信息系统管理

新建资产信息系统建设应参照《国家电网公司信息化架构管理办法》的有关要求执行，分析企业信息化的业务架构、功能架构、数据架构、技术架构和安全架构，实现系统间数据共享，指标统一，避免重复录入及维护。

资产信息系统开发前期，各业务部门应保障信息系统能支撑各类资产信息的识别、收集、保存、转换和传递，同时各业务部门应在需求分析的基础上，深化应用功能、规范业务流程，确保信息完整覆盖各个业务环节并保持一致。

基于在运资产管理系统，信息管理部门牵头对电网企业资产管理信息系统现状、信息化水平进行摸底评估，确保在运系统已基本能够支撑资产全寿命周期管理各环节活动。

2. 数据质量管理

根据资产管理要求和本专业资产管理信息系统特点，信息部门牵头，设计、建立完备可行的资产管理数据治理机制，对资产关键数据及其质量要求，相应责任部门应做出明确规定。

信息管理部门组织协调各业务部门保障资产管理信息系统内关键数据的完备、准确、及时，保障跨部门、跨专业、跨系统关联数据保持动态一致。

基于数据治理通用要求，各业务部门应明确本专业信息系统数据质量评价标准，并依据评价标准与通用管理办法，开展数据质量评价工作，形成月报中的整改项进行完善整改，并形成相应反馈报告。

通过制定并实施信息系统实用化评价标准，推进信息系统实用化工作，确保各业务部门系统中的数据完整性、真实性、及时性。科技信通部每月对数据质量进行跟踪，并在月报中对数据质量情况进行公示。

3. 数据生命周期管理

相关业务部门、基层单位应设立专人负责关键数据创建、产生、采集与处理、传递、使用、保存、归档等工作，并建立信息数据处理管理流程，保证资产管理相关信息的及时性、完整性、准确性、安全性、保密性。

资产管理信息的修改环节中，纸质媒介的信息更改时应采用杠改，并在杠改处加盖印章或签名；需要相关各方签名的信息，签字应齐全，无论书写或打印的信息，须由本人签名或盖章；信息系统内的数据按照系统操作手册的要求产生，信通公司负责支持、保障。信息的来源环节中，应正确、准确并及时记录信息及其属性信息、历史信息、关联信息。

资产管理信息使用环节中，应保证任何人员能够获取并使用与其业务及职责相适应的信息，信息在使用前得到授权人的批准，在使用过程中确保信息在多处一致。

资产管理信息传递前应由主管人员审核确认，传递后应动态维护，保持信息内容的一致性。信息内容更改时，按照系统操作要求办理，信通公司负责支持、保障。

资产管理信息在外部沟通信息环节中，根据约定计划及规定情况，向指定合作方分发信息及回收信息，对相应信息进行风险识别和统一管理。做到原件邮寄、传真和扫描件确认，甄别印章信息一致性。

保存数据应完整、备份，必要时进行版本控制；废止信息应从信息使用处撤离，避免混淆，废止信息应加注该信息废止的信息。数据备份频度根据系统重要性从每小时到每天备份不等，备份数据要求保留2年以上，版本要求唯一。废止的信息要求在信息废止审核通过后24小时内从系统中移除。

（二）信息系统工作模板

1. 资产管理体系信息系统清单（见表8-11）

表8-11	资产管理体系信息系统清单	
序号	系统名称	备注

2. 资产管理业务系统覆盖表（见表8-12）

表8-12	资产管理业务系统覆盖表		
资产管理业务	子业务	涉及系统	备注

四、案例分享

资产全寿命周期管理工作方法信息系统

1. 方法的具体说明

信息工作是新形势下各级领导了解情况、指导工作的重要渠道，对于提高领导工作的针对性、预见性、创造性及推动各项工作任务落实具有重要意义。从新形势新要求出发，在环境营造、计划管控、任务分解、热点把握、业绩考核等方面细化开展研究与实践，着力构建协同高效的信息工作体系。

一是结合年度重点工作，强化采编计划管控。根据系统各级"两会"精神、二十四节气表、电网企业年度重点工作任务等在年初制定信息工作年度计划。每月组织主要部门负责人召开信息会商，紧密围绕上级关注重点和月度热点，滚动更新月度信息约稿计划，根据约稿计划发送重要信息约稿单，分阶段、分专业、分层面、有计划、有节奏地报送信息。总结提炼约稿格式和内容要求，规范约稿单样式，大幅提升信息员工作效率和稿件质量。

二是结合信息网络建设，强化责任分解落实。建立覆盖电网企业本部各部门和所有基层单位的信息员网络，根据信息约稿计划，部署约稿任务，将工作责任分解落实到专业部门主要领导和信息员。针对信息员调整频繁，队伍素质亟须提升的问题，加大信息员培训力度，通过手把手传帮带、集中培训等方式，提升信息员素质。

三是结合阶段热点工作，强化信息动态搜集。加强对上级公文、重要会议的研究，主动寻找需求点、把握关键点、找准切入点。密切关注上级各类信息刊物所刊载的信息，主动把握当前热点、重点所在，做到信息报送有的放矢。深入发掘自身工作中的先进思路和做法，提炼总结形成综合信息。报送的有关服务分布式光伏并网、电力设施保护、智能总保应用、驻点服务等重要信息分别被国家电网公司和省级公司录用。

四是结合绩效考核工作，强化约稿执行力度。在主要领导推动下，出台信息新管理办法，将信息工作奖惩与月度和年度考核直接挂钩。专题召开信息新办法宣贯会，统一思想认识，信息工作进一步得到了各部门高度支持，信息投稿数量和质量得到大幅提升，约稿完成率和按时率均达到100%以上。

2. 典型案例

（1）方法应用案例。

案例一：贴近基层实际，捕捉亮点信息

要调动部门和基层单位报送信息的积极性，除了强化纪律约束，还必须换位思考，站在各部门的角度看待信息报送工作，通过彰显服务职能、提高服务水平来赢得各部门的理解和支持。对此，电网企业办公室充分发挥信息刊物的服务功能，经常性地提醒各级各部门多围绕考核内容、创新性思路做法和工作亮点，以及需要提请电网企业领导关注和解决的问题报送信息。使各级各部门需要领导了解和掌握的情况及时进入领导视野，需要领导推动和协调的工作及时进入决策范围。加强调研类信息的挖掘，通过信息员带问题直接下基层、跟从领导搞调研、协调部门联合调研等方式，深入到基层去总结、挖掘信息，特别是对于那些突破了的难点，深入剖析破解"良方"，形成针对性强、指导面广的调研成果信息。

案例二：贴近上级要求，提供高价值信息

以上级需求为导向，在报送深层次、高价值信息上狠下工夫。对提交送的信息，强调精筛选、巧传送，把最能反映地区特点、上级急需了解、紧跟工作形势的信息，适时地报送上去。今年我们密切关注上级各类信息刊物所刊载的热点，及时把握国家电网公司、省级公司出刊时机，报送的关于"村企联保"电力设施保护机制建设被国家电网公司录用；主动了解上级关注的重点，在得知省级公司总经理调研海宁、海盐地区供电营业所，要求在全省范围内推广全员绩效管理典型经验这一信息点后，当天即组织约稿，24小时内即完成了这条经验类信息的约稿、组稿、修稿和报送工作，并被省级公司采用和推广，为上级领导更好地了解电网企业、指导工作提供了可靠的依据，带动了信息整体服务水平的提高。

（2）成效分析。电网企业在省级公司系统率先建立信息主题策划机制、重要信息约稿机制、信息绩效考核机制，将信息工作奖惩与月度和年度绩效直接挂钩。省级公司信息年度绩效奖励加分达到满分1分，2013年，共计为营销部门、安监部门、基建部等部门（单位）争取月度绩效加分32分，为海宁公司、嘉善公司、营销部门、安监部门、运维检修部门等部门（单位）争取年度绩效加分1.1分。共收到各部门、单位信息投稿1012条，同比增长23%。电网企业累计制定月度计划11份，策划重要信息109条，收到各部门（单位）信息反馈单120条，约稿完成率达到110%。2013年，被省级公司录用信息72条，录用数量同比去年增加8条，增长9%；经省级公司推荐，被国家电网公司录用信息7条，录用数量同比去年增加5条。通过月度司务会材料、工作动态等渠道合计向公司系统上级单位反映工作亮点和经验97条，其中供电营业所全面全员绩效管理、物资管理"六盘六活"工作法、运检"大验收"工作机制、集体企业经营管理平台建设等经验已在省级公司系统获得推广应用。

与此同时，电网企业办公室向××市委市政府报送《嘉电信息要情专报》12期，向市委市政府信息处报送信息176条，录用37条，报省信息6条，其中关于服务光伏并网、迎峰度夏有序用电工作的信息专报多次得到市主要领导和分管领导的分别批示与肯定，有力宣传了电力企业工作，赢得了市委市政府领导对电力工作的理解和对电网发展的支持。根据工作实践形成的论文《协同高效信息工作体系构建》发表在《中国电力企业管理》。信息年度积分在省级公司系统保持前列，录用总量保持第一。分别被省级公司和××市政府评为信息工作先进集体。

（3）评价改进。优化信息工作核心业务，实现了构建协同高效信息工作体系的目标，可操作性强、实用性高。今后将在以下三个方面进一步提升。一是建立信息与新闻一体化传播机制。充分共享资源加强主题策划。加强信息、新闻工作的互通，统筹年度、月度主题策划工作，建立信息、新闻会商制度，围绕阶段性重点、亮点和特色工作，结合社会热点，充分调动各部门、各单位的主观能动性。二是充分发挥信息服务领导决策作用。将信息工作提升到服务领导决策层面，及时准确做好事关企业改革发展稳定大局信息的收集、整理和报送工作，不断提升传播效果，打造精品信息。继续加大正面宣传和公关力度，主动发声提升传播效果。三是做好统筹保障，确保形成工作合力。进一步规范制度管理，优化业务流程，明确分工，落实责任，突出业绩考核，确保奖惩机制落实到位。强化信息工作队伍建设，通过比武竞赛、专题培训、座谈交流等形式，提升队伍素质，确保能够出精品。

【案例总结】

本案例为资产全寿命周期管理工作方法信息系统。首先介绍了信息的管理方法，包括结合信息网络建设，强化责任分解落实以及结合阶段热点工作，强化信息动态搜集。在具体的应用举例中，分为两个方面：一是贴近基层实际，捕捉亮点信息，二是贴近上级要求，提供高价值信息。

本案例符合信息系统管理中对信息系统建设规划、建设实施与管控和系统数据管理三方面的要求，获得了高质量、具有时效性的资产和资产管理信息，满足资产管理决策和业务活动需求。

附 录 》》》

业务阶段评价标准

业务环节	评价标准
规划计划阶段	（1）应综合考虑外部经济形势变化、重要利益相关方要求等约束,编制企业发展规划并实施滚动修订; （2）应结合实物资产现状评价结果、负荷需求、外部监管要求、资产全寿命周期成本等信息制定电网规划方案,LCC规划比选应用程度高,能够综合平衡资产增容和改造需求,进行技术和资金规模预测; （3）在投资方面,责任部门应建立投资项目优先级排序方法,根据项目关键特性、所需投入以及未来收益和风险等因素,对候选项目进行优先级排序,结合资金等约束条件编制计划; （4）应定期对企业或电网规划编制的规范性、合理性进行评价,建立完善实用的投资项目评估机制,对项目执行过程的规范性、预期成效与实际成效、批复规模与实际规模进行对比评估,并将分析结果、经验总结,应用于下一年度规划编制工作; （5）应及时了解相关行业政策的变化对电网项目核准的影响,加强与政府相关职能部门的沟通,项目前期工作进度能够符合时限要求,满足电网建设与发展的需要
采购建设阶段	（1）统筹管理库存物资,综合平衡仓储物资储备种类和数量,统一调拨、统一利库、统一调配,加快物资周转,提高资金利用效率和效益。 （2）应合理运用预测模型,综合统筹年度需求计划,加强需求计划与综合计划及财务预算的联动,及时掌握工程项目动态,合理安排批次计划,确保物资计划安排满足工程项目进度要求;应加强对设计单位的源头管理和考核,落实省级公司和基层单位两级技术规范审查,保障物资采购供应顺利进行。 （3）应按照合同交货和项目进度要求,根据不同的物资,制定详细的配送计划和配送实施方案,保证物资及时、准确交货到指定地点,实现集中运作、集中监控、配置优化、准确快捷。 （4）应建立完善的检测场所,深入开展物资质量抽检工作,实现抽检工作对电网物资及供应商的全覆盖,不断提升电网物资质量,保障电网安全经济运行。 （5）应将资产全寿命周期质量信息、LCC成本纳入招标决策中,并能将设备在建设、运维检修各阶段的质量信息及时反馈到物资部门,提供对供应商考核、评估的数据信息支撑,实现物资质量管控与招标采购有效联动。 （6）应综合考虑项目建设过程的风险、质量、进度和造价等因素制定进度计划,工程计划与规划、设计、财务、物资等环节协调统一,能够有效控制项目所址、线路路径获取批复、开工遇阻等风险,应对措施落实到位。 （7）各基层单位应根据本单位下达的综合计划,在寿命周期活动执行过程中,综合考虑班组人员、外包施工队伍等内外部人力资源情况,及时获取物资到货信息,根据本单位资金计划,统筹安排各类项目的实施计划。各单位调控部门应统筹各类项目停电申请,考虑人、财、物资源限制,编制并发布季度、月度、周综合停电计划,避免重复停电。

业务环节	评价标准
采购建设阶段	（8）在设计方面，责任部门编制设计方案时考虑变电站、输电线路工程全寿命周期内功能匹配、寿命协调和费用平衡。以资产全寿命周期成本作为重要经济性评价标准对设计方案、选型方案进行比选。同时推行典型设计，以合理控制工程造价。在实施方面，责任部门根据项目的性质采用业主项目部或者项目经理的管理模式对项目实施进行管控，实现项目实施过程风险受控、质量优质、工期合理、造价适宜、环境友好、档案资料管理规范、存档及时，并对工程管理工作总结、评价、持续改进。 （9）应优化工程竣工决算管理流程，建立决算转资信息控制、分析和预警机制；完善资产级的 WBS 项目结构体系，实现 WBS 编码、物料编码、设备编码和资产卡片编码的"四码"联动机制，实现转资过程的自动化或是半自动化，减少人工辅助操作，有效提升项目转资的及时率和准确率。 （10）应全面实施工程标准成本管理，有效对接工程与造价控制目标，实现成本标准对各类工程的全覆盖；应统一成本定额，资本性支出项目工程成本能细化到单一工程项目，并应用于工程成本预测、分析、控制和评价。 （11）应实施工程成本动态控制，工程项目概（预）算执行监控及预警机制落实到位，实施造价内控目标控制，工程成本管控有力
运维检修阶段	（1）应根据资产全寿命周期运维检修策略、运行维护管理标准，结合设备状态评价结果，对设备进行巡视维护，管理实施技改和检修项目，管控实施过程风险，对运维、检修、技改等工作定期进行总结和评价并持续改进，保证在运设备在寿命周期内安全稳定运行。根据抢修管理规定，快速到达现场，管控抢修现场工作风险、进度等，对抢修工作及时进行总结和评价并持续改进，保证快速恢复供电。根据工具、设施和装备管理标准，组织开展工具、设施和装备的配置、购置、使用、评价、维护、校准、退出报废和过程管控工作，实现工具设施和装备的专业化分级管理，满足输变配电设备日常运行、检修维护与应急处置需求。 （2）竣工验收通过后，应与财务、调度协同参与投产启动，协同物资、工程、财务部门进行实物盘点，对形成设备（资产）进行确认，相关资料齐备，应通过信息系统及时维护设备台账，设备变动信息与资产价值变动信息应保持联动一致，保证设备与资产信息数据记录准确、完整、及时。 （3）应推行综合停电，加大协同力度，统筹安排停电计划，减少非计划停电以及重复停电。 （4）应加强电网运行的过程管理，实时记录电网运行过程信息，能按照预先编制的应急处置预案，及时处置电网突发事件，保证电网安全运行和可靠供电。根据设备运行要求，及时优化调整电网运行方式。运行方式的制定、审核、发布等过程应进行充分的沟通讨论，提前明确电网运行预控措施，确保电网风险可控、在控、能控。 （5）应与物资、基建、调度、财务综合协调，有效管控技改大修项目物资、服务、进度、资金等，项目全过程信息记录完整、准确。 （6）应对各电压等级、各类型设备的生产性大修项目进行成本分析，实现单一设备检修成本归集；实施运维成本定额，建立系统工单常态化运作机制，实现单一设备运维成本准确归集。 （7）应以资产全寿命理念对技改、大修方案进行比较决策优化评价，分析依据可量化
退役处置阶段	（1）应协同物资、财务专业，做好退役、报废设备全过程精细化管理，实现资产报废管理成本和收益归集至单体设备。 （2）责任部门应根据设备退役、废旧物资处置等管理办法，对报废资产规范、快速处置，实现再利用资产科学仓储，管理资产退役执行过程以及过程风险，对资产退役处置工作定期进行总结和评价并持续改进，规范有序开展设备退役处置工作。 （3）应通过计划、组织、控制与协调，加快退出设备再利用效率，研究制定基于资产全寿命周期管理的设备退出处置原则，建立、健全工程项目监督、考核及激励机制，构建设备再利用信息管理平台，为再利用各环节提供准确信息支持。规范报废资产处置程序，防范处置风险，确保资产保值、增值；最大限度发挥资产效益，提高企业经营效益

附表 2   过程管控部门工作职责

阶段	部门	职责
规划计划	发展策划部门	每年根据国家电网公司统一时间进度要求，基于资产管理目标、资产管理策略和状态评估结果等分别制定资产规划方案，并从技术及经济性角度出发组织开展电网规划编制和电网规划评审进行综合评价选取最优方案，电网规划周期为 5 年，同时需对中、长期目标网架进行展望并实行年度滚动调整。 每年 10 月组织开展编制项目前期计划的工作，计划年限为 2 年，实行年度滚动调整，同时建立投资项目优先级排序方法，根据项目关键特性、所需投入以及未来收益和风险等因素，对候选项目进行优先级排序，结合资金等约束条件编制短期计划。 组织开展综合计划上报及下达工作，按国家电网公司时间要求提交公司年度综合计划建议，下达公司年度综合计划
	基建、运维检修、营销等部门	在评价项目经济性（成本投入）时，综合考虑项目建设成本及投运转资后的资产运维、检修、抢修及报废成本，优化项目
	项目负责部门	建立投资项目后评估机制，对基建、技改、大修等项目进行分析评价，包括执行过程规范性、预期成效与实际成效、批复规模与实际规模进行对比评估，并根据分析结果持续完善既有工作方法和流程，及时记录规划计划活动的过程信息、季度分析相关资产全寿命管理绩效指标完成情况
采购建设	基建部门	根据发展策划部门下达的电网项目投资计划（省内投资计划下达）、综合资源计划（人财物平衡计划），每年 9~10 月完成项目进度计划编制。以各专业年度、月底生产计划安排为基础，综合考虑停电时间，协调人、财、物等资源对项目实施时间进行安排。 负责项目实施现场管理，根据基建计划和基建项目管理标准，管控工程实施过程中的风险、进度、安全、质量、造价等，及时记录业务过程实施情况，并保证满足监测要求，对工程管理工作总结和评价并持续改进。及时记录采购建设活动的过程信息、季度分析相关资产全寿命管理绩效指标完成情况
	运维检修部门	汇总各专业的 220kV 及以上年度生产实施计划，对年度实施计划进行统筹协调
	省级公司调控部门	汇总各专业月度生产实施计划，对 220kV 及以上月度实施计划进行统筹协调
	各基层单位	根据下达的综合计划，在全寿命周期活动执行过程中，综合考虑班组人员、外包施工队伍等内外部人力资源情况，及时获取物资到货信息，根据本单位资金计划，统筹安排各类项目的实施计划
	物资部门	通过汇总采购需求部门提出的物资、非物资采购需求，编制物资供应计划及发货通知，根据年度批次计划时间节点的要求实施采购，建立招标采购工作机制、监督机制、法律保障机制；按照规章制度，执行采购过程，组织到货物资验收，针对运维物资、项目物资和可利用退役物资组织仓储管理，管控过程风险、质量等，根据物资的消耗特点安排仓储物资的采购及储备计划，计划与应急策划、事故备品备件等的需求保持一致，设计单位制定设计方案时考虑变电站、输电线路工程全寿命周期内功能匹配、全寿命协调和费用平衡。 以资产全寿命周期成本作为重要经济性评价标准对设计方案、选型方案进行比选。同时推行典型通用设计、合理控制工程造价。根据项目的性质采用业主项目部或者项目经理的管理模式对项目实施进行管控，实现项目实施过程风险受控、质量优质、工期合理、造价适宜、环境友好
运维检修	运维检修部门	负责运维检修管理，主要包括设备运行维护、检修、技术改造、抢修等业务以及工器具、仪器仪表的管理。根据电网设备状态评价结果制定设备状态检修策略并实施设备状态检修工作。结合输、变、配电检修专业要求，编制年、月度生产计划，组织开展有针对性的设备检修和试验工作；根据资产全寿命周期策略、运行维护管理标准，结合设备状态评价结果，对设备进行巡视维护，管理和实施技改、检修项目，管控实施过程风险，对运维、检修、技改等工作定期进行总结和评价并持续改进，保证在运设备在寿命周期内安全稳定运行。根据抢修管理规定，快速到达现场，管控抢修现场工作风险、进度等，保证快速恢复供电。根据工具、设施和装备管理标准，组织开展工具、设施和装备的配置、购置、使用、评价、维护、校准、推出报废和过程管控工作，实现工具设施和装备的专业化分级管理，满足输变配电设备日常运行、检修维护与应急处置需求。调控部门采取"统一调度、分级管理"的策略，遵循电力行业安全标准和运行标准，依据年度运行方式，实施电网调度控制，管控过程风险

通道类型	专业类别	专业范围	名额
技术通道	规划计划	电网规划设计技术、电网规划评审技术、项目可研与接入设计技术、项目前期技术、规划设计技术、其他	9
	电力营销	大客户业扩报装技术、稽查技术、计量技术、智能用电技术、电动汽车服务技术、节能服务技术、电力营销技术、其他	36
	电网检修	输电运检技术、变电运维技术、变电检修技术、配电运检技术、直流设备运检技术、设备状态评价技术、电网运维检修技术	57
	电网运行	电力调控技术、运行方式/调度计划技术、继电保护技术、自动化技术、水电及新能源运行技术、电网调控运行技术、其他	28
	工程建设	工程技经技术、工程设计技术、工程施工技术、工程项目管理技术、工程监理技术、工程建设技术、其他	38
	科技信息	信息技术、电力通信技术、信息通信技术其他、新能源发电及接入技术研究、输变电技术研究、配用电技术研究、大电网安全与控制技术研究、电网信息和通信技术研究、基础支撑技术研究、决策支持技术研究、技术支持与科学研究技术、其他	10
	其他专业	教育培训技术、发电生产技术等	22
技能通道	电力营销	市场开拓与业扩报装、客户代表、95598服务、智能用电运营、用电检查、抄表催费、电费核算与账务、装表接电、计量检验检测、电能信息采集与监控、稽查业务与监控分析、电动汽车服务、节能服务、农网运行维护与检修、农网营销服务、农网电费核算与账务、供电所综合业务	114
	电网检修	输电线路运检、输电电缆运检、输电带电作业、配电带电作业、变电站运维、换流站运维、继保及自控装置运维、电气试验/化验、变电设备检修、换流站直流设备检修、配电线路及设备运检、配网自动化运维、配电电缆运检	199
	电网运行	调控运行值班、自动化运维	35
	工程建设	送电线路架设、变电一次安装、设备调试、土建施工、机具修理、变电二次安装、起重设备操作、牵张机操作	31
	科技信息	通信运维检修、信息通信工程建设、信息系统检修维护、信息通信监控调度	17
	其他专业	发电生产技能等	4

附表5　　　　　　　　　人才发展通道选拔与考核量化评审标准

序号	评价一级项目	评价描述	评分标准	标准分
1	专业管理	在日常管理实践中或在重大管理改革与创新项目的论证、策划、组织、实施等过程中解决了管理工作中存在的关键或复杂问题，提升了管理水平，取得了显著效果	在日常管理及改革创新中，解决了本单位关键或复杂问题，按照问题本身的复杂、难易与重要程度，解决方法的先进、创新与推广应用程度，综合评判贡献大小： （1）贡献较大：主要参与的管理工作获得省级公司典型经验，或者被评为省级公司专业工作先进荣誉，或者受到省级公司通报表扬或嘉奖等。 （2）贡献突出：主要参与的管理工作获得国家电网公司典型经验，或者被评为省部级专业工作先进荣誉，或者受到国家电网公司通报表扬或嘉奖等。 （3）三项及以上贡献较大的[15，20）分；三项及以上贡献突出的[20，25]分；其他情况[0，15）分	25

序号	评价一级项目	评价描述	评分标准	标准分
2	建章立制	主要参与编写或修订的规定、规程、规范、标准（管理标准、技术标准、工作标准）等，实施后成效显著，在公司系统处于先进水平	（1）两项及以上在国家电网公司系统处于先进水平：[20，25]。 （2）两项及以上在省级公司系统处于先进水平或在省级公司系统实施后成效显著：[15，20）。 （3）其他情况：[0，15）	25
3	管理及科技创新	主要参与省级公司及以上政策研究课题及咨询管理项目、科技项目，做出突出贡献，实施后成效显著，并产生显著的经济效益或社会效益。 在合理化建议等评比中受到表彰，并产生显著效益	（1）主要参与的科技创新、管理创新项目获省级公司科技进步奖（专利奖）、企业管理创新成果奖：三等奖 10 分、二等奖 15 分、一等奖 20 分，特等奖 25 分。省级公司县级科技进步奖递减 5 分。各单位科技进步奖：三等奖 4 分、二等奖 6 分、一等奖 8 分。省级公司群众性创新奖：三等奖 5 分、二等奖 8 分、一等奖 10 分。上述获奖项目分数折算值 = 原始分值 $/K$。其中，完成人员排名前 5，$K=1$；完成人员排名 5~10，$K=2$，完成人员排名 10 名以后，$K=3$。 （2）省级科学技术奖、企业管理创新成果奖或国家电网公司科技进步奖、企业管理创新成果奖按省级公司相应级别标准递增 6 分。获奖项目分数折算值 = 原始分值 $/K$。其中，完成人员排名前 5，$K=1$；完成人员排名 5~10，$K=2$，完成人员排名 10 名以后，$K=3$。 （3）中国电力科学技术奖、企业管理创新成果奖按省级公司相应级别标准递增 10 分。获奖项目分数折算值 = 原始分值 $/K$。其中，完成人员排名前 5，$K=1$；完成人员排名 5~10，$K=2$，完成人员排名 10 名以后，$K=3$。 （4）国家自然科学奖、技术发明奖、科学技术奖、企业管理创新成果奖：32.5 分。获奖项目分数折算值 = 原始分值 $/K$。其中，完成人员排名前 5，$K=1$；完成人员排名 5~10，$K=2$，完成人员排名 10 名以后，$K=3$。 （5）主要参与的政策研究课题及管理咨询项目获得省级公司优秀调研课题奖、管理咨询奖：三等奖 10 分、二等奖 15 分、一等奖 20 分，获得国家电网公司优秀调研课题奖、管理咨询奖 25 分。 （6）被授予与电力系统有关的国家专利：发明专利 10 分，实用新型专利 2 分。 （7）合理化建议获省级公司一等奖 13 分，二等奖 8 分，三等奖 3 分；获地市级公司及直属单位一等奖 3 分，二等奖 2 分，三等奖 1 分。 （8）在公司"追求卓越"工作中，"卓越项目"的项目组成员 15 分；"优秀项目"的主要负责人 15 分、项目组成员 10 分；"创新项目"的主要负责人 10 分、项目组成员 5 分。 （9）以上同一项目获不同奖，按最高分计	25
4	专业研究	在专业学术类刊物上发表能代表本人专业理论水平的论文或在省级公司及以上学术交流会议上宣读能代表本人专业理论水平的论文。主持或主要参与编写或修订公开出版发行的管理教材、管理手册、技术规范、技术规程、技术标准、技术手册、操作规程、专业著作等	（1）发表论文：准印证刊物 1.5 分，CN 号刊物 4.5 分，国内核心刊物 7.5 分，被 SCI、EI、ISTP 收录另加 1.5 分，第一作者以后以 1 分递减。 （2）论文评比：地市级学术论文评比一等奖 4.5 分，省部级学术论文评比一等奖 7.5 分，国家级学术论文评比一等奖 10.5 分；二等奖以后以 1 分递减，第一作者以后以 1 分递减，作者名次和奖项级别实行累计递减。 （3）学术交流会议：省级公司级学术会议宣读论文 1.5 分，省部级学术会议宣读论文 4.5 分，全国性学术会议宣读论文 7.5 分。 （4）公开出版：主编 12 分，主要参与 9 分。 （5）论文、著作根据数量可以累加，同一内容以最高分计，但被 SCI、EI、ISTP 收录的可累计加分	15

附表 7 人才发展通道选拔与考核量化评审标准

序号	评价一级项目	评价描述	评分标准	标准分
1	年度绩效考核结果	一线班组员工日常工作业绩根据安全风险、技能要求、劳动强度、工作时间等要素，按照"工分制"量化考核的年度绩效情况	（1）选拔或考核期内两年员工绩效考评得分为 A 级得 24 分； （2）连续三年员工绩效考评得分为 A 级得 30 分	30
2	技艺革新	主要参与省级公司及以上科技项目，做出突出贡献，并产生显著的经济效益或社会效益	（1）主要参与的科技创新项目获省级公司群众性创新奖：三等奖 10 分、二等奖 15 分、一等奖 20 分。省级公司县级科技进步奖递增 2 分。省级公司科技进步奖（专利奖）按以上标准递增 5 分。市级公司科技进步奖：三等奖 5 分、二等奖 8 分、一等奖 10 分。省级科学技术奖或国家电网公司科技进步奖按以上标准递增 9 分。中国电力科学技术奖按以上标准递增 14 分。国家自然科学奖、技术发明奖、科学技术奖得 39 分。上述获奖项目分数折算值 = 原始分值/K。其中，完成人员排名前 5，$K=1$；完成人员排名 5~10，$K=2$，完成人员排名 10 名以后，$K=3$。 （2）主持的 QC 小组活动成果：获国家级成果奖、省部级成果奖分别按照省级公司群众性创新二、三等奖的 50% 给分，获省级公司成果奖相应递减。 （3）被授予与电力系统有关的国家专利：发明专利 10 分，实用新型专利 2 分。 （4）除以上获奖项目外，主要参与的科技项目成果经鉴定通过的，按照省级公司群众性创新三等奖三分之一给分	30
	合理化建议	在合理化建议等评比活动中受到表彰，并产生显著效益	（1）合理化建议获省级公司成果奖按照省级公司群众性创新奖相应级别标准递减 6 分，获地市级公司及直属单位一等奖 12 分，二等奖 8 分，三等奖 4 分。 （2）同一项目的按最高奖项计算得分，多个项目的可累计得分	
3	技术比武	参加本专业（工种）技术比武，取得优异成绩	（1）参加地市级公司及直属单位级竞赛名列前三名的：9 分。 （2）参加省级公司级竞赛调考名列前六名的：14 分。 （3）参加华东电网公司级竞赛调考名列前十名的：18 分。 （4）参加国家电网公司（省部级）竞赛调考名列前十名、中电联（国家级）竞赛 4~20 名的：22 分。 （5）参加中电联（国家级）竞赛前三名的：25 分。 （6）以上竞赛、调考成绩指个人综合成绩。参加竞赛、调考超过一次的可累计加分。 （7）参加省级公司级及以上竞赛团体成绩被表彰的，省级公司级得 9 分，华东电网公司前两名得 11 分，国家电网公司级及以上得 13 分。 （8）担任省级公司级及以上竞赛调考的教练，团体名次获得省级公司级表彰得 7 分，获得华东电网公司前两名得 9 分，获得国家电网公司及以上表彰得 11 分	25
	个人荣誉	在专业评比中获得省级公司级及以上个人荣誉称号	（1）综合类荣誉：省级公司级 18 分，省部级 22 分，国家级 25 分。 （2）专项类荣誉：省级公司级 14 分，省部级 18 分，国家级 22 分。被上级单位通报表扬 9 分。 （3）以上荣誉为个人荣誉且与专业工作密切相关，集体荣誉不计分；不同级别的个人荣誉可累计加分。 （4）竞赛同时授予个人荣誉的按就高原则加分一次	

序号	评价一级项目	评价描述	评分标准	标准分
4	建章立制	主要参与编写或修订的规定、规程、规范、标准（管理标准、技术标准、工作标准）等，实施后成效显著，在公司系统处于先进水平	（1）主要参与编写或修订的规定、规程、规范、标准（管理标准、技术标准、工作标准）等：一项及以上在本单位实施后成效显著 [9，12]；一项及以上在省级公司系统处于先进水平或在省级公司系统实施后成效显著 [12，15]；一项及以上在国家电网公司系统处于先进水平 15 分；其他情况 [0，9]。 （2）主持或主要参与编写或修订公开出版发行的管理教材、管理手册、技术规范、技术规程、技术标准、技术手册、操作规程、专业著作等：主编 12 分，主要参与 9 分	15
	专业研究	在专业学术类刊物上发表能代表本人专业理论水平的论文或在省级公司及以上学术交流会议上宣读能代表本人专业理论水平的论文	（1）发表论文：准印证刊物 3 分，CN 号刊物 6 分，国内核心刊物 9 分，被 SCI、EI、ISTP 收录另加 1.5 分，第一作者以后以 1 分递减。 （2）论文评比：地市级学术论文评比一等奖 6 分，省部级学术论文评比一等奖 9 分，全国性学术论文评比一等奖 12 分；二等奖以后以 1 分递减，第一作者以后以 1 分递减，作者名次和奖项级别实行累计递减	
	合计			100

注意事项

（1）选拔对象在"技艺革新及合理化建议""技术比武及个人荣誉""建章立制及专业研究"等方面取得突出成绩的，得分不超过标准分的 130%，其他项目得分不超过标准分。

（2）加分项目。

1）选拔对象在人才帮扶、师带徒、担任周期制兼职教师、运营分析专家、评标专家等工作中成绩突出并获得表彰的，可单独加分，满分 10 分：其中地市级公司级 5 分，省级公司级 8 分，国家电网公司级及以上 10 分。得分之和超过 10 分按 10 分计算。

2）考核期内年度绩效考核为优秀，满分 6 分：3 分 / 年次，得分之和超过 6 分按 6 分计算

参考文献

[1] 陈建校. 企业战略管理理论的发展脉络与流派述评 [J]. 学术交流，2009（4）：75-79.

[2] 黄华炜，陆一春. 资产全寿命周期管理标准体系的研究 [J]. 华东电力，2009，37（10）：1764-1766.

[3] 黄良宝，马则良，张建平，等. 考虑 LCC 管理的电网规模方案评价研究 [J]. 华东电力，2009，37（5）：691-694.

[4] 曹孟德. 关于供电企业固定资产管理的思考 [J]. 电力技术经济，2009.

[5] 李尧远，等. 应急预案管理 [M]. 北京：北京大学出版社，2015：26-27.

[6] 庞红梅. 参照 PDCA 循环法优化应急预案体系 [J]. 电力安全技术，2010，12（2）：23-24.

[7] 计雷，李建平，等. 突发事件应急管理 [M]. 北京：高等教育出版社，2006：137-140.

[8] 于瑛英. 应急预案制定中的评估问题研究 [D]. 中国科学技术法学，2008.

[9] 詹姆斯 G. 马奇，赫伯特 A. 西蒙. 组织 [M]. 北京：机械工业出版社，2016：2-3.

[10] 詹姆斯 S. 奥罗克. 管理沟通 [M]. 北京：中国人民大学出版社，2010.

[11] 孙宗虎，姚小风. 员工培训管理实务手册 [M]. 北京：人民邮电出版社，2016：21-23.

[12] 李根臣. 电网企业固定资产管理研究 [D]. 华北电力大学（北京），2007.

[13] 毛育冬. 全寿命周期费用视角下的电网企业成本管理研究 [D]. 山东大学，2006.

[14] 彭磊. 基于综合诊断方法的变电站设备状态检修系统的研究 [D]. 华北电力大学（北京），2006.

[15] 王毓. 对电网企业绩效评价指标体系的改进 [D]. 上海社会科学院，2007.